U0824791

传媒集刊

中国传播学评论（第九辑）

研究范式的变更

Chinese Communication Studies Review

黄 旦◎主编

CUCP 中国传媒大学出版社
·北京·

序言　传播研究范式的变更

◎黄　旦

“我们能用托马斯·库恩在《科学革命的结构》中讨论科学的方式来谈论艺术的发展吗?”[①]瓦蒂莫抛出的这个问题,好似在明知故问,因为答案看上去是明摆着的。如果说,科学化的“法则式演绎”作为一种范式,不足以独自充当解释历史的工具,[②]那么,艺术的发展又怎么套得进这件科学化的“法则式演绎”紧身衣呢?

不对,瓦蒂莫的回答是,二者完全可以相提并论。这不是要把艺术塞进科学化的“法则式演绎”范式之中,而是相反,“科学革命”的发生是艺术式的,科学范式的确立和更换方式与艺术别无二致,“特定科学史上的范式现象具有许多——或者所有——‘艺术革命’的特征”[③]。换句话说,科学范式或许是以“法则式演绎”来标示的,导致“法则式演绎”变化的科学革命是以艺术方式进行的,讨论科学的方式也就是讨论艺术的方式。[④]

且看“科学范式”的竞争和建立:范式都是自成逻辑的,当不同范式在范式选择中彼此竞争、互相辩驳时,不是也不能凭借常规科学那样的程序来评估。相反,每一个范式都是用它自己的范式去为这一范式辩护,范式既是论证的起点也是论证的终点,它们各自并没有什么共同的前提或者通融的余地。这种公说公有理婆说婆有理的结果,就是看谁的范式有说服力。说到底,范式的循环论证,只是劝导别人的一种手段。所以,科学革命的实现,固然与自然现象和逻辑的推动有关,但更离不开各特殊科学家共

---

① 瓦蒂莫. 现代性的终结[M]. 李建盛,译. 北京:商务印书馆,2018:139.

② 怀特. 元史学:十九世纪欧洲的历史想象[M]. 陈新,译. 彭刚,校. 南京:译林出版社,2004:中译本前言3.

③ 瓦蒂莫. 现代性的终结[M]. 李建盛,译. 北京:商务印书馆,2018:140.

④ 有意思的是,库恩在1969年写的后记中,就是以艺术为例说明价值在科学共同体中的决定性作用:“在表现作为首要价值的年代里,人们画的并不都一样,但是当这个价值被丢弃后,造型艺术的发展模式则起了极大的变化。请想象一下在科学中如果一致性不再是一个首要的价值,将会发生什么。”参见库恩. 科学革命的结构[M]. 金吾伦,胡新和,译. 北京:北京师范大学出版社,2003:167.

同体有效的论辩和说服技巧。[1] 瓦蒂莫认为,这恰恰证明范式与劝导的联系比实证更为密切。也就是说,范式,作为有效选择、评价尺度、"趣味"模式的一种规范,它的传播、表述和建立,事实上并不是以某种相等于事物真相的东西为基础,而是以它关于生活形式的"功能性"为基础。这种"功能性"来自范式自身以循环方式所做的解释和劝说,而不是实证的,更不是根据某个一致性标准——好像存在某种基本的、可以衡量的需要一样。既然只有通过劝导、主动的参与、解释和回应的复杂系统,新范式才能出现,而不完全是、也不主要是强力和暴力的产物,范式显在就包含了某种美学的、诠释学的和修辞学的同化作用。科学革命的替代式进程、以诠释和劝导为方式,并以天才的特殊历史性为模型,这不是艺术的又能是什么呢?由此不仅意味着科学史的美学化,同时也说明,考察科学革命的经验及其历史存在,离不开审美的维度,[2]科学和艺术由此就站到了一起。库恩自己对此也很坦诚,承认文学史家、音乐史家、艺术史家、政治发展史家以及许多研究其他人类活动的历史学家,"早就以同样的方式来描述他们的学科",所用的就是"风格、口味、建制结构"等标准,来区分革命性的间断。他所做的不过是将之"应用到科学这一过去广泛被认为是以不同方式发展的领域"中。[3] 这倒让我想起利奥塔说过的话,"科学本身并非限于提供诸多实用法则去探求真理,它还必须在其策略竞赛中让自身所运用的规则合法化。因而科学就针对自身的方位和状况,制造出一种合法化的说法",这样的一种合法化说法,通常就被称为"哲学"。[4]

瓦蒂莫的用意正是在于"哲学"。他借"科学"开刀,就是要粉碎以之所代表的现代性"哲学"及其思想体系——形而上学的理性进步观和逻辑真理观。科学革命既然是历史的、经验的、温和的和诠释的,"范式"就不可能是一种外在现实自然呈现的模型,而是人们赋予现实的一种模型,以供分析和解释。它是一种修辞、一种话语;或者仿照怀特指认历史作品的说法,是一种具有诗学特征、语言学本质的言辞结构,充当了一种未经批判便被接受的范式。[5]

"范式"的偶然性、随机性和历史性,致使它不可能万古长青,却也不能因此被看轻。凡是一种公认的范式,总是能以其取得的成就吸引着一批自己的坚定拥护者,同时也为后继的研究者留下种种有待解决的问题,并以定律、理论、应用和仪器等,构成了一种研究传统,形成了一个共同信奉这一范式的共同体,由此导入到常规性的科学

① 库恩.科学革命的结构[M].金吾伦,胡新和,译.北京:北京师范大学出版社,2003:86-87.
② 瓦蒂莫.现代性的终结[M].李建盛,译.北京:商务印书馆,2018:141,144.
③ 库恩.科学革命的结构[M].金吾伦,胡新和,译.北京:北京师范大学出版社,2003:187.
④ 利奥塔.后现代状况:关于知识的报告[M].岛子,译.长沙:湖南美术出版社,1996:28.
⑤ 怀特.元史学:十九世纪欧洲的历史想象[M].陈新,译.彭刚,校.南京:译林出版社,2004:中译本前言1.

研究中。承诺一个范式，不仅是必要的，甚至是成就重大科学进展的必然代价，尽管它非但不可能是尽善尽美的，而且可能会出错。[①] 李普曼在《公众舆论》中曾经说到，人总是看见自己想看的东西。如果这个说法是正确的，那么所谓的“范式”不外就是一副“眼镜”，其信奉者和实践者戴上之后，按照其规定的范围、角度、亮度、焦距、使用规则和程序，提出问题和思路，奋力追寻和捕捉自己希望得到的东西。一个范式的变更，就是一副“新眼镜”的诞生，“每一次革命都将产生科学所探讨的问题的转移，什么是可接受的问题或可算作是合理的问题解决的标准也相应地发生了转移。每一次革命也改变了科学的思维方式，即在其中进行科学研究的世界也发生了转变”[②]。这就是为什么即便发生了“革命”，旧范式也不是一推即倒，哪怕已是断壁残垣，仍然会有人流连忘返凭吊怀念依依不舍之原因，没有人愿意并能够轻易将自己熟悉、习惯甚至立足的基业抛弃。

按唐·伊德的说法，科学哲学反对逻辑实证主义，将科学的变化置于实践、经验和解释的基础，开始于 20 世纪中叶，库恩的“科学革命”属于其第一波。接踵而至的有 20 世纪 70 年代的“社会建构论”和“行动者网络理论”一类的新的科学知识社会学；有 20 世纪 80 年代的新的技术哲学，以及 20 世纪 80 年代到 90 年代女性主义哲学家对科学实践中的男性至上批判等，到了 20 世纪末对此有了一种共识，科学知识是从实践中产生的。关键是，产生此种位移的原因，是受 20 世纪科学和技术发生的巨大变化的影响，可以说就是对此的一种反应。[③]

在 20 世纪中叶前后，也就是距库恩打响第一枪稍早一点，恰是“大众传播”作为一个学术术语进入“平常百姓家”，并且以此为一个制度意义上的学术领域命名的时候。[④] 其背后的原因与科学哲学类似，同样是对传播技术巨大变化的一种回应。我曾经在一篇文章里说过，“大众传播”和“大众传播研究”，并不是自然而生也不是不证自明，它实际上是由“广播传播范式”所催生并以之为前提的，目今教科书里大家熟知的大众传播定义，就是从广播来的。20 世纪 40 年代确立传播学研究的“五 W”基本范式，不可能是对报纸实践的想象和归纳，只能来自于基特勒所谓的依赖“物理程序，完全按照现代数学编码公式”的“技术媒介”，因为只有这样的媒介及其传播系统，其“传播的三大事物——讯息、人和物品”，才可以被“转译成信息理论的概念”，才合适于用

---

① 库恩. 科学革命的结构[M]. 金吾伦，胡新和，译. 北京：北京师范大学出版社，2003：9-10，92-93.

② 库恩. 科学革命的结构[M]. 金吾伦，胡新和，译. 北京：北京师范大学出版社，2003：5-6.

③ 伊德. 让事物“说话”：后现象学与技术科学[M]. 韩连庆，译. 北京：北京大学出版社，2008：4-6.

④ SIMONSON P. Refiguring mass communication：a history[M]. Urbana：University of Illinois Press，2010：17.

“分析信息系统的方式”来进行研究,[①]从而与作为“信号”理论而不是“意义”理论的[②]香农通讯模式有了共鸣和对接。[③]

詹姆斯·凯瑞曾经引用过《午夜牛郎》中那位名叫乔伊·布克的主人公的话,一旦没有了电视机及其带来的那些忽隐忽现的影像,他就不敢确定生活是不是还在继续。凯瑞以此证明“现代传播手段已经极大地改变了人们的体验与意识,改变了人们兴趣和感觉的构成,改变了通常人们对活着与对所处的社会关系的认识”[④]。那么,今天的“乔伊·布克”们是否该把这句话转用到智能手机及其屏幕了呢?虚拟现实技术影响了目前人们对于现实生活的看法,已经有据可查。有人在问卷调查中就直截了当地回答:“现实并不是我最好的窗口。”[⑤]这不啻在说,没有了那个“虚拟”的窗口,就不能确定是否还存在着吗?传播手段改变的不仅仅是人们的感知和体验,同样冲垮了已有的研究及其范式——因“广播”而确立的传播研究思维、方法和框架。当大众媒介被融进一个混杂的媒介生产世界中,失去了以往的独尊,与后起的数字媒介及其运作——个人的、集体的;营利的、交友的;表达意见、娱乐嬉戏的,等等,平起平坐争夺空间,以之为基础的这一切研究设想和前提,自然也就崩塌了。

大众传播及其范式感受到危机,并不是刚刚发生。早在20世纪80年代之后,新科技的使用,尤其是由于电视频道数量增加,出现了媒体的多样性、内容的多样化、受众的分殊化,[⑥]立基于广播范式的“大众传播”也就基础晃动。到了20世纪90年代,大众传播研究者自行开始摒弃这个术语,“五W”这样的分类过时了。过时,未必就是消失。范式一旦成型,总是已经扎牢根基,更不必说“麦克卢汉星系”的分化,仍然是在大众传播的范畴之内。于是,如何让旧范式、旧理论、旧方法去陈翻新,以旧知识拥抱新交往,既是路径依赖的必然,也是拯救范式的一种努力。当然,由于没有新的现成的范式可以取代,延续旧法自也是不得已。这些年的传播研究,很大程度上正是这样的一种状况。问题是,以大众传播研究范式所提供的思想资源和方法,走出因大众媒介及其传播特征所导致的困境,不仅是一个悖论而且也是不能成功的。否则,库恩又何必将范式的变换和更替命名为“革命”呢?革命,就是“天翻地覆慨而慷”,就是重建。

---

① 弗里德里希·A. 基特勒. 传播媒介史绪论[M]//周宪,陶东风. 文化研究(第13辑). 北京:社会科学文献出版社,2013:235-254.

② PETERS J D. Speaking into the air: a history of the idea of communication[M]. Chicago: The University of Chicago Press,1999:23.

③ 黄旦. 新闻传播学科化历程:媒介史角度[J]. 新闻与传播研究,2018(10):60-81.

④ 凯瑞. 作为文化的传播[M]. 丁未,译. 北京:华夏出版社,2005:引言1.

⑤ 海勒. 我们何以成为后人类:文学、信息科学和控制论中的虚拟身体[M]. 刘宇清,译. 北京:北京大学出版社,2017:36.

⑥ 卡斯特. 网络社会的崛起[M]. 夏铸九,王志弘,等译. 北京:社会科学文献出版社,2001:310-322.

政治是如此，学术亦是如此。

学术研究从来不可能是天上掉馅饼，坐收一个什么研究范式。尚没有适应研究今天传播技术及其实践变化的一个（或几个）成熟的范式，恰恰是逼迫我们去探索的一种动力。有尝试，才会有比较、有选择；才会引发争论、激起辩驳，也就会有新的推进、意外的收获。这，或许就是新范式形成必不可少的一个过程，甚至说不定是新范式产生前夕的一种征兆。本辑的主题最后定名为“研究范式的变更”，正是出于如是的想法。它既与上一辑的“媒介转向”思路承继，同时也是对之的进一步扩展。

本辑的五篇研究论文中，全都是与范式的转换有关。平心而论，就它们的选题以及所针对的现象，并非是全新的东西，有的甚至在以往研究中多有涉及，但就其展开的面向，却均有新的气象。

阅读史研究，算是一个不冷不热的论题。所谓不冷不热，即指不是热点，也不是冷门。史学研究不绝如缕，报刊史研究这两年似乎对此感兴趣者有所增加。但犹如詹佳如在该篇文章中所说的，过去的阅读研究，是以文本分析为重点，以内容的阅读效果为落脚点，读了什么，也就发生了什么效果。于此以来，读书、读报纸、读艺术作品、读微信微博，甚至读菜谱、读广告等，就都是一样的读，关键是内容不同，效果不同。暂且不说内容是否就可以和效果直接相连（当然，研究者也会有一些旁证，比如日记的记载之类的），即就实际阅读行为看，读报纸和读书显然就属两种方式。正是在这样的意义上，詹佳如建议从媒介的视角重新理解什么是阅读，阅读研究要从读什么（这固然很重要）转移到怎么读。以阅读实践来揭示其中发生的各种关系，包括阅读内容的选择，从而为阅读史研究提供一个新的思路。

“帝吧出征”和“表情包”，也不是一个什么新题目，在当时某个时候还曾热闹过一番。可是张田的文章却一改以往研究中将“表情包”仅仅作为一种表征的符号，它们或者是实际行动的一种反映，或者是解释其意义的一个文本，而是从数字传播实践本身的特点切入，将“表情包”——技术视为看待“帝吧出征”活动的透镜，揭示它自身便是“出征”中一个行动者，介入其中并成为事件的构成因素。总而言之，数字传播实践中的这些表情包，是有其质感和实际参与作用的。虽然就现在文章看，思路的展开是清晰的，个案分析上有待进一步深入，但对于我们重新理解数字传播及其研究，无疑有着重要的拓展性启示。

骆世查的文章是关于晚清来华传教士的出版机构研究，这也是已有众多方家着力耕耘之领域。骆文的新意是，将“关系”作为一个分析性的而不是事实性的概念切入，从而将其得以建立的各种条件及不同功能层面的中介方式及其机制纳入视野，展开人和人、物和物、人与物、物质与观念、知识与实践等的关联面向，不再仅仅用中西交往的具体“内容”(比如人员接触、书籍出版及其数量等)替代“关系”本身,或者不加分析和区分,用一个笼统的“关系”标签,替代所有一切,取消了各自之间的特殊性。借此就可以进一步发现,在过渡到真正成型的条约体制之前,19世纪中叶的两次鸦片战争之间,晚清上海的传教士的新式出版机构,开始了创建一种新型中西关系的波荡期。西方的商人与传教士随同新机构的出版活动一起,起到了居间调节的作用。

英尼斯在《传播的偏向》中从历史的角度为我们展示了媒介特性与知识改变的关系,每一种新媒介的长处都会促使一种新文明的诞生。今天人们不断惊呼的“知识碎片化”,恰道出数字时代知识形态和生产方式的变革。余晓敏的文章试图用德布雷“媒介圈”的理论,以新闻为例,来探讨由图文圈到数字圈,居于主导地位的“中央媒介”是如何对新闻的知识性特征产生影响,并形成不同的新闻知识类型的。发掘媒介学的理论资源,为理解新闻及其变迁提供一种新的路径,这是一个颇有难度的选题。文章思考和论述是否很周全另当别论,但这样的探索正符合范式变更之旨意。

我的文章试图正面阐释媒介与城市的关系。其显在的问题意识,是想打破过往报刊史研究分析单元的单一性,将城市作为一种分析的尺度,以拓宽报刊史书写的眼光。无论是就报刊与现代城市的历史关系,还是报刊实践的现实土壤,这样的一种设想及其倡导都是有充分依据的。当然,文章也还有其更深的用意。自“复旦大学信息与传播研究中心”提出并实践“城市传播”研究以来,得到全国同道的热烈呼应,迄今已蔚成风气。因此,关于媒介与城市的关系,就需要做出阐发。复旦的同事之前已经为此出力不少,但仍需不断深入。因为作为城市传播发起者的我们,其认识也是在研究中不断领悟不断深化的。在这个意义上,该文也是对此所做的一个新思考。其中的某些论点,在不同的场合曾有所提及,但统合在一起,作为一个整体的想法,还是第一次,希望得到同道和复旦同事们的批评和指教。

本辑第一部分“技术的本性”,是对上一辑内容的继续。本期的四篇,分别从人类学、现象学、工程学等视野,来探究什么是技术的问题。与上一辑的四篇合在一起,在学科层面上应该是比较丰富多彩了。如果读者将之集锦一起,就能够看出多学科技术讨论的大致轮廓。媒介不等同于技术,但媒介又离不开技术。之所以花费如此的人力财力,为大家提供这些译文,其用意在上一辑中就说过,现在在此重申一遍。这主要出于两个考虑:第一,媒介具有物质的一面,这些从不同视野对于技术的讨论,可以与我们以往对于媒介技术的认识形成比照,或许会有助于拓展新的思路;第二,这些文章的焦点都是关于技术如何概念化,这也有可能为我们如何将媒介概念化,提供某种启示。但愿我们的良苦用心不会白费。

第三部分是我们的“切问近思半月谈”沙龙的成果。这一辑所刊出的沙龙内容之重头戏，是关于2018年上海双年展的对谈，主要围绕着双年展作为一个媒介，是如何呈现艺术的公共性面向展开。对谈的精彩内容，读者诸君可以自己看，我在这里特别想说的是，业界的实践很值得学界的重视。或许他们没有搬用什么媒介之类的理论，也不是遵循着学术的套路，然而他们凭借自己的敏感和现实压力，在实践中时常走在了学界的前面。比如学界还在为什么是媒介，是否是媒介决定论等争来吵去的时候，业界不声不响已经做出了模样。业界的实践才是学术研究的动力之源，这也正是我们举办这样的沙龙，并且把沙龙内容有选择地与大家分享的理由。其他几个沙龙的内容，为节省篇幅，以荟萃的形式呈现，相信大家可以在其中发现对自己有启发、值得思考且感兴趣的亮点。

最后一部分的调研报告，其中两个与上一辑中的城市调研报告是同一个项目，不过牵涉到其他一些城市。这样，就完整构成了我们这个城市传播调研项目及其结果的全貌。虽然说不上细致，但至少在一定程度上可以让读者对我国近些年城市公共传播的面貌有一个大略的把握，为以后类似的调研打下一个基础。这一辑中还有一个学术调研，作者是复旦新闻学院的一个硕士生。她在抖音和快手两个平台进行了为期8个月的在线参与式观察，观察内容主要包括“网红”上传的短视频、其粉丝评论以及直播间内的双方互动，主要的内容数据来自对“网红”进行的半结构性质的深度访谈。在扎实材料基础上，她从“可见性”角度对网红的现象做了很有意思的展示。刊载这样的学术调研，一方面是对青年学子深入一线扎扎实实研究的鼓励；另一方面，也是增加本书的丰富性。如果效果不错，我们以后继续选择刊登类似这样的属于“轻学术”的内容。

如果说，科学革命就是打破传统的活动，那么，这一辑的内容，就是挑选出具体研究中的某些点点滴滴，来展示正在进行的尝试，借此希望得到同道们的呼应并携手一起努力。

目 录

第一部分 技术的本性

第二部分 新研究范式的探索

第三部分 “切问近思半月谈”沙龙

第四部分 传播实践前沿调研报告

第一部分
技术的本性

海德格尔论技术、对象与物

◎ 格雷厄姆·哈曼* 著
戴宇辰** 译

摘要：在海德格尔技术思想的理论脉络中，早期对于“工具”的分析至晚期对于“技术”的分析都具有十分深远的影响。但这也可能招致对于海德格尔论述的一种简单线性解读，即将工具分析与技术分析之间的关联以纯粹“技术发展变化”的视角相嫁接。在本文看来，海德格在两种分析之中更关切的是一种普遍的存在论(ontology)，而非关于工具或者技术的某条理论。因此，本文将关注海德格尔对于该主题在基础存在论背景下的反思；甚至可以说，本文研究的焦点在于海德格尔对于“物”的存在论分析，而非他对于技术本身的相对松散的讨论。

关键词：马丁·海德格尔；埃德蒙德·胡塞尔；技术；对象；物

引　言

马丁·海德格尔早期对于工具(tools)的分析与其晚期对于技术(technology)的反思都具有十分深远的影响。但这也可能导致对海德格尔论述的一种简单的线性解读，譬如以下的论断：“海德格尔早期的分析沉迷于诸如锤子、钻子之类的无技术含量的器具，但之后转向了高科技器材，例如水电站之类。”这一浅白的解读显然错失了要点，因为海德格尔的工具分析以及他对于技术的观点都不局限于某种实体的具体“种类”(kinds)的范畴：当他谈论“工具”之时，他的分析不仅适用于锤子，也适用于树或者猴子之类；当他反思“技术”之时，他也并不要分析某种具象的高科技工具。在这两种分析之中，他更关注的是一种普遍的存在论，而非关于工具或者技术的某条理论。因此，本文将关注海德格尔对于该主题在基础存在论背景下的反思，甚至可以说，本文研究的焦点在于海德格尔对于物(things)的存在论分析，而非他对于技术本身的相对松

---

* 格雷厄姆·哈曼，南加州建筑学院教授。

** 戴宇辰，华东师范大学政治学系副教授。

散的讨论。

海德格尔关于工具的分析或许是他最重要的哲学贡献,它也同时包含了海德格尔其他哲学突破的萌芽形式。工具分析在他的代表作《存在与时间》(*Being and Time*)①之中首次出现,这些论点可以追溯到1919年他在"弗莱堡战时紧急学期"(Freiburg War Emergency Semester)②所做的讲座中。因此,一些关于海德格尔窃取了埃德蒙德·胡塞尔20世纪20年代早期未发表著作中工具分析的指责显然混淆了时间轴,这些观点应当被毫不留情地抛弃。③ 事实上,工具分析标志着海德格尔对胡塞尔的"决断"(break),而非对他的剽窃。

海德格尔对于技术的观点出现在他著名的以"对技术的追问"(The Question of Technology)为题的演讲中,该讲座在1953年的慕尼黑举办,讲稿在之后一年出版。④但是,这次讲座的主要观点可以追溯到之前的一场更为详细的公开演讲。在1949年的不来梅,肃清纳粹影响的海德格尔以"观入在者"(Einblick in das was ist)为题⑤发表了战后的首次公开演讲。这篇演讲介绍了许多所谓"晚期海德格尔"的核心观点:技术,物的四方域,关于存在本身的转向(kehre),甚至包括一段简短的关于语言的晚期论述。的确,较之其他被过誉的著作来说,例如海德格尔1936年到1938年的《哲学论稿》(*Contributions to Philosophy*),在不来梅的讲座更值得被称为海德格尔的第二部"代表作"(magnum opus)。

一、工具分析

倘若没有埃德蒙德·胡塞尔作品的影响,海德格尔的哲学是无法存在的。胡塞尔既是他的导师,又是他的竞争对手。"现象学"(phenomenology)这一术语暗示出胡塞尔的关注点在于呈现给意识的现象(phenomena),而非诸表象之外的物自体(things-in-themselves)。现象学家不会去发明那些世界是由原子、电磁流或者心理动机所构成的之类的理论,而是仅仅描述世界所呈现的表象。当我们听到爆炸之声时,我们就

---

① HEIDEGGER M. Being and time[M]. MACQUARRIE J, Robinson E, trans. New York: Harper & Row, 1962.

② HEIDEGGER M. Towards the definition of philosophy[M]. SADLER T, trans. London: Athlone Press, 2000.

③ 奇怪的是,鲁多尔夫·贝奈特(Rudolf Bernet)等学者都对这一错误的时间轴表现出巨大的热情(参见 BERNET R. Phenomenological reduction and the double life[M]//KISIEL T, VAN BUREN J. Reading Heidegger from the start. Albany, NY: SUNY Press, 1994: 257.

④ HEIDEGGER M. Title essay in the English-language collection of the question concerning technology[M]. LOVITT W, trans. New York: Harper, 1982.

⑤ HEIDEGGER M. Einblick in das was ist, Bremer und Freiburger Vorträge[M]. Frankfurt: Klostermann, 1994.

是听到了爆炸，而非在耳膜中震动并传导至神经系统的音波。从学理上来说，现象学"悬置"(brackets)了自然世界，关注呈现给我们的事物本身。胡塞尔认为，我们再也不可能去探求现象界之外的某种"真实的事物"。我们在这儿不应忽略的是，胡塞尔在现象界辖域内引入了一种新的且具有深远意义的二元主义(Dualism)。因为他拒绝了传统的经验主义表述，譬如一个苹果只是"一系列属性的集合"(红色、顺滑、香甜、多汁)，它们被归结为经由人类思维，通过习俗或者习惯武断地归结在一起。对于胡塞尔来说，意向性的对象(intentional objects)并不能被视为其表象呈现的属性，因为一座房子或者一个邮箱可以被我们从数不尽的角度来观察，但在我们眼中，它们仍然是同样的事物。①

当胡塞尔号召回到"事情本身"之时，他表达的是那些呈现在我们意识中的事物，而非在一个真实的外部世界中、挣脱我们把握的独立事物。这正是海德格尔与其永久决裂的地方。海德格尔认为，我们最普遍的与事物打交道的方式不是将其作为意识对象，而是在日常使用中对其"上手"。假如我正在观察一个桌子，试图描述它的外形，我不自觉地依赖的是一大批退至缄默背景的不可见物。桌子在我意识中的呈现是由大量不可见却支撑我当前现实感的物所保证的，例如地板、氧气、空调、身体器官等。这正是海德格尔工具分析的要义。绝大多数实体并非胡塞尔式的、清晰地呈现在我们视觉中的现象，而是那些隐藏或者退却的、未被意识到却展现功效的现实。尽管我们可以将注意力转移到那些隐藏的任何事物上，但无论我们选择什么，它们总是被另一大批未被意识到的事物所环绕。正如海德格尔所言，"我们越是忽略作为物自身的锤子(hammer-thing)，我们越是能够掌握它、运用它，我们越是与它形成原始性的关系，它也越是像器物(equipment)一样透明地呈现"②。作为器物的存在被海德格尔称为"上手状态"(zuhandenheit)，这可用来反对作为意识现象的"现成状态"(vorhandenheit)。上手状态表明的是，只要器物可以正常地起作用，它就从我们的视域中消失了。现成状态作为它的反面，指涉了至少三种不同的情境。在海德格尔的理论中，现成状态包括：(1)呈现在意识中的对象；(2)那些无法正常起作用而成为阻碍的"损坏的工具"；(3)占据了一个独立时间—空间节点之对象性质料的物理实体概念。

现成状态和上手状态绝非诸实体(entities)的不同"类型"(types)。相反，诸种实体在这两种相分割的模式中来回摇摆，即上手状态中的隐秘退却与现成状态中的清晰呈现。

---

① 关于这一有趣的二元主义的讨论，以及它与最近想象文学的关系，可以参见 HARMAN G. On the horror of phenomenology: lovecraft and husserl, in collapse IV[M]. Falmouth, UK: Urbanomic, 2008.

② HEIDEGGER M. Being and time[M]. MACQUARRIE J, ROBINSON E, trans. New York: Harper & Row, 1962: 98.

尽管一些胡塞尔的辩护者认为,胡塞尔已然通过每一个意识经验中环绕的"视域边界"(horizonal fringe)概念表达了类似的观点,但事实上,他的看法并没有达到海德格尔的高度。胡塞尔认为,隐藏的"上手的锤子"在我们想要感知它的时候仍然能够被意识到,而海德格尔则认为,将锤子退场之现实完整地呈现出来"在原则上"是不可能的。世界的深层中总会存在着一方隐秘的"领地",它永远不会被呈现在我们的意识中。

海德格尔式器具的另一个典型特征是,它总是从属于一个系统,"严格地说,并不存在所谓的'独立的'器具。对于任何器具的存在来说,它总是从属于器具之整体性,它在其中才能成为器具之本身"[①]。诸实体只有通过它们从属的情境(context)才能获得意义,因为一把小刀在厨房、在剧场与在罪犯手上的意义是完全不同的。"器具以及它的器具性(equipmentality)的本质总是就它从属于其他器具而言的:墨水瓶、笔、墨水、纸张、墨台、书桌、台灯、家具、窗户、门、房间。"[②]对于海德格尔来说,这些事物并不是独立的、稳固的客体,预先存在(pre-exist)于一个偶然的指引系统中,"这些'物'从来没有以其所是一般展现自己,从而作为实有之物(realia)之总汇填满房间"[③]。相反,它们从一开始就因其相互关联而构成事物。诸上手状态的器具关联之整体性正是海德格尔所谓的"世界"(world),因为并不存在任何器具之独立个体,"世界"之整体性归结于一个巨大的指引性整体,其中不存在分割的独立局部。

然而,世界并非总是正常运作:器具会损坏。锤子会被我们打坏,我们的身体器官也会出问题。这些实体曾经是沉默且退场的,但现在却成了行动的阻碍:"这种凸显(conspicuousness)使得上手状态的器具无法上手……纯粹的现成状态在该器具中出现了,但是个体只有在将某物退却至上手状态的努力中才能操劳(concern)自身——也就是说,当我们想要将其修复时。"[④]这一倒转在任何时候都是可能的。某个实体损坏了,凸显了自身;之后,同样的实体也可以(通过修复)重新回到背景之中,再次被忽略。也就是说,上手状态和现成状态的对立并非物的两种具体"类型"之间的对立;并不是说,锤子总是处于上手状态的,而它的颜色、形状总是处于现成状态。相反,上手状态和现成状态是任何实体的两种存在模式。物既可以退至隐秘的背景之中,也能够

---

① HEIDEGGER M. Being and Time[M]. MACQUARRIE J, ROBINSON E, trans. New York: Harper & Row, 1962: 97.

② HEIDEGGER M. Being and Time[M]. MACQUARRIE J, ROBINSON E, trans. New York: Harper & Row, 1962.

③ HEIDEGGER M. Being and Time[M]. MACQUARRIE J, ROBINSON E, trans. New York: Harper & Row, 1962: 97-98.

④ HEIDEGGER M. Being and Time[M]. MACQUARRIE J, ROBINSON E, trans. New York: Harper & Row, 1962: 102-103.

成为清晰意识把握的客体。事实上，这两种状态同时发生：即使我们没有使用锤子，它也能够被我们模糊地感知；而即使我们清晰地注视着某物，也会有某物在我们的感知之外退场。胡塞尔的问题在于，他的存在论只关注这两种状态中的一种，即他倾其一生去把握意识中的现成状态，没有意识到退却至隐秘深处的实体之上手状态。

海德格尔哲学的一部分归根结底是上手状态和现成状态的对立。他与胡塞尔的决裂是因为他拒绝胡塞尔将现象视为现成状态的一种形式。他的哲学比胡塞尔走得更远，因为海德格尔认为整个哲学历史都因将现实化约为某种现成形式而负有责任。哲学之历史被描述为"存在论神学"(ontotheology)，这意味着它设立了一个优先性的实体，作为其他实体的终极解释：无论该实体是水、原子、完美的形式、实体、上帝、主体性或者权力……一些海德格尔的研究者认为，存在论运动和神学运动是相互分离的，但这种观点是对一个简单问题的错误综合。挑选出单个实体或者一种实体类型作为整个宇宙的解释同样也是错误的一步——无论任何物的根基是否是由原子、经济要素或者上帝构成的。所有这些选项都将一种现成状态的具体形式作为存在之化身，这对于海德格尔来说是不可接受的[这也同样适用于其法国具有争议的仰慕者——雅克·德里达(Jacques Derrida)]。相反，哲学应当在永久性的光与影的交互中被重建，现实在其中从来没有向人类完全揭示自身。讽刺的是，这也导致了海德格尔与胡塞尔截然相反的对于自然科学的批评。胡塞尔认为科学错误地想要超越现象，去研究某种假设隐藏的自然世界("科学研究太过深刻")，而海德格尔则认为科学将诸实体化约为可测量的现成状态之属性("科学研究还不够深刻")。我们将很快看到海德格尔对于技术也有着同样的批判：正如哲学的历史一样，技术标志着对无止境的现成状态的统治，将所有神秘的事物从存在中剥离。海德格尔主义者往往没有发现海德格尔沉迷于在场的深远观点，在海德格尔对于技术的批判和他早期的哲学之间人为地设立了一条鸿沟。

在对于海德格尔工具分析的阐释中存在一个尤其危险的误读，即认为现成状态表示那些独立于人之外的实体，而上手状态表示与我们产生联系的实体。事实上，答案恰恰相反。如此多的研究者采取反面的误读是因为海德格尔将自然中的实体描述为现成状态的形式，而认为上手状态隶属于一种指引性的系统，它依赖于人类的意图(正如前述的关于小刀的例子)。这种解读基于双重的误解，因为无论听起来多么矛盾，但事实是，现成状态从来不是独立的，上手状态却总是独立的。

第一，我们已经看到海德格尔至少在三个不同情况下使用了"现成状态"这一术语：(1)意识中的现象；(2)因损坏而从退场变为行动阻碍的器具；(3)自然的物质性客体。在前两种情况中，我们显然不是在谈论什么"独立于"人类之外的事物。现象需要一个观察者,而损坏的器具需要成为某人的行动阻碍。在第三种情况下,自然的物质性客体似乎被看成是独立于人之外的,但我们几乎不需要花什么功夫就能发现事实并非如此。被自然科学所界定的客体是真实客体借由数学范畴所做的简化。这类实体绝不是独立于人类之外的,因为它们只存在于过于简化的数学假定中,这与我们试图去把握的、在世界中展开的真实的实体几乎没有什么相似之处。至少对于海德格尔来说,这种形式化判断永远不能囊括诸事物之深度与神秘性。

第二,认为"上手状态"是关系性的观点同样也是错误的。的确,海德格尔声称所有的器具都属于一个统一的系统,它只能在与其他器具的配置中获得意义。但我们也不应忘了,对于海德格尔来说,器具同样会"损坏"。锤子或者树木在某些时刻会产生行动阻碍这一事实,证明了它们的性质不能被完全化约为世界之系统中的当前功能。总是有某些例外,它们在当下没有被表征在世界之关联系统中。换句话说,工具一存在(tool-beings)的退场不仅仅意味着它们从人的知觉中退至未被发现的人类实践中。相反,它表示上手状态必须同时从世界之系统中退场——否则它将永远不会损坏。尽管第二个结论已经超出了海德格尔的解释,但它却是唯一能够理解工具分析的方法。[①]

无论如何,海德格尔的工具分析开创了一场批判,它针对哲学对现成状态的关注提出了重要的批评。不存在可以通过可见的具身化(incarnations)而完全呈现的事物,因为锤子、星星或者猴子的本质总是会超出我们的意识或者认知范围。我们从来不能完全掌握它们的现实,从来不能通过所有手段去形式化它们。借由工具分析,海德格尔反击了现成状态的统治地位,展示了一条追问存在的哲学道路。正如工具一样,存在也应当从所有的通达之处退场。从这一点来看,在海德格尔的眼中,工具一存在是"好的",因为它们达到了比所有可见的通达更为深层次的现实。然而,技术的本质恰恰相反,它将所有神秘性从世界中剥离,将万事万物化约为储备好的现成状态。

二、技术

"时空中的所有距离都在收缩。"[②]这是海德格尔在1949年不来梅讲座中的开场白。物理距离因为飞机而缩短,无线电使得信息可以被实时感知,植物先前缓慢且充

---

① 更完整的关于工具分析的思考请参见 HARMAN G. Tool-being: Heidegger and the metaphysics of objects [M]. Chicago: Open Court, 2002.

② HEIDEGGER M. Einblick in das was ist, Bremer und Freiburger Vorträge [M]. Frankfurt: Klostermann, 1994: 5.

满神秘色彩的生长过程在逐格摄影面前被展露无遗。但是,海德格尔没有被这些技术性的噱头打动:“急速地消除所有距离并没有带来切近性(nearness),因为切近性不是由距离的远近而界定的。”①或者更为深刻地说:“近距离并不是已经切近的,远距离也远非就是疏远的。”②《存在与时间》的读者们都不应对这些观点感到惊讶。海德格尔在书中描述道:我所戴的眼镜比街道上我遇到的熟人更为“疏远”,因为只要眼镜干净且正常起作用,那么就通常会被忽略。距离并非一段精准的物理延展,而首先指涉人类操劳的关切程度。然而,即使“切近”于人之操劳也并非就是“真的”切近性,对于海德格尔来说,一段逐格摄影的胶片没有为我们提供任何关于植物生长的真正的切近性。如果我们只是认为在物理距离上某物与我们相近时它是“切近的”(near),或者在它成为我们的直接关注对象时认为它是“切近的”,我们就犯了同样的错误:我们将事物化约为它的现成状态。尽管“现成状态”这一术语并没有在1949年被提及,但这仍然是海德格尔所要表达的意思。对物的真正切近性不来源于使之在物理上或者精神上变得越来越近,相反,真正的切近性需要“距离”(distance)。真正的切近性和真正的距离是同一事物。

无法将任何事物与我们拉开距离被海德格尔称为“无距离性”(distanceless/das Abstandlose)。“所有的事物溶解于距离的统一匮乏之中。”③这引出了海德格尔技术分析的主要术语,“无距离性总是伴随着特有的‘站立’(stand)。只要每件呈现的事物都是‘持存’(bestand)的,它就能够‘站立’”④。“持存”中不存在距离,不存在真正的切近性,它与我们之前所提及的现成状态存在论是一致的(ontologically identical)。这一在场形式可能更凶险,对于海德格尔来说,技术在蒸汽船和电脑之前就已经出现了。所有的科学都提前被技术所统治——遗忘存在之隐秘,将事物化约为它们的在场或者外形。只要存在必须被以某种简化的在场形式展示出来,那么就可以说,“存在自身”也对技术的时代负有责任。

技术将万事万物转化成一种可通达的平面,完全消除了距离。海德格尔也不时地表达将所有技术视为同类事物的令人沮丧的趋势。对于他来说,广岛的原子弹爆炸也许并不是那么重要,因为真正的灾难在存在被遗忘为以往在场的那一刻就已经开始了⑤。或者更有争议地来看,“农业如今已经成为机械化的供应系统,正如毒气室或者集中营中一具具批量制造的尸体一样,正如国家的封锁与饥荒一样,也正如氢弹的相

---

①② HEIDEGGER M. Einblick in das was ist, Bremer und Freiburger Vorträge[M]. Frankfurt: Klostermann, 1994: 5.

③⑤ HEIDEGGER M. Einblick in das was ist, Bremer und Freiburger Vorträge[M]. Frankfurt: Klostermann, 1994: 6.

④ HEIDEGGER M. Einblick in das was ist, Bremer und Freiburger Vorträge[M]. Frankfurt: Klostermann, 1994: 25-26.

继出现一样”①。如此一来,所有的客体都被化约为其令人沮丧的属性,与退却的存在之深处相比,它们是如此肤浅。

从这个意义上说,我们应当与朴素的关于海德格尔的观点决裂,即认为“独立于人类之外的事物是坏的”,“依赖人类的事物是好的”。正如上文所分析的,在《存在与时间》中,海德格尔给出的答案恰恰相反。而到了1949年,这对于海德格尔来说已经是不可否认的事实。作为徘徊在技术时代的幽灵,持存显然并非独立的自然质料,完全与人类相分离。相反,它融于一个整体的系统,正如《存在与时间》中分析的工具一样。“持存站立了。只要它置身于一种订置(ordering)之中,它就保持存在……作为一种‘次序’(Folge),事物被订置(ordered)……但是‘次序’是提前作为‘成就’(Erfolg)被订置的。”②在这里,从属于某个系统并非一种“好的”属性,将事物从它们现成状态解放出来。相反,它将这些事物拖入了一块巨大的网格中,将它们化约为可计算的和可掌控的诸平面。这种订置“只能导致一个结果……即‘摆置’(stellen)以持存形式存在的单一整体。订置(ordering/bestellen)其本身就是普遍”③。在之后的文字游戏中,这一普遍的订置被称为“座架”(Ge-stell)。在德语中,“座架”一词表示所有种类的框架、机架以及网格,但是在海德格尔术语中,它被译为“en-framing”。事物只有在它们属于一个普遍的在场网格时才能获得意义。“座架出现了。它将所有事物集聚订置。它堆积订置中的万事万物,因此它是这种堆积的集合。座架即‘使堆积’(en-heaping)。”④更坦白地说,“技术的本质即座架”⑤。技术不能归结为近几百年出现的一系列的工具,例如追溯到燧石刀具或者电力设施的发明,相反,技术是存在自身的一个面向:这一面向并没有退场而是趋向于在在场中揭露自身。正如海德格尔的名言:“技术的本质是非技术性”⑥,它远远早于工业革命到来。机械并没有创造技术,它们依赖于技术的本质。通过座架,我们经历了对于世界的“拒绝”,以及对于物的“忽略”⑦。技术在我们认识物之前就对其做出了“限定”(stellt):订置,座架。在希腊语中,摆放(placing)表示“综合”(thesis)。为了表达综合的反面,海德格尔选用了希腊语中表示自然(nature)的词语——“physis”。他并没有将自然视为一系列现成状态的物质客体,而总是将“physis”当成“遮蔽”(lethe)之前出现的事物,“(我们应当)在由‘遮蔽’和‘无蔽’(a-letheia)所界定的统一领域中缜密地思考‘生一产’(pro-duction)”,并

---

① HEIDEGGER M. Einblick in das was ist,Bremer und Freiburger Vorträge[M]. Frankfurt:Klostermann,1994:27.

② HEIDEGGER M. Einblick in das was ist,Bremer und Freiburger Vorträge[M]. Frankfurt:Klostermann,1994:26.

③④ HEIDEGGER M. Einblick in das was ist,Bremer und Freiburger Vorträge[M]. Frankfurt:Klostermann,1994:32.

⑤ HEIDEGGER M. Einblick in das was ist,Bremer und Freiburger Vorträge[M]. Frankfurt:Klostermann,1994:40.

⑥ HEIDEGGER M. Einblick in das was ist,Bremer und Freiburger Vorträge[M]. Frankfurt:Klostermann,1994:34.

⑦ HEIDEGGER M. Einblick in das was ist,Bremer und Freiburger Vorträge[M]. Frankfurt:Klostermann,1994:51.

且他认为"'生一产'(是)思想在'physis'意义上的希腊语表达……"[①]但是,现今的物理学不理解远古的"physis","对于物理学来说,自然是能量(energy)和质料(matter)的持存。它们都是自然的组成部分。从一种惰性的视角来看,质料是由能量的方式决定的。然而能量却是效果性的——它是因为成就之订置秩序而被订置的"[②]。

海德格尔的技术研究星丛中还存在着另一个术语——危险(danger),它也成为对现成状态的另一种表达。危险将世界被隐藏起来的神秘性抽离。"技术的本质是座架。座架的本质是危险。"[③]尽管危险已经出现,但我们仍然没有将其体验为"危险"[④]。之后,海德格尔又增加了另外一个术语:"在每一场危险来临之际,总是隐约地出现焦虑(distress)。焦虑胁迫我们。"[⑤]这一对于危险的断言也关联着海德格尔最喜欢的荷尔德林(Friedrich Hölderlin)诗歌中的段落。在《帕特莫斯》(*Patmos*)中,荷尔德林写道:"但哪里有危险,哪里也生救渡。"(Wo aber Gefahr ist, wächst / Das Rettende auch)危险与救赎的交织反映了存在本身的两种面貌。存在将自身呈现为现成状态一面的同时,也退至神秘的深处。技术不是由新石器或者工业革命时代可悲的人类行为创造的,而是存在自身的一个不可避免的面向。因为存在(being)(或者我们可以用"beyng"这个词,因为海德格尔钟爱词的古老拼法)远不在世界因果关系的链条中,"存在并不伴随着与之相对应的概念。因为它不是由任何事物引起的,也不是自身的原因。存在没有,也从来不会由一个偶然性的因果联系形成"[⑥]。因此,人类不能要求技术之本质做出改变,而只能被动地等待。但这仍然给予我们一种区别于其他所有实体的本质,"人类本质的伟大之处在于,它属于存在之本质,它也被存在之本质所利用,来保存自身的真理"[⑦]。在存在之危险中也存在着转向的可能性,从遗忘存在转向存在之本质。[⑧] 尽管技术令人恐惧,但海德格尔仍然认为我们能在技术的本质中看到存在的闪光。技术将所有事物抽象为现成状态的可悲形式,也将存在本身之焦虑召唤带到我们的面前。[⑨] 但是人类作为存在的守护者,必须要继续等待下去,"只有当作为存在之守护者的人类继续等待存在之真理,他们才能期待另一番存在之天命的到来,而不是仅仅希望了解存在"[⑩]。

---

① HEIDEGGER M. Einblick in das was ist, Bremer und Freiburger Vorträge[M]. Frankfurt: Klostermann, 1994: 64.
② HEIDEGGER M. Einblick in das was ist, Bremer und Freiburger Vorträge[M]. Frankfurt: Klostermann, 1994: 42.
③ HEIDEGGER M. Einblick in das was ist, Bremer und Freiburger Vorträge[M]. Frankfurt: Klostermann, 1994: 54.
④⑤ HEIDEGGER M. Einblick in das was ist, Bremer und Freiburger Vorträge[M]. Frankfurt: Klostermann, 1994: 55.
⑥ HEIDEGGER M. Einblick in das was ist, Bremer und Freiburger Vorträge[M]. Frankfurt: Klostermann, 1994: 75.
⑦ HEIDEGGER M. Einblick in das was ist, Bremer und Freiburger Vorträge[M]. Frankfurt: Klostermann, 1994: 70.
⑧ HEIDEGGER M. Einblick in das was ist, Bremer und Freiburger Vorträge[M]. Frankfurt: Klostermann, 1994: 71.
⑨ HEIDEGGER M. Einblick in das was ist, Bremer und Freiburger Vorträge[M]. Frankfurt: Klostermann, 1994: 77.
⑩ HEIDEGGER M. Einblick in das was ist, Bremer und Freiburger Vorträge[M]. Frankfurt: Klostermann, 1994: 71-72.

三、对象与物

我们已经知晓,海德格尔的工具分析以及他的技术理论都取决于距离与切近性。更进一步,他认为切近和疏远展现在物的结构之中(这也成为海德格尔哲学体系中被忽略的核心主题),因为"切近于我的是我们习惯性称为'物'的东西"①。参考一下海德格尔对于壶的讨论,"我们去寻找切近之本质,我们发现壶之本质在于其作为物。但是在发现中我们意识到同样的切近之本质——物物化了(The thing things)"②。"物物化了"听起来似乎只是文字游戏,但至少它有着一个直接的"负面"功能。"物物化了"这一事实意味着它成为人类意识对象之外的某物。海德格尔提供了一系列的超越人类意识辖域的事物:壶、长凳、人行桥、犁、溪流、山、鹭、鹿、马、牛、镜子、手镯、书、图像、皇冠、十字架。③ 与距离和切近建立适当关系的关键在于让物"物化",不要将它们化约为关联于意识的现成状态。换句话说,它需要跨出哲学性实在论(realist)的一步,允许世界在人类所有通达之外独立存在。

"物"(thing)是与"对象"(object)相对的术语——总的说来,海德格尔认为"物"是好的,而"对象"是坏的。使壶成为物而不是对象的是它独立的自身。"壶乃某种独立事物的自立(Selbststand),它与对象(Gegenstand)不同。"④ 但是在这里,正如上文的工具分析一样,我们不应认为海德格尔是在谈论实体的不同"种类"。因为"当我们将某些独立的物呈现给自己时,它也能成为对象……物之物性(thingly in the thing)(并非)存在于这样的事实中,即一个成为表征对象的物……"⑤ 任何的实体都可以被视为物或者对象,正如任何的实体都可以被视为隐蔽的上手状态或者清晰的现成状态一样。物不能被化约为我们对它的表征,也不能被化约为它被生产出来的偶然情境。因为用海德格尔的名言来说,"壶之为器皿,不是因为它是被制造出来的,而是说,因为它是器皿,所以必须被制造出来"⑥。

更普遍地来说,物不能被等同于它的任何外观,或者说它的"eidos"。外在的表征从来没有让我们得到物的内在本质,而这一本质往往部分地从人类理解中退场。这一逻辑同样适用于科学自我炫耀的那些成就——"科学所能发现的只是遭遇那些可能的

---

①④⑤ HEIDEGGER M. Einblick in das was ist, Bremer und Freiburger Vorträge[M]. Frankfurt: Klostermann, 1994:5.

② HEIDEGGER M. Einblick in das was ist, Bremer und Freiburger Vorträge[M]. Frankfurt: Klostermann, 1994:17.

③ HEIDEGGER M. Einblick in das was ist, Bremer und Freiburger Vorträge[M]. Frankfurt: Klostermann, 1994:21.

⑥ HEIDEGGER M. Einblick in das was ist, Bremer und Freiburger Vorträge[M]. Frankfurt: Klostermann, 1994:6.

对象，它的表征形式已经被提前决定了。”[①]简而言之，科学通过将物替换为一系列它在塑形中可感知的属性，将它化约为现成状态。的确，“科学在原子弹之前就已将物剥离了自身。原子弹的爆炸只是最残酷的证明，它证实长久以来对物的虚无化达到了极致：作为物自身的物仍然是无和虚空”[②]。但这也不是说科学就应对此负有责任。整个围绕着在场（即虚假的切近性）的哲学历史亦是如此。用海德格尔尖刻的话来说，“柏拉图这位从外观来表征在场者之在场状态的思想家，并没有思考物之本质，亚里士多德以及后来所有的思想家也无出其右”[③]。对于海德格尔来说，唯一思考物之本质的方式在于承认物存在着“四方的”（fourfold）的结构。但是，关于“四方域”（Geviert）的艰难讨论只能留在别处了。

① HEIDEGGER M. Einblick in das was ist，Bremer und Freiburger Vorträge[M]. Frankfurt：Klostermann，1994：8-9.

② HEIDEGGER M. Einblick in das was ist，Bremer und Freiburger Vorträge[M]. Frankfurt：Klostermann，1994：9.

③ HEIDEGGER M. Einblick in das was ist，Bremer und Freiburger Vorträge[M]. Frankfurt：Klostermann，1994：7.

真实与技术

◎ 阿尔伯特·博格曼* 著

钱进** 译

摘要:是否有可能存在一个宽阔而深刻的技术理论?商品化提供了一条有益的线索。它指涉的是经济的宽度,同时也暗示了一种深刻批判的可能。尽管在经济上它已是一种准确的描述,但其道德和文化冲击力则需被进一步明晰。从这个角度看,它所指涉的是某物或某项实践与其具体参与时所置身的时间、地点和社群语境的脱离。具体的参与被技术化的机器替代。商品与机器的联合也让人们去思考诸如消费与劳动、高级工业社会中存在的对生活不满等话题。它也暗示着一种对未来分离性的看法——更多的商品化,或是对具体参与的恢复。

关键词:技术哲学;商品化;设备范式;技术伦理

一、一个关于技术的理论

对于技术,我们都有着一种常识性的理解。我们会认为它是身边的设备,或是借助设备实现的流程。电脑是一种技术,石油开采亦含有技术。但通常意义上对技术的理解其实并不清晰,因此也导致人们对其寄予盲目的希望以及漠视人类在技术文化能动性上的诸多可能。因此,对技术的深层结构做进一步明晰就是必需的,而笔者将尝试做这项明晰工作。

明晰工作需要一种理论支撑——它有助于探究技术对我们生活所产生的宽阔而深刻的影响。"宽阔"意味着其效果波及我们所有人;"深刻"意味着其效果有确实的影响。当然,需要注意的一点是,技术的效果可能既不宽阔,也不深刻。如果只关注围绕技术存在的一系列具体问题,事实也确实如此,那么一种具有启发性的关于技术的理论也将无法出现。因此,是否存在一种由自身有效性决定的理论?如果它能提供和展

---

* 阿尔伯特·博格曼,美国蒙大拿大学哲学系荣休教授。

** 钱进,上海外国语大学新闻传播学院副研究员。

现此种有效性，怀疑之声将自然消散。但如果我们的明晰工作失败，怀疑之声必将盛行。如果无法确立一种能够回答之前理论性问题的技术理论，那么我们的努力必然付之东流。这些问题可能会以迷惑、顾虑或希望等形式出现，理论能将它们言说、勾勒出来，并做出回应。

对于技术我们确实存在疑虑。第一个疑虑就是普遍的对其持有的暧昧态度。技术同时具有善恶两面。是否存在一种方式，可将技术的益处与损害调和至等量？我们是否能对善恶进行评判并平衡两者？第二个疑虑有关技术的威力。是什么使其难以被抗拒？为什么它能深入世界的各个角落？在过去的两个世纪里，那些被技术所统治的国家为什么在当下出现愈演愈烈的趋势？

在笔者开始描述技术理论之前，有必要先将之前所述进行形式化陈述。首先，“技术”在这里特指工业革命以来且被此前的现代科学所强化的技术。笔者将在后面阐释，现代技术之所以成为一个问题，不仅因为它是人类制造并使用的工具的新近且强大的拓展，更因为它创造性地改变了人类的生存境况。其次，技术是否以及如何施展其影响，这实际上是一个伦理或道德问题。它涉及何为正确或是善的规范问题。但技术所波及的范围及其强大的力量也指向现实的本质或是本体论问题。“伦理”与“本体论”都与准则有关，并都指向准则所涉及的主题：在伦理中指的是公正与善良的规范，在本体论中则指的是现实的结构和权力。关于准则和主题之间模糊界限厘定的问题，笔者将其作为背景来处理。此外，作为一种关于伦理的技术理论，它需要是具体的，否则就不会产生任何效果；作为一种关于本体论的技术理论，它则需要是基础性的，否则不能在更广的范围内具有启发性。最后，这种技术理论不能依赖传统的伦理或本体论，如若可以，我们的疑虑早就被消除了，我们的焦虑也早就被缓解了。

二、经济和道德的商品化

商品化为建构技术理论提供了一条有益的路径。它引导我们关注经济的细节及其程度问题。它同时向我们揭示了关于技术的道德困境。商品化某物就是将其变为商品。在经济学中，“商品”可以指标准化的物品，如小麦。由于软件在这层意义上可能被商品化，故而人们对微软公司产生了诸多焦虑。以卡尔·波兰尼为代表，人们会假定，商品应该是为销售而生产出来的，而土地、劳动力和货币无法被真正的商品化。[①] 好坏与否，这些“虚假”商品现在也有了专门的市场（货币除了商品属性外，还有

---

① POLANYI K. The great transformation[M]. Boston：Beacon Press，1975：72-73，162.

其他更加重要的作用),这也意味着商品化有了更为宽阔而准确的定义,即物品进入某个市场,从而被销售和购买的过程。进入某个市场——因为存在多个市场。将它们合并成一个统一市场,是欧盟和北美自由贸易法案试图去做的。统一市场就是全球化的目标。

这些不同的市场有着同质化倾向。从历史上看,商品化就是将过往不同市场之间的差异抹平,卡尔·马克思、卡尔·波兰尼以及 E. P. 汤普森和其他一些理论家都对这个过程深表警惕。①②尤其是波兰尼,他认为商品化深刻地改变了人类的境况。它所产生的社会错位与混乱剧烈而痛苦。但 19 世纪晚期和 20 世纪初期,商品化的红利在工业化国家的人群中扩散开来,当今,几乎所有人都接受了市场制度,并毫不质疑地(尽管可能颇为不易)生活在商品化世界中。与商品化紧密相连的只剩下亲密物世界(家庭、友谊和慷慨等)和共有物世界(正义、教育和福利等)。当然,它们之间也存在着边界冲突。比如,医保究竟应该市场化还是需要政府出于社会公正而做出干预?

就算最终就这些问题达成共识,我们依然对自己所生活的这个商品化社会心存疑虑,其中的一些就藏匿在商品化这个术语下面。那些对商品化做出论述的伟大理论家们并没有直接使用这个术语。它是 20 世纪 70 年代盎格鲁一美国的马克思主义者们发明的。它第一次(以一种隐晦的方式)出现在《纽约时报》上的时间是 1979 年,但直到 20 世纪 90 年代中期,《纽约时报》的作者们才规律性(但并不频繁)地使用这一术语,大概一年十次。

在几乎每一次使用中(自 1979 年以来大概 160 多次),商品化都作为一种隐晦的批判与否定术语出现,但又与那些正统的对商品化的批判不同,即关于社会不公。《纽约时报》上的疑虑正是马克思和他的继承者们所指出的那些议题,但又因掺杂了剥削与不公这样的问题而变得更加含混。那些焦虑就是被商品化的事物,同时还会发生自身退化,如性、体育或人类生活。

与前市场化的同类相比,所有被商品化的物品都将退化吗?衣物?供水系统?住房?交通?如果我们仅依靠自己、母亲或妻子来获取衣物,去水井打水,与四五个人公用睡眠空间,只依靠马匹进行距离和速度都受限的旅行,大多数人会有一种局限而贫乏之感。至少在这些例子中,商品化意味着自由和富足,而非退化。但可以说的一点是,当性通过某些方式进入市场后,它将会发生价值退化。

我们需要找到一种方法,从而捕捉到商品化的道德层面。笔者所指的"道德"是休

---

① MARX K, ULFIG A. Das Kapital[M]. Cologne: Parkland, 2003.

② THOMPSON E P. The moral economy of the English crowd in the eighteenth century[J]. Past and present, 1971, 50(1): 76-136.

谟意义上的更广泛的道德，包含社会现象中的伦理与文化特征。所以，当物品被商品化后，在道德意义上，它究竟发生了什么变化？当一个事物或实践被从其发生的环境中，如时间、地点和社群等抽离出来后，它在道德上就被商品化了。[①]这些活动发生的情境在道德上是有价值的，因此它们的消失肯定是一种损失。但在有些情况下，道德的获得会超过其损失，例如平等、自由或健康的增益。为迎接复活节，母亲为孩子量体、缝衣，这当然是值得回忆且具有价值的，但将女性从家务的束缚中解放出来更具有价值。

在理解技术时，非常重要的一点在于认识到经济商品化与道德商品化通常是相互交叉的，但又绝不相互等同。一个农民的市场是经济上的商品化——销售和购买产品，但不是道德上的商品化，因为其活动所展开的情境与季节、地点和熟人有关。与此相对，许多网络上的信息与娱乐可免费获取，但依恋和责任被剥离。

区分经济商品化和道德商品化的必要性在逆向商品化中显现出来，该过程也被称为去商品化。它有两种类型。当消费者挑选汽车或电脑时能指出其想要的功能组合时，标准的商品化便发生逆转。我们先假设电脑的功能可选项非常丰富，而消费者所获得的电脑具有独特性——市面上不存在另外一台与其相同的电脑，即一台完美的专门定制机器。另外一种去商品化与市场无关。有些物品可以免费获得，互联网就是最明显的例子。一旦你有了一台联网电脑，信息、传播和娱乐便唾手可得。不过，通常你需要为此付出另外一样货币，即将"眼球"或关注让渡给广告。在上述的两种类型中，重要的一点在于，在多数情况下，物品在经济上被去商品化了，但在道德上依然被商品化，即与基于具体地点、时间和社群之上的活动所展开的背景相分离。缺乏共同参与这点往往被表面上剧烈而频繁的沟通所遮蔽，但进入和离开网络关系的低成本则是其道德商品化的一个显著标志，同时也创造了短暂且非物质化连接的可能。互联网能提升社区，但它绝不能生产社区。

对于一位拥有 iPod 音乐播放器的消费者来说，播放音乐这个事实从来都不是嵌入在具体的地点、时间和社区之中的，使用者也无须参与其中的互动和情感投入。电子设备和物品一直且已然与情境相分离。但另外一些诸如衣物或食物等物品，按照马克思、波兰尼和汤普森的说法，却经历了真实的、与情境相分离的过程。对商品化进行道德的概念化的益处在于它恰好能够帮助我们认识到商品化所颠覆的那个情境，而对颠覆的考察也揭示出技术不仅仅是人类原始品性的一个延伸或加强，更是一个描述在伦理和本体论方面发生巨大变化的术语。

---

① THOMPSON P B. Commodification and secondary rationalization[M]//VEAK T. Democratizing technology: Andrew Feenberg's critical theory of technology. Albany: State University of New, 2006: 112-135.

在前技术世界里,现实的本质与行为的规范之间,如本体论与伦理之间,没有鲜明的区分。在18世纪的英格兰,作为一种物品,面包并不需要市场机制来确立其自身价值,或是由社会正义的规范来评判其分配,或是按照营养标准来修正其成分,或是通过节食规则来指引其消费。面包本身便会激发感恩之情;如果它完全是由小麦制成的,那便是财富的象征;坐下来切分面包则意味着休息和恩泽。面包便是工作的情境以及公共工作的关键所在——所有身体状况尚佳的人在丰收季都需要去帮助收割;打谷的人们在粮仓里有节奏地甩着连枷;小麦被交到磨坊碾磨工手里;所有的家庭都将面包带到村里的烤箱去烘焙。[①][②]

面包的道德情境可隐晦,也可敞亮。当小麦害锈病或发生旱灾时,面包便会紧缺,穷人就需将燕麦、糠甚至是碎橡子掺到小麦面粉里。当人们被迫去使用地主的磨坊,或是怀疑碾磨工克扣了面粉时,他们会为此而愤恨。不管哪种情形,人们都生活在一个连贯而熟悉的世界中,而这个世界的核心便在于诸如小麦这样的物和丰收庆祝这样的事件。物和实践能够引发人们的痛苦和愉悦。人们能够运用自身心智和身体来生产物和维持实践,其方法便是参与。

在18世纪甚至是19世纪的英格兰、印第安黑脚部族或瑞士乡村里,都能发现这种参与形式。[③][④]人们通常在工作中墨守成规,且相互忠诚,这并不是因为布道或说教使然,而是因为他们所生活的世界里需要且奖赏坚韧和忠诚。[⑤]在欧洲,航海大发现、新教改革、制造业扩散以及国际贸易强化了这种物与实践形式。最终,它被工业革命打破,而这个过程经常被描述成狂妄的资本主义进取之路。此种描述并非不正确,但其背后发生了一些更为根本性的改变,笛卡尔和培根预见性地对其作出描述,而诸如马克斯·韦伯和查尔斯·泰勒这样的思想家则对其进行了分析。[⑥][⑦]

物与实践失去它们大部分的道德权威。食物不再是上帝或自然的恩赐,而是物理和化学过程的结果。不幸不再是上苍施加的负担或神灵的捉弄,而是在道德上无法被理解的耻辱。这些转变为自由和繁荣承诺的兑现扫清了障碍,难以在传统的现实中寻找到慰藉以及工业和科技带来的新可能加速了这种转变。对现实的去魅将世界分裂

① HARTLEY D. Lost country life[M]. New York:Pantheon,1979:171-196.

② THOMPSON E P. The moral economy of the English crowd in the eighteenth century[J]. Past and present, 1971,50(1):76-136.

③ NETTING R M. Balancing on an Alp[M]. Cambridge:Cambridge University Press,1981.

④ WELCH J. Fools crow[M]. New York:Penguin,1986.

⑤ LASLETT P. The world we have lost[M]. 3rd ed. New York:Scribner,1984.

⑥ WEBER M. Wissenschaft als Beruf[M]. Ditzingen:Reclam,1995.

⑦ TAYLOR C. Sources of the self[M]. Cambridge:Harvard University Press,1989.

成物理上的本体论和准则上的伦理，即康德的平等和自主原则，或密尔的享乐和繁荣原则。尽管表面上的本体论和现代伦理为理解当代现实提供了必要条件，但物理或康德哲学或实用主义伦理都无法解释究竟是什么推动了科技以及我们为什么对它有着如此暧昧的态度。

最终，商品化将我们引向了技术的全部结构。当将其从参与的负担中抽离出来后，商品化的物品貌似就实现了其梦想。它们转瞬即逝，无处不在，安全且易于获得。当你旅行时，仿佛有了一块飞毯；当你就餐时，桌上菜肴自行备好。但魔法终不是现实，物品终需被生产出来。只有当参与的情境被其他什么替代，抽离才能实现。那便是机器。道德商品化是且终将是机器化。当面包的生产被机器化，那么它就是一件道德商品，且发明和发展机器化的过程非常艰辛，费力（象征着技术的威力）且被认为无法避免。①②

三、设备范式

最初同时也是最显著的机器化通常被称为工业化，该语汇也暗含着对传统参与情境的剧烈颠覆。但就算在英格兰以及今天的发展中国家，从一开始，商品化的裨益就与机器化的痛苦相伴，直到 20 世纪中叶，痛苦与愉悦的天平才明显偏向后者。

今天，我们最为熟悉的技术范式形态便是组织与构成我们生活的技术设备。闹钟广播将我们从睡梦中唤醒，淋浴器洁净我们的身体，吐司机解决我们的温饱问题，汽车载我们去工作，这些设备均向我们提供了一种商品——适时的音乐，温暖的水流，美味的食物，舒适且令人愉快的通勤。机器化和商品化在设备范式中汇集，机器与商品之间既分离又联合。设备范式构成了一种本体论，促成了一种现象学的产生，反过来也暗示了一种认识论以及一种伦理。③

依据设备范式，技术就是现实的转型，它构成了一种历史的、动态的、附属或寄生的本体论。它是历史的，因为它在一个具体的时间中出现，且非永久有效。它是动态的，因为设备范式并非将所有地方的现实同时转变，而是在具体的地点对世界进行机器化和商品化，且自此之后，扩散开来并横扫之前的一切存在。

它是一种附属的本体论，因为技术并不完全重构现实。设备范式所依赖的资源并

---

① GIEDION S. Mechanization takes command[M]. New York: Norton, 1969: 169-208.

② MATZ S A. Modern baking technology[J]. Scientific American, 1984(251): 122-134.

③ BORGMANN A. Technology and the character of contemporary life[M]. Chicago: University of Chicago Press, 1984: 33-153.

非其自身生产的。资源首先是原材料和能源。更具启发性的一点是,传统文化也是一种资源。尽管它已失去先前的道德威力,但依然维持了其标志性的形式,而这恰恰是被打下了深深的技术烙印的结果。一座神圣的庙宇成为一种旅游资源,壮丽的山峰成为一种休闲资源,活力四射且有奉献精神的人成为人力资源。

设备范式的机器化内含一种典型的唯象论。从历史的维度观察可以发现,技术的机器化经历着从暴虐的力量到潜在的老练的力量的转变过程。暴虐的力量在矿业、采石和民用工程中依然可见。但就在这些行业中,机器也能够提高效率和改良操作,而且减少了人员伤亡以及对环境的破坏或是毁灭。

在本体论上和道德上更为重要的一点在于设备的现象学指引了我们的日常行为。一个普遍的趋势便是机器化日趋精巧老练,体积变小,能更好地自我藏匿,商品日臻显著、完美和可得。没有一样设备能比计算机更能体现这点。它从一个臃肿而脆弱的庞然大物变为强大且具有移动性的微小之物,以至于工程师的首要任务不再是将其缩小到人类可以控制的尺寸,而是将其做成一个足够大的实体存在,从而能够满足人类手眼的需要。通常,计算机的运算能力按照几何级数增长这一点并不是作为一种崭新的、创造性方式来挑战人类的秩序和技能的,而是使信息和娱乐商品的获得变得更为迅速、无所不在、安全和容易。当然,计算机是被受过专门训练的人以一种极具技巧性的方式使用的,就像 F1 赛车手操控赛车一样。但这些专业性的使用并不仅仅是为了追求卓越,它们往往是服务于机器技术的改进或娱乐产品的生产。

机器的日趋精细和商品的繁盛是需结合在一起的。同时,这种结合使商品与其参与情境的脱离更为彻底,而这又产生了其自身的认识论。对于笔记本电脑的机器属性,你无法理解它、拆卸它、修理它,或是维护它,当然,更不用说你的汽车了。但对于机器的这种无法避免的无知,常常是与对设备范式的牢固理解(如果是暗含的话)不可分割的。众所周知,你的电脑屏幕中那些高精度的彩色动态图片并不是什么魔法,而是具体的某人依据某种机器原理,设计和生产出来的,并且每个人都知道为了这些机器需付出时间和精力。

对设备范式的基本接受让人们感到愉悦,但对于新的商品出现或已有商品的巨大改进,人们并不感到惊讶。更重要的一点在于,它为技术社会提供了稳定性,但同时导向一种明显的浅薄。在这点上,认识论进入伦理的范围之中。

在一个技术社会中,公民通常生活在一个有着不透明表象的世界中。正如多罗茜·哈特利在 1979 年写到的那样,“一位现代女性看到的是一块亚麻布,但一位中世纪女性透过它看到的是亚麻田,闻到的是腐烂的水塘中散发出的恶臭味,感受到的是梳理亚麻时所发出的尖利而刺耳的声音，看到的是亚麻田折射出来的柔软光泽"①。自1979年以后，"技术"便成为《纽约时报》网站上的一种分类类别或是主标题，它指涉的是电子或信息技术，它惊人的进展和蔓延速度将现实的基础更深地隐藏了起来，而将其表面做了更好的修饰。

四、技术的伦理

现实和人文之间一直存在着对称，而一种肤浅的现实将对称变得浅薄并造成道德上的困境。相反，参与则能加深此种对称。如果其他因素相同，更多的参与会将人与更深维度的现实连接起来。当足球，美国人称之为英式足球，通过高清大屏电视将你吸引住的时候，它将你的眼睛、耳朵和情感都卷入其中。当你与朋友们在公园里争球的时候，它需要你的力量、你的速度、你的平衡性、你对时机的把握以及你的耐力。这些参与活动便是你对阳光、树木、草地、球和球友的反应，在这些活动和环境中，人们将各自的魅力、智慧，有时候可能是焦躁，一并展现出来。

从参与中抽身而出不可避免会使世界变得平庸，使人变得肤浅。但通过减轻苦难，它会获得道德上的稳固地位。"痛苦"一词的内涵跨度非常大，它包含从极度痛苦到无痛，例如叫你的孩子来吃饭就是"一种痛苦"。技术抽离的进程揭示了从消除痛苦到令人虚弱的脱离这一道德的阶梯式变化过程，从一开始，参与度就会有损失，但在伦理上它不仅说得过去，事实上它也是必需的，因为折磨人的痛苦毕竟不是人们所期望的。

此种解除负担行为的另外一个理由便是对丰富而充实生活的许诺，但设备范式的逻辑导致的是一个没有新的依恋和负担的繁荣生活。技术自由与繁荣交织在一起，当抽离将最轻微的负担卸下的时候，解放和丰富的混合体便会使人变得虚弱。

技术的进步是渐进的，故而历史上并不存在解放阶段和无为阶段的明显划分，如若强行画一条线的话，那这条线也必将是弯曲的，而极度欢愉地带与迫切必需地带是被并置的。但在20世纪中叶的美国，两个地带的间隔被打破了。当时，汽车是一种理想的通勤工具。尽管在安全性和效率方面依然有着改进空间，但它不是汽车业技术创新的驱动力所在。真正的动因是解决手动换挡、手摇车窗以及夏日车内的炎热等给人们造成的困扰；弥补车内缺少新闻、音乐以及人们最爱的金曲，需要配偶看着地图或是加油站的服务员指路，无法看到头顶的天空以及对孩子们来说无法看到动画片的缺憾。汽车技术在这些方面的改进表明了掺杂了减负、丰益以及商品的复杂演进过程，

---

① HARTLEY D. Lost country life[M]. New York：Pantheon，1979：5.

将我们从汽车、环境和彼此间抽离出来。

此种生活在伦理上是否应被谴责？按照传统的伦理标准并不会。本质上，它并不是一种社会不公，它也不是没有愉悦，它也无须摧毁环境。道德上，它也绝非最坏的一种生活方式。尽管肤浅且抽离，日常活动在总体上还是体面的。因此，它也不至于引发道德上的愤慨，但对于其的浅薄却无不令人惋惜，而这种浅薄往往会转变成无知和冷漠。就其对全球正义和全球环境所造成的影响和后果而言，这确实令人无法容忍。

美国是技术最先进的国家，其民众的精神和身体惰性也是全球领先的。这样的观察并非通常的那种浪漫、怀旧、反技术或反动的抱怨，它获得了社会科学数据的印证，这些数据测量了美国人所遵循的明确规范。[①][②]难道卓越性的衰退不应该延缓甚至是逆转技术进步吗？毕竟工业与商业不是儿戏，它们是维系技术进步的两股力量。一个变化便是从提供慰藉转变成追逐愉悦。在此，道德商品化是一个有用的概念。渐进的抽离和道德商品的精致化承诺了更纯粹和强烈的愉悦——这些愉悦不掺杂任何的预备工作和义务。对此种愉悦的享用就是道德消费。那些表面上令人无法抗拒的、关于消费的许诺常常超越其最终的兑现。美国社会中不同领域内的精英一方面对消费表示怀疑，另一方面则不顾一切地对其进行最大化利用，其结果就是对生产的无条件臣服。因为存在有利可图的回报，生产比消费本身更吸引人，故而极端消费也就成为一种可能。因此，紧张而高效的工作习惯以及美国精英人群奢侈的花费随之产生。

究竟谁应该为令人悲哀的消费现状和极度活跃的生产负责？到底是现实决定了人类行为还是人类形塑了现实？这是伦理和本体论中最易引发争论的问题。它也使技术能否成为一种本体论这个问题被再次提出。对于那些被技术惠及的人们来说，它显然有着巨大而具有诱惑性的力量，但在对所有选项做出理性思考后，很大一部分人选择将技术作为最优的生活方式的想法是非常奇怪的。在理解普通人如何处理技术的道德意义这一问题上，需要引入软性决定论视角。哲学家在使用软性决定论这个术语时，认为其指的是人类必然要受制于外界限制。但与硬性决定论不同，软性决定论承认自由、选择和责任，而他们对这些现象给出的决定论解释恰恰与我们的常识相符。因此，软性决定论与技术决定论是相对的。软性决定论解释并印证了人类的能动性。[③]

软性决定论也暗示了为何传统伦理无法处理与技术威力之间的关系。启蒙时期

---

① BORGMANN A. Real American ethics[M]. Chicago: University of Chicago Press, 2006: 130-135.

② KOMLOS J, LAUDERDALE B E. Underperformance in affluence: the remarkable relative decline in U. S. heights in the second half of the 20th century[J]. Social science quarterly, 2007, 88: 283-305.

③ DENNETT D C. Elbow room: the varieties of free will worth wanting[M]. Cambridge: MIT Press, 1984.

的产物——道义伦理是现代文化中的崇高面向，但它的具体实践受制于设备范式及其独特的本体论与伦理的结合方式——机器和商品的本体论以及生产和消费的伦理。崇高和具体之间的裂隙被模糊的自由和繁荣遮蔽了。

因为技术是一种历史的、动态的、附属的本体论，故而很难具有一种总体性，自然也就存在对手。它需要与旧的和新的现实竞争，这些不同种类的现实影响着我们对未来的希冀。设备范式以及它许诺的自由和繁荣驱动着技术经济向前。但我们好像错误地认为技术设备所生产出的愉悦能给人类带来真正的幸福，这从丹尼尔·卡内曼获得诺贝尔奖一事中便可窥见一二。

未来看起来是分裂的。技术一方面将继续使道德商品化变得更精巧；另一方面，由关键事物和实践构成的技术现实也将宣称自己是主导性的生活范式。关键生活将围绕着诸如餐桌、词语、音乐、竞技或宗教这样的文化样式展开。①如果是被参与情境知晓和调节，工作当然也可以成为一项关键活动。

本体论和伦理分离作为一种趋势兴起，并非零和式的事件。如果你从 Seamless-Web 网站上订餐（该网站将烹饪好的饭菜直接送到顾客家），边享用边上网，那么你就在技术的奴役之下了。如果某个午后你和你的孩子在自家的菜园里采摘，或是在傍晚与你的配偶一起准备晚餐并共进晚餐，那么你是幸运的。如果你是在下班的路上，去商店购买准备好的饭菜，加热，等你的配偶回家，然后与她/他共进晚餐，那么你在道义上肯定没什么问题。对于参与的情境来说，它的深度与宽度有着程度上的不同。如果此路径被广泛采纳，整个经济也将随之改变。整个社会将生产更少的汽车，更多的公共汽车和火车；更少的水上摩托艇，更多的皮划艇；更少的 DVD，更多的书籍；更少的 iPod 音乐播放器，更多的长笛和吉他。

① BORGMANN A. Technology and the character of contemporary life[M]. Chicago: University of Chicago Press, 1984: 196-246.

制造的织造性

◎ 蒂姆·英戈尔德* 著
丁方舟** 译

摘要:在讨论艺术和技术的关系时,现有研究仍假设制造需要把形式强加于物质世界,而行动者脑中对此已有设计。本文批判这种关于创造的形质论模式,并阐明事物的形式产生于力量场和物质流。实践者是在介入力量场以及跟随物质流规则的过程中展开制造活动的。因此,制造就是织造的实践,实践者在其中将他们自身的路径或生成的规则与构成日常生活世界的物质流纹理结合起来。行动者并非"向后"读取创造性,即从一个既有物体中读取原始的意图,而是在持续不断的生成运动中向前读取这种创造性,这一运动过程是流动的、即兴的、节奏性的。为了在实践中阐明这一点,本文比较了木工和绘图这两种实践。在这两种实践中,制造意味着发现世界是如何生成的纹理并跟随这一纹理。在历史意义上,这意味着从画线条转向在两个既有点之间画直线的过程,也是从织造到构造的转折点。自此以后,前者被贬低为手艺,后者则被上升为技术。

关键词:制造;织造;形质论;物质;能动性;创造性;木工;绘图

一、形质论模式

画家保罗·克利(Paul Klee)反复强调,在我们栖居的世界中,形式的起源和发展过程远比形式本身更重要。"形式是终点,是死的。"他写道,"形式的赋予才是活的。"①这也是他1920年出版的名作《创作信条》的核心思想——"艺术不是复制可见,而是制造可见。"②换言之,制造不是对既有固定形式的复制,无论这一形式是脑中的

* 蒂姆·英戈尔德,英国阿伯丁大学社会科学学院人类学系教授。
** 丁方舟,复旦大学新闻学院博士后,浙江大学传媒与国际文化学院百人计划研究员、博士生导师。

① KLEE P. Notebooks, volume 2: the nature of nature[M]. London: Lund Humphries, 1973: 269.

② KLEE P. Notebooks, volume 1: the thinking eye[M]. London: Lund Humphries, 1961: 73.

图像，还是世上的其他物体。制造寻求的是与那些能把形式转变为存在的力量结合在一起。因此，线条是从运动的点开始的，犹如植物的生长从种子开始。在借鉴克利思想的基础上，哲学家德勒兹和加塔利认为，日常生活世界中最本质的关系并不存在于物质和形式之间，而存在于物质和力量之间。① 这就是所有类型的物质被宇宙的力量和各种可变的属性激活，并在事物产生过程中相互混合和融合的方式。两位学者试图超越的是长久以来思考事物的一种方式，这种关于事物是如何被制造出来以及被使用的观点在过往逾两千年的西方世界中产生了深远影响。它可以追溯到亚里士多德。

根据亚里士多德的观点，要创造任何事物，就需要把形式（morphe）和物质（hyle）结合起来。这种有关创造的形质论模式（hylomorphic model）深深根植在其后的西方思想发展史中。但这组二元对立也越来越失去其平衡性。形式被视为由带有设计意图的行动者强加的，而另外一面的物质则被视为被动的、具有惰性的，等待着形式的强加。笔者在本文中想要批判的正是当前这种有关艺术和技术的关系以及制造事物意味着什么的论述，这种论述即使旨在恢复形式与物质这组二元对立之间的平衡性，但仍然再生产了形质论隐含的理论假设。笔者的最终目的更为激进：基于德勒兹和加塔利的观点，笔者认为应当抛弃这种二元模式，代之以一种新的本体论，这种本体论更关注事物形成的过程，而非最终的成品；更关注物质流及其流变，而非物质的状态。形式，用克利的话来说，是死的；形式的赋予才是活的。笔者认为，克利对艺术的这一论述也可以拓展到一般的技能实践上。也就是说，问题不在于如何把预想的形式强加于具有惰性的物质，而在于介入形式赖以产生的力量场与物质流中。笔者认为，实践者也是漫步者，是旅行者，他们有能力发现世界生成的纹理，并跟随这一路径，使之适用于实践者不断变化的目标。

以用斧头劈开木材为例，熟练的樵夫将斧头劈下，刀刃沿着木料在它还是活树一部分时就生成的纹路进入木料的纹理。“这是一个问题。”德勒兹和加塔利写道，“向木头屈服，跟随它引领的路径。”②这也许并非偶然。“tekhne”，这个在德语古籍中用来描述实践者技能的词汇，源自梵语的斧头（tasha）以及木匠（taksan）这两个词。木匠“是一个制作东西的人”（梵语，taksati），一个塑造者或制造者。拉丁语中的动词织造（texere）也有着同样的词根。③ 木匠，既是一个制造者，又是一个织造者。或者更准确地说，木匠的制造活动本身就是一种织造的实践：不是把形式强加于顺从的物质，而是

① DELEUZE G，GUATTARI F. A thousand plateaus[M]. London：Continuum，2004：377.

② DELEUZE G，GUATTARI F. A thousand plateaus[M]. London：Continuum，2004：451.

③ MITCHELL V. Textiles，text and techne[M]//HARROD T. Obscure objects of desire：reviewing the crafts in the twentieth century. London：Crafts Council，1997：30.

对纤维材料的切割与黏合。[①] 木匠的斧头在寻找穿过木头的路径时将木头劈成两半,就像德勒兹和加塔利所说的那样,这是由"纤维的变化波动与扭曲"引导的过程。[②] 对斧头本身来说,我们假设其刀刃是在石头上击打出来的。熟练的石匠是通过从岩芯中分离出细长的薄片,利用岩屑材料在地质压缩过程中产生的贝壳状裂缝的性质来工作的。[③] 在每次敲击之前,他会找到或准备一个合适的平台,在击打时,裂缝的线条像波浪一样在物料上泛起涟漪。在被打磨光滑之前,碎裂石头的锻造表面有多个交叉裂缝的痕迹。

在西方历史中,对线和面的触觉知识与感性知识引导着实践者使用多样而异质的物料,就像旅行者穿越地表一样,这种知识后被几何形式所替代,后者是在同质化的物质媒介中以一种抽象的方式被构思出来的。我们所说的制造的织造性已经逐渐贬值,形质论模式得到了强化。莱昂·巴蒂斯塔·阿尔伯蒂(Leon Battista Alberti)写于15世纪中叶的考古学作品揭示了这一过程中的转折点。在此之前,大卫·特恩布尔(David Turnbull)以中世纪的沙特尔大教堂为例,说明了建筑师是建筑工人中的掌控者,在现场承担协调石匠的工作,这些石匠负责根据木质模板的曲线切割石头,并沿着标记的线条放置石块。整个过程没有计划,结果也离预先设计的要求相去甚远,更像是拼接的织布。[④] 阿尔伯蒂认为,建筑与头脑中的构想有关。他写道:"完全有可能在头脑中对形式进行设计而不借助任何物质,通过指定或确定一个固定的方向并在各种线条和角度之间进行连接。"[⑤]这些线条和角度共同构成了阿尔伯蒂所称的建筑的线条结构(lineaments)。这些线条结构与石匠用来切割木质模板或放置石块的线条完全不同。它们使建筑形式和外观有了精确而完整的规格,是由智识工作者在建筑工程开始之前独立构想出来的。在纸上,线条结构表现为各种或直或弯的绘制线条。的确,阿尔伯蒂的线条可以在欧几里得的几何形状中找到来源。他解释道:"直线是两点之间可能画出的最短线条,而曲线是圆的一部分。"[⑥]与阿尔伯蒂的线条结构类似,艺术历史学家让-弗朗索瓦·比勒特(Jean-Francxois Billeter)也对欧几里得的几何学做出了如下阐释:它"既没有身体,也没有颜色,没有纹理,没有任何有形的特质:它的本

---

① INGOLD T. From the transmission of representations to the education of attention[M]//WHITEHOUSE H. The debated mind:evolutionary psychology versus ethnography. Oxford:Berg,2001:64-65.

② DELEUZE G,GUATTARI F. A thousand plateaus[M]. London:Continuum,2004:450.

③ PELEGRIN J. Remarks about archaeological techniques and methods of knapping:elements of a cognitive approach to stone knapping[M]//ROUX V,BRIL B. Stone knapping:the necessary conditions for a uniquely hominin behaviour. Cambridge:McDonald Institute for Archaeological Research,2005:25.

④ HARVEY J. Cathedrals of England and Wales[M]. London:B. T. Batsford,1974:33.

⑤ ALBERTI L B. On the art of building in ten books[M]. Cambridge:MIT Press,1988:7.

⑥ ALBERTI L B. On the art of building in ten books[M]. Cambridge:MIT Press,1988:18.

质是抽象的、概念化的、理性的”[1]。

二、跟随物质(following materials)

由此,建筑的织造性被纯粹形式化的建筑学所取代。尽管“技术的”(technical)与“织造的”(textilic)这两个词具有共同的词源,但从那时起它们的意义就走向了截然不同的方向。前者被提升为一种系统或操作规则,即技术;后者被贬低为纯粹的手艺,在理性主导的世界中几乎成为一种残余或间质的(interstitial)“感觉”。这一技术的概念蕴含了一种本体论主张,即事物的构成意味着在理性和规则主宰下把预想形式加诸惰性物质之上,而非一种对活性物质进行织造的过程。[2][3] 换言之,在“制造物体意味着什么”这一问题上,“技术”是答案之一。显然,这一答案并非建立在实践基础上。对制造者而言,他们生活在一个必须把工作完成的世界中,他们利用物质本身的性质展开制造活动,但不见得会得到预想的形状,物体也不可能无止尽地停留在这一状态。[4] 建筑承包商承担着把建筑设计付诸实施的工作,他们对此再清楚不过,正如承包商马蒂斯劳·恩泽(Matisse Enzer)所言:

> 建筑师把建筑理解为一个完整的事物,建筑工人则把建筑理解和认知为一套流程——打洞、地基、框架、封顶等。设计与制造的区隔导致建筑环境中无法存在“流”。你不能只是设计一个即兴的或适应性的建筑,它是死的。[5]

或许,正如斯图尔特·布兰德所言,在世界和建筑师对世界的理解之间存在一种微妙的差异:建筑师理解的世界是透明的,但事实上它是流动的。建筑工人能够适应这种差异。

当然,当代建筑师并非普遍无视理论与实践之间的脱节。例如,杰出的葡萄牙建筑师阿尔瓦罗·西扎(Alvaro Siza)就承认,虽然他可以建造和设计房屋,但他从来没有能力建造一座真正的房子。他的意思是这样的房子像一台复杂的机器,其中每天都

---

① BILLETER J F. The Chinese art of writing[M]. New York:Rizzoli International,1990:47.

② INGOLD T. The perception of the environment:essays on livelihood,dwelling and skill[M]. London:Routledge,2000:312.

③ 正因为“技术”是一种本体论主张,所以把技术看成一种与本体论主张有关的主体就是毫无意义的。如果这个概念隐含的主张没有基础,那么这个概念也将失去效力。

④ INGOLD T,HALLAM E. Creativity and cultural improvisation:an introduction[M]//HALLAM E,INGOLD T. Creativity and cultural improvisation[M]. Oxford:Berg,2007:3-4.

⑤ BRAND S. How buildings learn:what happens to them after they're built[M]. London:Penguin,1994:64.

有东西损坏。[①] 根据西扎的说法,除了砖瓦匠、木工、石瓦匠、泥水匠、水管工等建造和维修房子的真正英雄,还有生活在房子中的人,他们努力巩固和维持房子的完整性,抵挡日晒与风吹雨淋,人类居住带来的磨损与裂痕,以及鸟类、啮齿动物、昆虫、蜘蛛和真菌等的侵袭。[②] 就像生活本身一样,一座真正的房子始终处于进步之中,居住者能做的最好的事情就是引导它朝着理想的方向前进。园艺工人也是类似的,他们带着铲子、叉子和泥刀,防止花园变成丛林。从更广的意义上来说,正如德勒兹和加塔利所强调的那样,当我们遭遇物质时,它们始终是运动的、流动的、多变的。他们断言:“物质流只能被跟随。”[③]德勒兹和加塔利所称的“物质流”,就是笔者所称的“物质”。由此,笔者把这句话改写成一个简单的经验法则:跟随物质。[④⑤]

要应用这一法则,就要介入这个持续沸腾的世界。或许我们可以把这个世界比喻成一个巨大的厨房。在这个厨房里,各种各样的质料混合在一起,产生了新的物质,而这些物质又与不断变化的其他原料混合在一起。要做饭,就要打开容器,把里面的东西倒出来,然后再把盖子盖上。在具有无政府主义倾向的物料面前,厨师需要假装保持着对做饭过程的控制。更准确的一个例子是炼金实验室。根据艺术历史学家詹姆斯·埃尔金斯(James Elkins)的说法,炼金术的世界不是分子结构的世界,它是一种通过观看和感觉,并在混合、加热、冷却的过程中被认知的物质世界。埃尔金斯写道:炼金术是一门与物质交织的古老科学,在此过程中,炼金术士并不太明白正在发生什么。[⑥] 他认为,画家也是这样的。画家的知识也是关于物质的,与炼金术士没有什么不同。作为实践者,建筑工人、园艺工人、厨师、炼金术士与画家并非把形式强加于物质,而是把各种不同的物料结合在一起,融合或引导其物质流,并期待着可能出现的物体。

在试图重新平衡形质论的过程中,理论家们强调,物质世界并非被动地屈从于人类设计。他们的观点并非建立在对物质生命力的表述上,而是建立在客体的能动性上。如果说人能够对邻近物体产生行动,那么,物体也能够对人产生行动,促使人去做

---

① ANGELILLO A. Architecture writings[M]. Milan:Skira Editore,1997:47.

② ANGELILLO A. Architecture writings[M]. Milan:Skira Editore,1997:48.

③ DELEUZE G,GUATTARI F. A thousand plateaus[M]. London:Continuum,2004:451.

④ JORGE V O,THOMAS J. Overcoming the modern invention of material culture[J]. Journal of Iberian archaeology,2007(9):313-317.

⑤ 本文所说的跟随是指一种主动而非被动的状态,它并不意味着盲从。猎人必须在不断变化的环境中保持视觉和其他感官的警觉性,并据此调整他的路线。在跟随物质流的过程中,实践者也是这样的。失败的后果是工作偏离轨道,不能再继续。需要补充的是,不仅仅是实践者被这种规则所约束,研究他们工作的人同样也是如此。对后者来说,如果失去了观察的路径,那么描述就会失败。

⑥ ELKINS J. What painting is[M]. London:Routledge,2000:19.

他们原本没有想过的事情。以我们熟悉的布鲁诺・拉图尔(Bruno Latour)所言的减速带为例,减速带促使汽车减速,其能动性替代了交通警察的能动性。[①] 埃尔金斯在借鉴雅克・拉康(Jacques Lacan)精神分析的基础上提出,我们盯着物体看时,物体也会反过来盯着我们看,正如我们的视觉会被"猫的摇篮中的交叉视线"所吸引。为了反转传统形质论中主体与客体的关系,考古学家克里斯・戈斯登(Chris Gosden)指出,在许多情况下,并非心灵把形式强加于物质性客体,而是后者形塑了有关形式的想象。[②] 在不断往返于心灵与物质世界的过程中,客体似乎可以像主体那样行动,主体也可以像客体那样被作用于行动。主体与客体,因而可以被替代为在关系网络中相互联结的类客体(quasi-objects)与类主体(quasi-subjects)。[③]

然而矛盾的是,这些想要超越现代社会中主体与客体极化关系的努力受困于一种语言上的障碍,即语法分类的问题,这一问题导致我们只把行动看成由行动者产生的一种效果。[④] 艾尔弗雷德・盖尔(Alfred Gell)认为:"能动者的行动开始于他们自身,开始于他们自己的意图,而不是由宇宙的物理定律引起的。"[⑤]意图就是原因,行动就是效果。盖尔认为,人类有能力独自开始自己的行动,但能动性同样也分布在基于原始意图形成的人工制品中。这些人工制品由此成为人类这类原始的"一级能动者"以外的"二级能动者"。[⑥] 并非所有人都同意盖尔所言的行动是预设意图的结果,更不用说把意图等同于精神状态的观点。卡尔・克纳佩特(Carl Knappett)认为意图和能动性并不能等同——"交通信号灯、减速带、猫的出入门等人工制品可以被认为具有一种能动性,但很难说它们显示出了某种意图"[⑦]。如果认为猫的出入门本身有意图性,那就太愚蠢了。那么,这是否意味着它们具有能动性?与其把行动归因于出入门的能动性(或是猫的能动性及安装出入门以便自己不用为猫开门的主人的能动性),是否更宜把出入门的操作归因于所需的行动,即猫要为自己创造进出门的路径?当然,无论是猫还是出入门都不具有能动性,它们都被行动所占据。以下要阐明的是,它们被世界的生成流所裹挟。

---

① LATOUR B. Pandora's hope: essays on the reality of science studies[M]. Cambridge: Harvard University Press, 1999: 186-190.

② GOSDEN C. What do objects want? [J]. Journal of archaeological method and theory, 2005, 12(3): 193-211.

③ LATOUR B. We have never been modern[M]. Hemel Hempstead: Harvester Wheatsheaf, 1993: 89.

④ INGOLD T. Introduction to Part I[M]//Hallam E, INGOLD T. Creativity and cultural improvisation. Oxford: Berg, 2007: 52.

⑤ GELL A. Art and agency[M]. Oxford: Clarendon, 1998: 16.

⑥ GELL A. Art and agency[M]. Oxford: Clarendon, 1998: 20-21.

⑦ KNAPPETT C. Thinking through material culture: an interdisciplinary perspective[M]. Philadelphia: University of Pennsylvania Press, 2005: 22.

三、放风筝

我们栖居的世界不是由主体和客体构成的,甚至也不是由类主体和类客体构成的。问题的关键不在于"主"(sub—)或"客"(ob—),抑或它们之间的二元对立性,而在于"体"(—ject)。构成世界的成分在产生行动或被作用于行动之前,并非已被投诸世间(thrown)或铸造完成(cast)。它们一直处于"投掷"(throwing)或"铸造"(casting)的过程中。对此,最好的例证可能是笔者在阿伯丁大学(University of Aberdeen)带领学生做的一个简单实验。我们每个人用织物、火柴棍、丝带、胶带、胶水和绳子在室内的桌子上做了一个风筝。看起来我们是在组装一个物体,但当我们把这些创造物带到室外,它们立即就会行动起来,旋转,俯冲,偶尔还会飞。这是如何发生的?是风筝奇迹般地活了过来,以我们未曾预料到的方式行动?我们是否正在见证,(放风筝的)人与物体(风筝)在不受约束的相互作用中所产生的结果,而这一结果只能被解释为风筝获得了一种反作用于放风筝人的能动性?当然不是。风筝之所以会如此行动,是因为在我们把它们带出室外时,它们就像我们自己一样,被空气流,即我们所称的风所裹挟。在室内时,它们还只是躺在桌子上没有生命的风筝,现在却浸入生成流中,活了过来。由此,我们过去所认为的"物体"(object)成了笔者所说的"事物"(thing)。事物不是我们面前的既成事实,它也不是完整的,它的每一部分都将继续前进,到达一个可能更好的地方,在那里,许多前进中的事物相互交织。①

正如哲学家马丁·海德格尔(Martin Heidegger)所说,虽然这听起来有点让人捉摸不透,"物世界化世界而以其物性自身"②。这是一个特殊的过程,物质在运动中相互聚合或相互交织。因此,风筝的事物性(thingness)在于它把风融入了自身的构造,并在飞舞的过程中呈现了持续的飞行路线。这一路线并非指连接风筝与放风筝人的那条线。德勒兹和加塔利强调,飞行的路线之间并不相连。如果回到克利那里,这样的路径就像植物的茎干生长于种子一样,回溯了世界成为世界的路径,而并非是相反的,把既有的点按顺序连接起来。德勒兹和加塔利写道:"(飞行路线)不能由连接它们的点或构成它们的点来定义;相反,它在点与点之间经过,在其中穿过……生成既不是一个点或两个点,或者两点之间的关系,而是介于两者之间……飞行路线……垂直于

① 更多反思使我们相信,风筝一开始就不是一个物体,虽然它看起来是。由此,我们可以从另一个角度思考制造的过程。我们不再把制造视为由基础组件组装而成的混合物,而是各种具有动态属性的物料的结合,这些属性包括敏捷性、黏着性、刚性、柔韧性等,它们要求我们在工作中对特定的身体姿势、手势和动作进行调用。

② HEIDEGGER M. Poetry, language, thought[M]. New York: Harper & Row, 1971: 181.

两者。”[①]更重要的是，使得风筝在风中飞舞的事物性，也会使它们飞向地面。如果风筝没有被赋予使之行动的能动性，那么放风筝的人也没有。和风筝一样，人类也不是因行动而存在的行动者，而是被物质流激活的行动场（hive of activity），[②]这样的物质流包括穿过我们的身体并使我们能够呼吸、代谢、生存的空气流。[③] 和风筝的飞行路线一样，放风筝的人的生命轨迹也垂直于我们所绘的连接作为（类）客体的风筝或作为（类）主体的放风筝的人的线条。

在实践中，放风筝的人与风筝不应被理解为相互作用的实体，交替扮演彼此的行动者，像照顾病人一样作用于对方，而应被理解为运动的轨迹，在彼此的对位上相互呼应，交替演奏旋律和副歌。我们可以用同样的方式看待建筑工人与其制作的砖瓦和灰浆之间的关系，园艺工人与其打理的土壤之间的关系，厨师与制饼材料之间的关系，以及画家与颜料和油彩的关系。物质文化研究方面的领军学者丹尼尔·米勒（Daniel Miller）认为，通过研究人们对物体的使用，我们能够更好地理解人们何以通过实践创造了世界。[④] 然而，砖瓦、灰浆、土壤、制饼材料、颜料和油彩，这些都不是物体，它们是物质。正如我们所见，人们围绕物质所做的事情是跟随它们，把它们自己的生成规则编织到构成生活世界的物质流纹理中。在此基础上，事物才能产生，即我们所称的建筑、植物、大饼以及绘画。在把这些事物分离为物体时，物质文化的理论家们也就人为地破坏了它们的生命流。因此，能动性的问题是理论家们自己制造出来的，为使因仅仅关注事物的“客观性”而变得死气沉沉的世界重新焕发生机。他们的世界不是一个事物处于投掷中的世界，而是一个已经死亡的世界。令人吃惊的是，理论家越多谈及能动性，他们就越少谈及生命。为了把事物的生命改写成物体的能动性，他们需要一种双重还原，即把事物还原成物体，把生命还原成能动性。这种还原逻辑的来源就是形质论。

四、锯木板

笔者的目的是把事物还原成活的，以此赞颂克利所言的“形式赋予”的创造性。[⑤]

---

① DELEUZE G, GUATTARI F. A thousand plateaus[M]. London: Continuum, 2004: 323.

② JORGE V O, Thomas J. Overcoming the modern invention of material culture[J]. Journal of Iberian archaeology, 2007(9): 317.

③ 当然，人和事物并没有对立。相反，人也是事物，或者如蒂莫西·韦伯莫（Timothy Webmoor）和克里斯多夫·惠特莫尔（Christopher Whitmore）所言，“事物就是我们！”引自 WEBMOOR T, WHITMORE C L. Things are us! a commentary on human/thing relations under the banner of a “social” archaeology[J]. Norwegian archaeological review, 2008, 41(1): 53-70.

④ MILLER D. Why some things matter[M]//MILLER D. Material cultures. London: UCL Press, 1998: 19.

⑤ KLEE P. Notebooks, volume 2: the nature of nature[M]. London: Lund Humphries, 1973: 269.

这就意味着需要反转形质论,更重要的是反转一种存在于艺术和物质文化研究中的倾向——向后读取创造性,即从一个新产生物体的形式结果开始,回溯物体形成的先决条件,即回溯行动者头脑中的创新想法。这种向后读取的方式就是人类学家艾尔弗雷德·盖尔所言的“对能动性的绑架”。对盖尔来说,每一件艺术品都是一个可以用艺术化的独特方式与社会行动者联系起来的物体。① 在盖尔的理解中,所谓的艺术化就是一种能够追溯从物品到能动者的因果链条的情境,其中前者索引了后者。要追溯这些联系,即通过作品考察背后的能动性②,就要实施一种认知上的绑架。笔者认为,正如克利所言,一件艺术品不是一个物体,而是一个事物。如同其他实践者一样,艺术家所做的并不是把一个预设想法付诸实践,无论这个想法是否具有新意,而是融入并跟随把作品从形式转变为存在的力量场与物质流。这样的作品邀请观看者如同旅伴一样加入艺术家的行列,观看作品在世界中展开的方式,而不是探寻成品背后的原始意图。

在德勒兹和加塔利的理解中,所谓的跟随并非指重复,而是指巡游。③ 艺术家和工匠一样,都是流动的过路人。他们在完成任务时留下自己的路径,就像旅行者穿越风景一样,他们在引领作品前进的同时也在引领自己的生命前进。④⑤ 正是在向前的行动中,作品的创造性才呈现出来。要向前读取创造性,就需要把关注点从绑架转移到即兴创作上。⑥ 即兴创作是指在世界打开它的路径时跟随它,而不是重新沿着已有路径回溯从终点到起点的连接链条。以下是德勒兹和加塔利的论述:

> 人一旦开始向前,就面临即兴创作的风险。然而,即兴创作并非加入已有的世界,或仅仅融入其中。人从家乡出发开始冒险时有一种基调。穿过响亮的、高昂的、轰鸣的路径……把自己嫁接到各种漂移的路径上,包括各种循环、结、速度、动作、姿势和音调。⑦

---

① GELL A. Art and agency[M]. Oxford:Clarendon,1998:13.

② KNAPPETT C. Thinking through material culture:an interdisciplinary perspective[M]. Philadelphia:University of Pennsylvania Press,2005:128.

③ DELEUZE G,Guattari F. A thousand plateaus[M]. London:Continuum,2004:410.

④ INGOLD T. The perception of the environment:essays on livelihood,dwelling and skill[M]. London:Routledge,2000:194-200.

⑤ 笔者要强调的是,虽然他们跟随计划、分数或食谱制定的方向前进,但在实践中,计划中的行动和实际行程之间并不是二选一的。实践者不需要做出什么选择,或是找到某种方式把它们融合起来。因为方向本身并不能告诉行动者该怎么做。路标并不意味着什么,除非它们被放置在地表的某处。同样,每个方向都从自身在任务景观中所处的熟悉位置获得了自己的意义。只有当这一位置指明了一条路径时,它才真正值得被跟随。实践者在从一个方向转向另一个方向的过程中,并没有得到进一步的明确指令,因此他们需要凭借内心和敏感找到自己的路径。

⑥ INGOLD T,HALLAM E. Creativity and cultural improvisation:an introduction[M]//HALLAM E,INGOLD T. Creativity and cultural improvisation. Oxford:Berg,2007:3.

⑦ DELEUZE G,GUATTARI F. A thousand plateaus[M]. London:Continuum,2004:343-344.

对德勒兹和加塔利来说，生命就是沿着这样的路径穿梭和漂移的。同时，点与点之间更多时候是彼此裹挟而非联结的，共同卷入难以识别的运动流中。[①] 生命是开放式结局的：生命的动力不在于到达终点，而在于持续向前。

在另一个研究中，笔者曾以锯木板为例，阐释过重复与巡游的区别。[②] 锯木板就像散步。在散步的时候，脚步并不会像珠串上的珠子一样彼此跟随。更准确地说，每一步都是前一步的发展，以及后一步的预备。这同样适用于每一次锯的动作。更重要的是，正如没有两个步子是一样的，每一次锯的动作也有些许不同。在动作进行时，力量、振幅、速度和扭矩都是不同的，尽管这种差别是非常细微的。同时，为了保持平衡，身体的姿势以及肌肉骨骼结构的张力与收缩也会有所不同。[③] 从行动以外的角度看，木匠似乎只是在一遍又一遍地重复一样的姿势，或者只是重复执行每次的操作流程（技术操作链），比如做书架的操作流程。对木匠自己来说，他需要跟随物质，并应对木头的独特性，锯木头因而就是介入"变量的连续变化中，而不是从中提取常数"[④]。木匠对自己所做的事情有一种感觉，即他每一阶段的行动或多或少能够带来并发的变化。[⑤] 这意味着他对正在执行的任务有一种持续的感知监控，并进行着持续的修正。[⑥] 这就是为什么没有两次锯的动作是一样的，也是锯的动作具有节奏性的原因。为了产生这种节奏性，动作需要被感知到。节奏性，正如哲学家亨利·列斐伏尔（Henri Lefebvre）所主张的那样，不仅意味着重复，而且意味着重复之间的差异。[⑦] 而在机械切割机的完美重复旋转中是没有节奏的。机器不能感觉到任何东西，它对自身旋转时发生的事情也完全没有反应。钟摆或节拍器的震动也是如此。重复是节拍性的，而巡

---

① DELEZE G，GUATTARI F. A thousand plateaus[M]. London：Continuum，2004：324.

② INGOLD T. Walking the plank：meditations on a process of skill[M]. DAKERS J R. Defining technological literacy：towards an epistemological framework. New York：Palgrave Macmillan，2006.

③ INGOLD T. Walking the plank：meditations on a process of skill[M]//DAKERS J. R.. Defining technological literacy：towards an epistemological framework. New York：Palgrave Macmillan，2006：74.

④ DELEUZE G，GUATTARI F. A thousand plateaus[M]. London：Continuum，2004：410.

⑤ 查尔斯·凯勒（Charles Keller）描述了他所谓的手工活动的结束阶段，从表面来看，他对制作银器和编织的论述与笔者类似。凯勒认为，观察者眼中的线性步骤，即技术操作链，对实践者来说是一个复杂的交互过程。（引自 KELLER C M. Thought and production：insights of the practitioner[M]//SCHIFFER M B. Anthropological perspectives on technology. Albuquerque：University of New Mexico Press，2001：27）但除了这一相似性，我们的观点在根本上是不同的。凯勒仍坚持一种精神主义的行动观，根据这一观点，每个运动都有相应的运动感觉图像。对实践者来说，挑战在于协调图像，而不是协调运动本身。

⑥ INGOLD T. Walking the plank：meditations on a process of skill[M]//DAKERS J R. Defining technological literacy：towards an epistemological framework. New York：Palgrave Macmillan，2006：76-77.

⑦ LEFEBVRE H. Rhythmanalysis：space，time and everyday life[M]. London：Continuum，2004：90.

游是节奏性的。[①]

我们可以想象一个木匠坐在他的工作室里,这间工作室位于艺术评论家、小说家和画家约翰·伯杰(John Berger)所居住的法国阿尔卑斯山上的一个村庄里。这间工作室占据了旧农场一座建筑的二楼。建筑的地板和横梁都是用木材制成的,正如木匠手上正在处理的木质模板。你可以在横梁上看到斧头切割的痕迹,沿着木头在它还是森林里的活树时就生成的纹路。伯杰观察到,木匠的"时间都被填满了"。树木的成长需要时间,木头的晒干需要时间,建筑的建造需要时间——现在建筑已经到达了它使用生涯的终点,而木材可以卖个好价钱,因而时间又被用于收拾、搬运和卸下木板。[②]为什么伯杰要把木匠的故事用在他与女儿伊芙关于绘图的对话中呢?结尾给出了线索:绘图者犹如木匠。绘图犹如森林?(Le dessinateur comme charpentier. Le dessin comme foret?)[③]绘图和木工类似吗?或者说,在素描的线条与树木的纹理之间存在某种平行关系?笔者相信这种平行关系是存在的,对绘图的考察能够帮助我们理解与线条有关的制作活动之流动性、即兴创作性与节奏性。

五、画线条

伯杰认为,绘图行动从本质上来说是动态的、时间性的,在时间流逝的表面留下了旋涡式的痕迹。它是关于生成的,而非关于存在的。你不可能"是"一座山,或"是"空中翱翔的秃鹰,或"是"森林里的一棵树。但你可以"生成"它们,通过自身的动作与姿势画出那些事物,正如海德格尔所言,在它"成为事物的过程中"。伯杰认为,绘图是流,同时也是"一种持续的修正"[④]。绘图者拿着画笔,正如木匠拿着模板,他必须感觉到他正去往何处,并随时调整自己的姿势以符合不断变化的目标。更重要的是,与山的路径、秃鹰的飞行、树木的根一样,画线条并不是按顺序把既有的点连接起来,而是从一端开始,然后留下一连串的印记。或者,正如克利的名言,线条"出去散了个

---

① 也许有人会反对笔者在手动锯木板和旋转切割机之间以及木匠的手臂与钟摆之间所做的区分,认为这种区分是武断的,没有基础的。在现实世界中,机械设计对环境的干扰非常敏感,就像人一样。举个例子,一个钟摆可以在它所安装的表面轮廓上做出反应,也可以在空气压力、热量和湿度的影响下做出反应。节拍器甚至有可能不是真正的节拍器。尽管笔者承认完美的机器是一种理想,在实践中无法实现,但机械理想仍然是由系统关闭的愿望驱使的。在实际操作中,机器被设计成能够尽可能精确地按照预先设定的流程来执行命令。它不应该有任何感觉,即使它可能有感觉。

② SAVAGE J. Berger on drawing[M]. Cork:Occasional Press,2005:139.

③ SAVAGE J. Berger on drawing[M]. Cork:Occasional Press,2005:144.

④ SAVAGE J. Berger on drawing[M]. Cork:Occasional Press,2005:124-125.

步”[1]。它没有终点——我们从来无法说出在哪一刻绘图完成了。对此，艺术历史学家诺曼·布赖森(Norman Bryson)认为，绘图不同于绘画，或者至少不同于西方传统中的油画。[2] 油画的密度和不透明度掩盖了艺术作品的创作过程。所有修改、更正、擦除及原始的错误都被掩盖了，隐藏在眼睛看不到的表面之下。因此，我们更倾向于把作品看成一个完整的物体，一个窥视艺术家意图的指标，而后者与前者之间被认为是一种简单的因果关系。简言之，绘画使观者预先设置了绑架的逻辑。

绘图则完全不同。绘图者画下的线条是无法收回的。[3] 一旦下笔就不可能再更改。其他线条可以叠加在线条上或穿过线条，但原始的线条始终都在，它记录了制造者因为急躁、控制欲和焦虑而使手指压在铅笔上形成的不可磨灭的痕迹。这样一来，绘图既包括绘制，也包括观看，正如埃尔金斯观察到的，任何绘图都有强烈的触感，它是“制造者肌肉的档案”[4]。因此，绘图无处可藏，它“无情地迫使所有事情公开”[5]。如果说绘画存在于现在过去时中，那么，绘图就存在于永远不会到达的时间中。它永远在前行，始终处于过程之中。最后一根线条从来都不是可以绘制的最后一根线条，即使最后一根线条对现在开放，它仍然拒绝成为终点。[6] 如此，绘图就继续前进，与即兴创作的风险相抗衡，它跟随的路径并非是从制造者脑中的图像到它在物质世界中的呈现，而是相反的，像游泳者扎入水中又抬头吸气一样，在心灵和纸张之间来回巡游[7]，又或者就像刺绣工上下车线一样。针对纸上的记号，布莱森写道：

> 既起引导的作用，又被引导。它从纸张向内循环，引导艺术家对即将绘制的线条进行抉择，然后向外循环，在纸上留下新的痕迹，将思想织入线条，在缝合动作中把想法与线条结合起来……形成一个越来越紧的结……每次绘图都是以相同节奏重新行动的过程，跟随一种公开而广阔的规则……渐渐在图上形成一个线条的网络，把网拉紧，再固定设计。[8]

---

① KLEE P. Notebooks, volume 1: the thinking eye[M]. London: Lund Humphries, 1961: 105.

② BRYSON N. A walk for walk's sake[M]//DE ZEGHER C. The stage of drawing: desture and act. London: The Drawing Center, 2003: 149.

③ 用铅笔画的线条的确是可以擦掉的，但作为一种行动，擦除和绘图具有完全不同的性质。

④ ELKINS J. The object stares back: on the nature of seeing[M]. New York: Simon and Schuster, 1996: 227.

⑤ BRYSON N. A walk for walk's sake[M]//DE ZEGHER C. The stage of drawing: gesture and act. London: The Drawing Center, 2003: 149.

⑥ BRYSON N. A walk for walk's sake[M]//DE ZEGHER C. The stage of drawing: gesture and act. London: The Drawing Center, 2003: 150.

⑦ SAVAGE J. Berger on drawing[M]. Cork: Occasional Press, 2005: 125.

⑧ BRYSON N. A walk for walk's sake[M]. DE ZEGHER C. The stage of drawing: gesture and act. London: The Drawing Center, 2003: 154-155.

笔者认为,布莱森所说的绘图也同样适用于一般事物的制造实践。这反过来给了我们答案,以回答社会人类学家卡琳·巴伯(Karin Barber)提出的一个关键问题:在世界的流动过程中,如何才能使出现的形式延续下去?是什么让事物变得厚重?[①] 我们的答案是,事物的持续存在不是因为它们出现以后我们制造的物质惯性,而是因为当它们更为紧密地交织在一起时,物质之间的摩擦力会产生相反的作用力。

本文的结论要回到阿尔伯蒂的线条结构上。从表面上看,这些抽象的、概念化的、无形的线条与木工、绘图或刺绣留下的痕迹是截然不同的,它们有着生动的外表、活力与触感。文艺复兴时期,艺术和建筑的线条是存在于心灵和世界之间并投射于纸上的,就像主体透过玻璃窗把视线凝固在物体上一样。虽然阿尔伯蒂曾把这些线条想象成纹路,但就像眼睛和被看见的东西之间展开的一层面纱,它们仍然无法被分割。[②] 实际上,阿尔伯蒂的线条结构是绷紧的线,正如笔者在其他研究里提出的,它们是绷紧的线或弦,是建筑设计所绘线条的前体,其直线度与一束光的直线度相当。[③] 16世纪的论著曾把视线描绘成紧紧缠绕的纹路,但其松散的末端却暴露了它的本质。[④] 然而,沙特尔大教堂的例子表明,中世纪的建筑大师们已经在地面上架起了线条,就像今天有条不紊的园艺工人还在做的那样。[⑤] 只是这种线条需要被编织。正如维多利亚·米切尔(Victoria Mitchell)所指出的那样,编织本身就是一种无处不在的制造线条的形式,"通过手指和身体的动作不断被拉长"[⑥]。从编织线条到在两点之间拉伸出直线,也意味着从身体运动转向抽象理性、从织造转向构造、从触觉转向视觉、从即兴转向绑架、从生成转向存在的过程。也许,织造的本体论关键就存在于它们彼此交织的长度中。

---

① BARBER K. Improvisation and the art of making things stick[M]//HALLAM E,INGOLD T. Creativity and cultural improvisation. Oxford:Berg,2007:25.

② ALBERTI L B. On painting[M]. Harmondsworth:Penguin,1972:38.

③ INGOLD T. Lines:a brief history[M]. London:Routledge,2007:159.

④ MITCHELL V. Drawing threads from sight to site[J]. Textile,2006,4(3):340-361.

⑤ TURNBULL D. Masons,tricksters and cartographers[M]. Amsterdam:Harwood Academic,2000:53-87.

⑥ MITCHELL V. Drawing threads from sight to site[J]. Textile,2006,4(3):340-361.

工程学与技术人工物的二重性

◎ 彼得·克洛斯* 著
金庚星** 译

摘要:通过分析工程师对技术人工物的描述,发现他们在工程描述中使用结构与功能的概念。考虑到物理结构与功能属性的不同本质,笔者提出技术人工物具有二重性的观点,并在认识论与本体论意义上解释这个二重性。为了阐明人类意图在技术人工物的本体论中的角色,本文最后简要考察了技术人工物的二重性这一概念与阿米·托马森(Amie Thomasson)将技术人工物看成一种依赖于心智的实体从而赋予其形而上学地位的理论之间的关系。

关键词:技术人工物;技术功能;物理结构;意向性;二重性;技术人工物的本体论

一、技术人工物

工程师的核心活动之一是技术人工物的设计、开发和制造。通过这些活动,他们用新的客体(object),如自行车、汽车、复印机、计算机、咖啡机、飞机等,丰富了我们生活的世界。通过创造新的技术人工物,工程师、技术人员和工匠创造出了一个属于我们自己的世界。我们的世界充满了技术器具[①],现代西方生活甚至达到了完全依赖技术的程度。因此,兰登·温纳(Langdon Winner)将技术描述为一种生命形式[②]。尽管技术人工物无所不在并影响广泛,技术人工物的本质(nature)却引发了许多问题。对于技术人工物是何种客体,目前还没有普遍被接受的观点或理论。

一般来说,技术人工物的世界不同于自然世界。与自然客体相比,技术人工物被

---

* 彼得·克洛斯,荷兰代尔夫特理工大学哲学部教授。感谢 Pieter Vermaas 和 Maarten Franssen 以及匿名评审对本文早期版本的宝贵意见。——作者注

** 金庚星,博士,上海理工大学网络与新媒体系讲师。

① 本文参考了 Albert Borgmann 的"器具范式"(device paradigm)这一译法,将 device 统一译为器具。

② WINNER L. The whale and the reactor: a search for limits in an age of high technology[M]. Chicago: Chicago University Press, 1986: 1.

看成人类有意识地创造的东西。[①] 技术人工物的确经常被定性为有意识的物理构造,条件是它们要运作和使用得当,并支持用户实现他们的目标。这种粗糙的定性引发了下列问题:技术人工物仅仅是物理构造吗?技术人工物运作或使用得当意味着什么?技术人工物如何与人类意图或人类目标相关联?或者技术人工物与自然客体之间是否存在清晰的界线?[②]

需要特别提出的是,技术人工物的本体论引发了深刻的哲学议题。技术人工物的世界有一个"人造"的环节,那就是"缺乏自然性质",或者"假装或伪造"。事实上,就技术人工物的存在依赖于心灵[③],或依赖于自然客体的存在而言,技术人工物的世界在本体论地位上常常被认为低于自然世界。例如,作为一种技术人工物,笔者写这篇文章时所用的桌子被认为不存在,因为所谓的"桌子"的客体并不适合于世界的基本本体论结构。桌子只有在作为物理对象时才是存在的。作为一个物理对象,它是由像分子、原子或基本粒子这样的自然或物理实体组成的。如果作为技术人工物的桌子被赋予本体论地位(status),这一地位通常被认为是从属于或依赖于自然客体的本体论地位,或者依赖于人类心灵的存在。技术人工物低于自然客体的观念可以追溯至柏拉图和亚里士多德关于技术人工物的观念。对于柏拉图而言,技术就是模仿自然,而亚里士多德则认为技术人工物缺乏他所定义为变化的内在原理的本质。[④]

笔者分析技术人工物本质时的出发点是工程师描述与构思技术人工物的方式。本文第二部分转向工程实践的原因在于工程师是设计、制造、分析与描述技术人工物的专家,故而,他们描述与构思技术人工物的方式对我们追问技术人工物的本质来说可能是一个更有意义的坐标点。同理,正如当我们对物质世界的本质感兴趣时,我们就转向对物理现象的描述,以及自然科学所提供的物质世界的基本概念。笔者认为工程师将技术人工物构思为具备功能的物理客体对象。以此概念为指导,笔者将在本文第三部分提出技术人工物具有二重性的观点。因为技术人工物的功能属性与人的意图密切相关,所以技术人工物必须根据两个不同的概念框架中的概念来描述(构思),即物理概念与意图概念。物理属性与意图属性的组合意味着技术人工物具有混合的

---

① HILPINEN R. Artifact, in the stanford encyclopedia of philosophy(Fall 2004 edn)[EB/OL][2009-04-07]. http://plato. stanford. edu/archives/fall2004/entries/artifact/.

② 在笔者看来,技术人工物和自然客体之间没有明确的界限。每当谈到技术人工物时,笔者都会想到"工程人造物"(engineered artefacts),后者是与自然客体明显不同的技术人工物。笔者将搁置关于界线的议题,此外,也不会考虑工程生物有机体的问题。

③ BAKER L R. The shrinking difference between artifacts and natural objects[J]. American philosophical association newsletter on philosophy and computers, 2008, 7(2): 2-5.

④ ROSS D. Aristotle, physica: the works of Aristotle, Vol. II[M]. Oxford: Clarendon Press 1970: 192b.

二重性。

技术人工物具有二重性的主张可在认识论与本体论的意义上得以解释。粗略地说，认识论层面的二重性论点意味着有两种不同的关于技术人工物的知识，即关于其物理属性的知识与关于其功能属性的知识；本体论层面的二重性论点意味着物理客体对象或属性以及人之意图都是构成技术人工物的东西。[①] 宣称人的意图对技术人工物而言扮演着一种构成性的角色是一回事，而更详细地说明涉及谁之意图以及何种意图则是另外一回事了。为了进一步阐明人类意图在本体论层面的二重性论点中的角色，笔者将简要地讨论阿米·托马森[②]对人工物和人工物种的形而上学状况的分析，并将其应用于技术人工物(第四部分)。笔者倾向于认为，设计者和制造者的意图，相较于用户的意图，在本体论层面是相关联的。

二、工程师关于技术人工物的概念

思考以下对计算机鼠标的描述(美国专利号 3,541,541)[③]：

一种 X—Y 位置指示器，通过控制手在任何面上的运动来移动光标在阴极射线管上的显示。指示器控制生成指示其位置的信号，使光标在对应位置的阴极射线管上显示。指示器控制机制包括相互垂直安装的 X 和 Y 位置轮，它们根据 X 和 Y 运动的控制机制而旋转，这一控制机制同时操作变阻器，以将信号沿着导线发送给控制 CRT 显示器的计算机。

以上对鼠标的描述可被当成工程师如何描述技术人工物的典型。三种不同的元素共同描绘出一个计算机鼠标是什么。这三个元素很容易被分辨出：

其一，器具的功能(它是用来做什么的)：控制 X—Y 位置的指示符；

其二，器具的物理或物质构成(它是由什么构成的)：两个可移动的轮子等；

其三，如何操作器具以实现其功能(如何使用它)：通过用手在面上移动器具。

所以，该器具可以根据其功能属性(functional properties)，物理或物质属性(physical/material properties)，以及为了实现其功能而必须执行的行动(它的使用手

---

① 在整篇论文中，笔者假设了一个“背景”本体，用来描绘物理客体对象与人的意图(心智状态)。笔者认为这样的背景本体是理所当然的，并不涉及关于心智状态与物理世界的本体关系的议题。

② THOMASSON A L. Realism and human kinds[J]. Philosophy and phenomenological research, 2003, 67(3): 580-609; THOMASSON A L. Artifacts and human concepts[M]//LAURENCE S, MARGOLIS E. Creations of the mind: essays on artifacts and their representations. Oxford: Oxford University Press, 2007.

③ 参见 http://www.uspto.gov/patft。

册)来描述。①

笔者在本部分将聚焦于功能属性与物理或物质属性各自在工程师描述技术人工物时的角色。当笔者仅从物理或物质属性(包括几何和化学属性)的层面来描述技术人工物时,笔者称其为结构描述;而仅从功能(它的功能属性)层面来描述技术人工物时,笔者称其为功能描述。关于客体对象 X 的结构描述的典型例子就是:"客体对象 X 具有如此质量、颜色、形状等。"这是从物理科学的角度来描述一个客体对象。功能描述的典型例子是:"X 是为了 Y。"例如,为了运输苯,为了切割钢板,为了干燥头发。功能描述与用户的视角密切相关。② 以上对计算机鼠标的描述显然是一种混合描述,它既运用了结构概念,又使用了功能概念。③

除了功能与结构的混合描述之外,我们在工程实践中也会遇到从纯功能属性层面或纯结构属性层面对技术人工物的描述。技术人工物的纯功能属性再现在设计过程的早期阶段有重要作用。④ 它们具有黑匣子描述的形式,其中,设计的对象仅在其输入和输出方面被指定(见图 1)。

图 1 关于技术物的纯功能性(黑箱)描述

特别是在创新设计的背景下,技术人工物的特点在于其在设计过程之初就被视为为达到特定目的的手段,即它们的功能;结构特性则被撇在一边,因为结构特性限制了解决方案的空间。纯粹的物理或几何描述则是在设计过程的最后阶段出现的。原因很简单,技术人工物如果离开了物理或几何层面的描述,将很难被制造出来。⑤ 如果某个描述仅包含以功能属性表征的部分,技术人工物将不可能被生产出来(因为功能

① 在维基百科中,用类似的术语来描述计算机鼠标:"在计算机中,鼠标(多个鼠标)通过检测相对于其支撑表面的二维运动,来指点设备。"见 http://en.wikipedia.org/wiki/Computer_mouse。

② 请注意,在功能描述中,结构概念也可能出现在替换 Y-ing 的短语中。然而,这并不意味着对象 X 本身是(部分地)以结构的方式描述的。

③ 对于在计算机鼠标的描述中使用的一些概念,例如轮子的概念,可能乍一看不清楚它是功能还是结构概念。这里笔者简单地假设,通过仔细检查,这样的概念可以用结构的方式(具有圆形的物体)或者功能性的方式(用于转身的物体等)来进行分析。

④ ASM International. ASM Handbook, Vol. 20: materials selection and design[M]. Ohio: Materials Park, 1997; OTTO K N, WOOD K L. Product design: techniques in reverse engineering and new product development, upper saddle river[M]. NJ: Prentice Hall, 2001.

⑤ 纯技术人工物的结构描述可以在 ISO 标准中找到标准技术对象,例如用于轮缘(细牙螺纹)的六角螺母的 ISO 规范 10663。

描述的黑匣子的内部情况是不可知的)。技术人工物是设计过程的产物,如果设计被视为制造的蓝图,那么该设计必须要包含技术人工物的所有相关物理或物质特征的结构描述。因此,技术人工物的设计可被视为一个过程,在此过程中,除其他事项外,设计对象(客体)的功能描述被转换或翻译成结构描述。

当技术人工物被认为是物质实现或设计的体现时,结构与功能属性在表征技术人工物时的角色是首屈一指的。粗略地说,这个意义上的设计是物理或物质对象的一个有意图的或功能的安排,并基于面向结果(目的)的手段的调试。技术人工物的设计强调其目的论,也就是它的所为(for-ness)。由于不同的物理结构可以实现相同的(子)功能(功能的多重可实现性),设计的功能描述(包括其功能分解)仅仅是对技术人工物的二分之一描述。反之,结构描述忽略了(部分)技术人工物的功能属性,且没有具体说明技术人工物是为了什么,忽略了它的设计特征。功能描述与结构描述本身都不能捕捉技术人工物设计的所有方面,功能描述脱离了其结构属性,结构描述脱离了其功能属性。因此,我们得出这样的结论,描述一个物体作为技术人工物需要明确其相关的结构与功能属性(相关性的依据在于某种目的和达到这一目的的手段缺一不可)。

事实上,使用结构与功能属性来描述技术人工物在设计与制造技术人工物的工程实践中是不可或缺的。[①] 从用户视角来看,使用技术人工物方式的手册的描述当然是必不可少的,这也许就是为什么手册经常被包含在对技术人工物的工程描述中。然而,工程视角聚焦于技术人工物的设计和制造,所以从纯粹的工程视角来看,手册描述并非不可或缺。在理想情况下,在输入和输出的约束条件下,任何源于如何使用设计和制造出来的技术人工物的限制,都要被考虑在内。手册本身并不会在结构和功能描述所包含的信息之外增加关于技术人工物的任何描述性信息,因此,从工程学角度来看,技术人工物可被简单地描述为具有功能的物理对象。笔者将这个特征称为技术人工物的工程意义上的结构一功能概念。

三、技术人工物的二重性

技术人工物的结构一功能概念本身并不意味着它们具有二重性,这完全取决于如何解释技术功能的观念。如果技术功能被视为物理能力,那么按照结构一功能概念,技术人工物就是简单的物理对象客体。然而,技术功能可能等同于物理能力的观点引

---

① 同时参考 Dennett 对于所涉及立场的讨论,DENNETT D C. The intentional stance[M]. Cambridge, MA: MIT Press, 1987.

发了令人无法忽视的问题,因此,技术功能通常被认为与人的意图密切相关。① 如果我们这样做,结构功能概念就得出了技术人工物具有二重性的结论。② 技术人工物的结构和功能属性在性质上也就因此变得不同,因为它们涉及两种根本不同的观察或概念化世界的方式。以自然科学中的物理视角来看,世界是由以因果关系相互作用的物理对象组成的。人文与社会科学中的意图观认为,世界的某些部分是由行动者(主要是人类)组成的,他们依据理性,有意图地再现世界并对之采取行动。就技术人工物作为物理对象而言,它们符合世界的物理概念,其物理属性可从这个角度来解释。然而,功能属性则不行,因为功能属性和生物科学相分离,其在世界的物理概念中没有一席之地。就具有意向性功能(intentionality-related functions)而言,技术人工物符合意向性概念。在这个概念中,它们的功能属性可通过其与人类目的意图的关联来解释。因此,技术人工物具有二重性一方面是因为它们具有实现某些功能的物理结构,另一方面是因为这些功能与人类意向性有关。

技术人工物是混合的客体对象,因为以上两种不同的概念化都是解释技术人工物的本质所必需的。物理层面的概念化可以说明技术人工物在物理过程中的运作方式。但仅仅作为物理对象,它还谈不上是技术人工物。如果没有了功能属性,客体对象就失去了其作为技术人工物的身份。意向性层面的概念化可以从存在何为的角度来说明技术人工物的功能,并将这一功能与人类目的的实现联系起来。然而,技术人工物的功能(手段—目的)描述有效地遮蔽(black boxes)了它的物理结构。如前所述,功能描述的表达方式为“X 是为了 Y”(X is for Y-ing),在此表达式中,X 代表一个物理对象客体,Y-ing 代表某些活动。当然,Y-ing 的描述将包含物理概念,但是这一描述除了表明 X 是某个物理客体对象这一事实之外,并不能提供关于 X 的更进一步的描述。

技术人工物世界的物理层面的概念化与意向性层面的概念化究竟是如何结合在一起的是一个有趣的议题。③ 这或多或少属于哲学中仍然很难解决的一般性身—心问题的一个特例。就开发一个技术人工物的连贯的描述框架而言,功能观念起关键作用。如果技术人工物的功能首先被看成是在物理客体对象中实现的,那么接下来的问题就是这些功能是如何与人类个体的心智状态(mental state)发生关联的,这就构成了意向性概念化(intentional conceptualisation)的核心。相反,如果技术人工物的功能首先被看成是

---

① PERLMAN M. The modern philosophical resurrection of teleology[J]. The monist, 2004, 97(1): 3-51.

② KROES P. Design methodology and the nature of technical artefacts[J]. Design studies, 2002(23): 287-302; KROES P, MEIJERS A. The dual nature of technical artefacts—introduction[J]. Studies in history and philosophy of science, 2006, 37(1): 1-4.

③ SEARLE J. The construction of social reality[M]. London: Penguin Books, 1995.

人类心智状态与存在的样式，那么在技术人工物的设计者和使用者的头脑中，某个特定技术人工物的功能是如何与其物理基质发生关联的可以说将会变得神秘不可知。Vermaas 和 Houkes① 提出一个功能理论，试图兼顾技术人工物的功能的两个方面。②

功能观念似乎是一种介于世界的物理概念与意向性概念之间的“桥梁概念”，因为技术人工物的功能一方面与其物理结构密切相关，另一方面与人类意图密切相关。也就是说，技术人工物的结构—功能概念涉及三个关键的概念，即物理结构、技术功能和人类意向性行动的背景（见图 2）。人类意向性行动的两个具体背景，即工程设计背景和用户背景是特别有趣的。在工程设计背景下，重点是发明或构建一个能实现给定功能（满足功能要求或设计规范列表）的物理结构。在这里，技术人工物的功能与其物理构成之间的亲密关系显现出来，而人类行动的情境往往成为背景。反之，在用户背景下，技术人工物的功能主要与人类行动的意图有关，此时至关重要的是技术人工物的使用计划如何有助于实现这些意图。③ 因此，技术人工物的功能一方面与其物理结构密切相关，另一方面与其使用计划（即人类行动）密切相关。

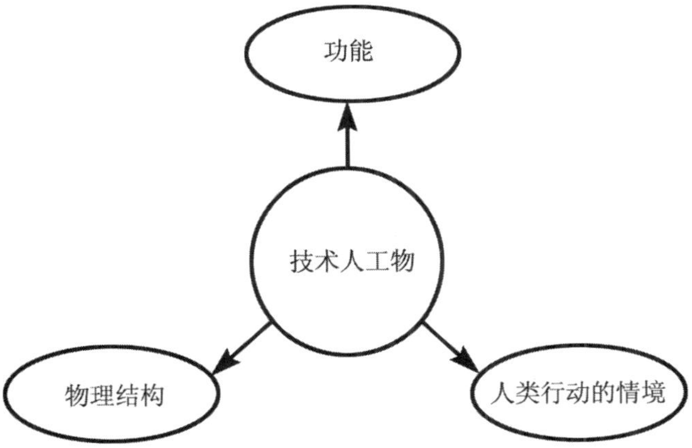

图 2　关于技术人工物这一术语的概念解剖④

① VERMAAS P E, HOUKES W N. Technical functions: a drawbridge between the intentional and structural natures of technical artefacts[J]. Studies in history and philosophy of science, 2006, 37(1): 5-18.

② 关于技术人工物的二重性的各个方面的讨论见 2006 年第 1 期 *Studies in History and Philosophy of Science* 的专题“The Dual Nature of Technical Artefacts”。

③ 箭头代表概念上的含义。Losonsky 或多或少类似地分析了人工物的性质，包括以下三个特征：内部结构、目的和使用方式。见 LOSONSKY M. The nature of artifacts[J]. Philosophy, 1990(65): 84. Simon 根据他所说的特征（即物理结构）、目的或意图和环境来分析技术人工物的概念。见 SIMON H A. The sciences of the artificial: third edn[M]. Cambridge, MA: MIT Press, 1996.

④ HOUKES W N, VERMAAS P E, DORST K, et al. Design and use as plans: an action-theoretical account[J]. Design studies, 2002, 23(3): 303-320.

需要注意的是，技术人工物的功能与其物理结构之间的亲密关系，使技术人工物与货币这样的社会客体之间呈现出有趣的差异。货币的历史表明，随着时间的推移，各种各样的客体对象被用来当作货币，甚至是近年来芯片卡上的数字信息。这些货币史上不同种类的客体对象，就其(共同的)物理特性而言，并不能执行货币的功能。正如 Searle 所指出的那样，货币在集体意向性的基础上才发挥法定货币的功能。① 一张10 欧元的票据是否可以履行货币的职能取决于人们对此的意向。只有当它被普遍接受为(被认为是)10 欧元票据时，它才能够履行其作为货币的职能。与技术人工物相比，社会客体对象的功能与物理结构之间没有密切的联系。

到目前为止，我们通过技术人工物的结构一功能概念，结合技术功能与人类意图密切相关的观念，可以得出这样的结论——技术人工物具有二重性，因为若要充分描述技术人工物，那么来自两个不同概念框架的概念都是必不可少的。从认识论的角度来看，这一二重性论点的“概念”版本可被解释为以下说法——关于技术人工物的知识分裂成了两种不同的类型。这与技术人工物的功能与结构描述具有逻辑上的差异性这一事实有关。简言之，功能描述不必然牵涉结构描述，因为功能是多重可实现的。相反，功能描述在逻辑上也不能从结构描述中导出；功能描述意味着技术人工物应该做什么或能做什么的主张，而且这样的主张，在不违背声名狼藉的“是一应是”二分法的条件下，并不能从结构描述中推导出来。② 这并不是说功能描述和结构描述是完全独立的，因为技术人工物的功能和结构相互制约(not any structure can perform any function)，所以结构和功能属性在认识论层面的知识主张在逻辑上是截然不同的。

从本体论角度来看，二重性这一论点主张技术人工物是由物理客体或属性与人类意图共同构成的。③ 这意味着技术人工物是依赖于主体心智的实体，因此在本体论层面与物理客体不同。一个客体不能仅凭借其物理属性而成为技术人工物，作为一种技术人工物也涉及功能属性，而这又涉及人的意图(心智状态)。这意味着技术人工物是

---

① SEARLE J. The construction of social reality[M]. London: Penguin Books, 1995.

② KROES P. Coherence of structural and functional descriptions of technical artefacts[J]. Studies in history and philosophy of science, 2006, 37(1): 137-151.

③ 笔者不会谈论技术人造物及其构成部分之间是何种构成关系，参见 HOUKES W, MEIJERS A. The ontology of artefacts: the hard problem[J]. Studies in history and philosophy of science, 2006, 37(1): 118-131; KROES P. Technical artifacts, engineering practice, and emergence[M]//KROHS U, KROES P. Functions in biological and artificial worlds: comparative philosophical perspectives. Cambridge, MA: MIT Press, 2009.

关系实体。①

在这种形式下，二重性论点的本体论解释具有非常普遍的意义：某种人类意图对于成为技术人工物不可或缺。在下一部分中，笔者将更详细地分析人类意图在构成技术人工物本体论方面的作用。

四、人类意图与技术人工物的本体论

技术人工物的二重性论点的本体论解释引发了关于谁的心智状态以及何种心智状态的问题。假设有人看到一个客体对象，认为它能成为一把好螺丝刀（screwdriver），并成功地使用它来旋动螺丝钉，那么这一客体对象具有旋动螺丝钉的相关物理能力。但这个客体的物理功能加上这个用户对此客体的心智状态是否足以将这一客体变成一把螺丝刀？是否足以使这种螺丝刀成为技术人工物？事实上，所涉及的客体对象很可能只是偶然被当成螺丝刀用的刀具（knife）。这种情况似乎很难说明用户的心智状态与本体论是相关的，因为他们没有把客体对象刀具变成一把螺丝刀。但是，究竟是什么使得客体对象首先和刀具发生了关联？是因为这一客体对象在某个特定的用户社区中被标准一致地当成刀具来使用，还是因为它们本来就是被当成刀具来设计与制造的？在前一种情况下，用户的意图在本体论上是重要的，后者是设计者和制造者的意图。假设在一些用户实践社区中，使用刀具来旋动螺丝钉成为惯例，这种集体使用的标准形式是否足以构成本体论上的差异？

谁的心智状态与客体对象成为特定人工物种有关？二重性论点本身在回答这个错综复杂的问题上是失语的。它只是简单地声称和这个客体对象有关的人类意图是必不可少的。在本文中，一个强有力的例子可以说明设计师或制造商的意图在这方面至关重要。撇开具体细节不谈，基本的论点围绕着技术人工物的创造概念（也就是设计与制造）与使用概念之间的关键区别展开。技术人工物的创造，无论在一个已经存在的类型的新实例中，还是在一个新的技术人工物种的首个实例中，都具有本体论意义。新的客体对象被置入世界，用途通常不是这种情况。当有人使用螺丝刀来旋动螺丝钉时，并没有新的技术人工物被创造出来。在创造性地使用自然客体，例如贝壳，使其成为技术人工物（饮用杯），或创造性地使用已经存在的技术人工物（如使用刀具作为螺丝刀）的情况下，技术人工物创造受限的情况可能会

---

① MEIJERS A W M. The relational ontology of technical artefacts[M]//KROES P A，AMSTERDAM M A. The empirical turn in the philosophy of technology research in philosophy and technology. Amsterdam：JAI/Elsevier，2001：20.

发生。在这些情况下,创造力仅限于为现有的对象赋予新的功能,并没有新的物理客体对象被创造出来。

在下文中,笔者将简要地讨论一个理论,即根据上述观点,把技术人工物的设计者和制造者的心智状态(意图)作为某种特定类型的技术人工物的构成性要素。阿米·托马森[①]提出的人工物种的形而上学的(本体论)理论与本文的人工物具有二重性的主张是非常一致的。[②] 她强调,人类制造客体对象的意图对客体对象变成特定种类的技术人工物是构成性(constitutive)的。但是,制造者的意图不仅仅是重要的,制造者的意图必须成功地实现,这就导致了人工物的物理结构涉入其中。这意味着人类意图与物理结构两者对客体对象变成特定种类的技术人工物而言都是构成性的。

根据托马森的说法,人工物种与自然物种不同,但同样是真实的。人工物种与自然物种不同是因为"人工物种的形而上学本质是由制造者的概念和意图构成的,这一特征是使人工物与自然物种分离的关键"[③]。她拒绝这样的观点:人工物种的性质是由"定性构造、适当的功能以及历史上适当的安置"等与心智无关的特性决定的。[④] 人工物种的所有成员没有一种共有的"内在本质";相反,决定何种东西是人工物种的关键在于它们是不是按人类意图制造出来的东西,更具体地说,某种人工物种就是按照创造它们的意图而被制造出来的东西(例如,某件东西是椅子,它就一定要按照成为椅子的意图来制造)。这意味着人造的概念表现出自我指向性。所以,人工物种术语所指的属性类型是意向性的,不管某种东西是否属于人工物种的一个成员,而物理种类则是由意图属性(其意图的历史)决定的。

在制造一个人工物种 K 的实例中,我们能更具体地说明人类意图的关涉性。当创造一个人工物时,制造者的意图不是总能被描述出来的,或在制作一个已经存在的人工物 K 的新项目方面,制造者的意图不总是透明可见的。这就排除了制造一种新

---

① THOMASSON A L. Realism and human kinds[J]. Philosophy and phenomenological research,2003,67(3):580-609;THOMASSON,A L. Artifacts and human concepts[M]//LAURENCE S,MARGOLIS E. Creations of the mind:essays on artifacts and their representations. Oxford:Oxford University Press,2007.

② 关于技术人工物种的本体论地位和相关文献的争论见 HOMASSON A L. Artifacts and human concepts[M]//LAURENCE S,MARGOLIS E. Creations of the mind:essays on artifacts and their representations. Oxford:Oxford University Press,2007;SOAVI M. Realism and artifact kinds[M]//KROHS U,KROES P. Functions in biological and artificial worlds:comparative philosophical perspectives. Cambridge,MA:MIT Press. 2009.

③ THOMASSON A L. Artifacts and human concepts[M]//LAURENCE S,MARGOLIS E. Creations of the mind:essays on artifacts and their representations. Oxford:Oxford University Press,2007:53.

④ THOMASSON A L. Artifacts and human concepts[M]//LAURENCE S,MARGOLIS E. Creations of the mind:essays on artifacts and their representations. Oxford:Oxford University Press,2007:53;ELDER C L. On the place of artifacts in ontology[M]//MARGOLIS E,LAURENCE S. Creations of the mind:theories of artifacts and their representations. Oxford:Oxford University Press. 2007.

的人工物种的可能性。此外,仅仅指出某个人工物的一些实例,并说制造者正在制造这些实例也是不充分的,因为这些实例的哪些特征与其变成人工物种 K 的成员有相关性是不清楚的。这意味着制造者的意图至少应该包括托马森所称的"K 是什么"的一个实质上正确的概念。[①]

因此,制造人工物 K 的相关种类的意图必须包含关于 K 是什么的实质性的(和实质上正确的)概念,包括理解什么样的属性是与 K 相关的,以及如何在创造的客体对象中实现这些属性。对于任何本质上的人工物种 K 的成员来说,这个意图至少在很大程度上被成功实现也是必要的。

在制造人工物时,即使基于实质上正确的概念,伟大的意图也是不充分的,这些意图必须在很大程度上被成功地执行,即在很大程度上体现在物质中。

上面的讨论意味着,当某人真正地做出了一个人工物种 K 的实例时,他必须有一个基本正确的概念来表明 K 是什么意思,这意味着在人工物种的概念中有一些固有的模糊性。在很大程度上,正确的观念决定了哪些属性与成为人工物种 K 的成员有关。这并不意味着 K 成员的标准通过创造了 K 的第一个实例的那个人所确定的 K 的实质性正确的概念而一劳永逸地固定下来(并且通过那样的方式创造了人工物种 K)。这将违背人工物种"在本质上是众所周知地具有可塑性和历史性"[②]这一事实。人工物种作为一种历史类型是基于双重意义的:它们经由特定的历史事件(涉及意图)而形成,并且人工物种成员的隶属标准可能随着时间的推移而变化。成员隶属标准随着时间的推移而变化是因为一旦引入了新的人工物种 K,随后 K 们的制造者只需具备关于 K 的基本正确的观念即可。

托马森的理论旨在覆盖一般意义上的人工物。至于这个理论如何更具体地应用到技术人工物的诸多细节中,她并未详述。下面笔者将阐释她的理论如何应用于技术人工物,并考虑它们的结构与功能属性。当我们将托马森的观念应用于技术人工物时,我们得出以下成为技术人工物种 K 的成员的定义:

如果客体对象 X 是 K-er 基本正确的实质性观念成功执行的结果,那么 X 就是技术人工物种 K 的成员。

乍一看,这个定义并没有指向技术人工物的功能或物理结构,这可能看起来很奇怪,因为正如我们上面所论述的那样,功能和物理结构决定了人工物所属的人工物种。

---

① THOMASSON A L. Artifacts and human concepts[M]//LAURENCE S, MARGOLIS E. Creations of the mind: essays on artifacts and their representations. Oxford: Oxford University Press, 2007: 59.

② THOMASSON A L. Artifacts and human concepts[M]//LAURENCE S, MARGOLIS E. Creations of the mind: essays on artifacts and their representations. Oxford: Oxford University Press, 2007: 62.

尽管如此,但为了弄清楚这一点,我们必须对技术人工物 K-er 的一个基本正确的实质性观念进行解析。托马森的人工物与人工物种的概念,为有意图的功能属性可能在人工物种 K 的基本正确的实质性概念中发挥作用,并因此可能在一定程度上决定人工物种 K 的边界,留下了开放的解释空间。然而,对于技术人工物种而言,有意图的功能与结构(设计)属性都是成为 K-er 的基本正确的实质性观念的必要成分。为了明白为什么,我们假设实质性的观念只会涉及 K-er 的功能属性。在这种情况下,将这样一个实质性观念称为 K-er 的正确观念是没有意义的,因为它不会指定 K-er 的任何结构特征,因此根本不具可执行性。同样,正如我们之前所说的,一个客体对象的纯粹的结构描述并不能把它定义为某种类型的技术人工物。[①] 在技术人工物的情况下,一个人工物种的基本正确的实质性观念必须包含功能与结构(设计)特征。因为观念的(部分)正确性在于这一事实:这类物体将能够根据其结构特征来实现其功能特征。

一个关于人工物种的基本正确的实质性观念必须考虑到技术人工物的功能与结构密切相关这一事实。因此,具有相同(意图的)功能的技术人工物可能属于不同的人工物种,因为它们涉及一个人工物(种)的不同的、基本正确的实质性观念,即涉及不同的设计和(或)操作原理;制造品(种类)的不同的、基本正确的实质性观念,即涉及不同的设计和(或)操作原理。当然,这引发了关于基本正确的实质性观念的身份状况的问题,进而引发了关于技术人工物种身份状况的问题。这里我们再次探讨人工物种概念的内在模糊性。两个技术人工物是否被认为属于相同的人工物种可能高度依赖于情境,因此这个问题一般无法解决。为了说明在工程实践中定义人工物种的复杂性,这里考虑"形式、拟合与功能"的原则。[②] 具有相同形式、拟合与功能的人工物应该是可互换的。对于非常简单的组件,如螺母和螺栓,形式、拟合与功能原则通常意味着,那些可互换的人工物被认为隶属于相同的人工物种。然而,对于更复杂的组件,情况并非如此,甚至当两个人工物具有相同的形式、拟合与功能时,它们也可能基于不同的设计而被看成是不同的人工物种实例。

在托马森的技术人工物理论的解释中,技术人工物种不仅涉及客体对象的结构属性,还涉及客体对象的意图的历史。因此,客体对象具有与心智相关的特征。根据托马森的说法,这些与心智有关的特征在本体论上并非没有技术人工物的结构特征真

---

① 如果正确的实质性观念只包含一个结构性描述,那么大部分成功执行的观念也会产生问题;这样的描述没有提供任何与制造这种人工物有关的属性的标准(这意味着结构描述应该设定物理对象的每个可能的细节,也包括与执行预期功能无关的细节)。

② 参见 http://www.dmsms.org/file.jsp? storename=Form_Fit___Function_Fundamentals.pdf(最后一次登录网址 2009 年 4 月 7 日)。

实。因此，她认为技术人工物的本体论地位并不逊于自然物种的本体论地位。按照这样的思路，笔者写这篇文章时用的那张桌子在本体论上就像组成桌子的原子一样真实。

结　论

技术人工物是技术的最具体的表现形式。它们是人类智力和体力工作（劳动）的结果。这个描述已经包含了其二重性的核心，这个二重性体现在技术人工物的工程结构一功能概念上。作为人类有意图制造的客体对象，技术人工物既不单单是物理客体，也不单单是有意图的社会客体。它们不同于物理（自然）物体，因为它们的功能是界定其为何物的特征。它们不同于金钱等社会客体，因为社会客体在集体意向性的基础上发挥它们的功能。技术人工物在其物理结构的基础上发挥其功能，然而，技术人工物的功能不能化约为它们的物理属性，因为它们也涉及有意图的人类行动。鉴于技术功能在物理领域和意图领域的双重基础，我们可以说技术人工物在认识论和本体论上具有二重性。

第二部分
新研究范式的探索

报刊：构成城市生态组织的首要因素*

——再谈新报刊史书写**

◎ 黄旦***

摘要：重新理解报刊与城市的关系，打破奉民族国家为唯一的分析框架之惯例，或许可以为中国报刊史书写的创新提供可能。本文从帕克的报刊是构成城市的首要动力因素着眼，从四个方面讨论了报刊与城市的关系：(1)从发生学看，城市与报刊是互为构成的；(2)城市与城市、城市与报刊、报刊与其他媒介共同形成城市的网络体系，调节和扩展城市关系；(3)帕克等虽然看到了报刊对于城市的构成性，但在理解上还没有完全脱出工具论和功能主义的窠臼；(4)报刊作为媒介，从事着"中介化"实践活动，在通达、构成、重组、改变城市的诸种关系的同时，也改变着它自身。报刊史就是关于这样一种中介化实践的叙述，是媒介与城市和社会关系形态互为改变的历史。

关键词：报刊；城市；构成；中介化实践

笔者在几年前的一篇文章中[①]就说到，在中国的报刊（媒介）史书写中，以国家为基本分析单元，已成惯例。以我国第一本报刊史研究专著——戈公振的《中国报学史》为例，在一开始就清楚说明："本书所讨论之范围，专述中国报纸之发达历史及其对于中国社会文化之关系，故定名为《中国报学史》。"[②]由此就规定了全书的框架和思维方式：官报、外报和民报依次展开，清楚显示以民族国家为基点的历史叙事。此后的中国报刊（媒介）史，几乎都延续了这样的范式，专断点儿说，甚至是无一例外。这种单一思路，限制了我们报刊（媒介）史书写的眼界，弊端多多。

将"民族国家"作为分析的构成单元，其必要性和有效性都不能抹杀，但只是其中

---

* 帕克.城市：对于开展城市环境中人类行为研究的几点意见[M]//帕克，伯吉斯，麦肯齐.城市社会学：芝加哥学派城市研究文集.宋俊岭，吴建华，王登斌，译.北京：华夏出版社，1987：1-2.

** 本文是教育部人文社科重点研究基地重大项目"中介化实践——中国现代城市媒介史"（项目号：17JJD860002）阶段性成果。

*** 黄旦，浙江大学传媒与国际文化学院资深教授，复旦大学信息与传播研究中心研究员。

① 黄旦.新报刊（媒介）史书写：范式的变更[J].新闻与传播研究：2015(12)：5-19，126.

② 戈公振.中国报学史[M].北京：生活·读书·新知三联书店，1955：1.

的一个维度,并不是可以取代一切的。就以《申报》来说,自戈公振至今,无一例外都在类别上被定性为一个外报,这当然有其道理,因为其创办者美查不是中国人。但细想一下,这除了告诉我们这样一个常识,进而让我们知道上海的第一份中文日报是出自外国人之手外,似再也不能为我们了解这份报纸提供更多启示。据白瑞华的说法,美查是有意抹去自己和报纸的关系,放手让中国人来办出一份地道的中国报纸。① 甚至有研究者提出,《申报》是一种新的文本类型,根本上既与中国传统的媒介有别,也不同于激励它的外国报纸的模式,它实就是一份为中国人办的报纸。② 我们是否赞同这样的结论,自可以见仁见智,重要的是这样一种思考和研究方式,有借鉴意义。至少让我们警惕,仅仅以"国"为界来分辨确认报纸(媒介),构成其分析的单元和逻辑,虽有简便之利,但不无简化之弊,隐伏着简约化、单一化、平面化之危险。因而,重新审视报纸与城市的关系,或许可以为我们打开新的思路,以一种新的视野考察、理解报刊发展和变化的历史。

一

按照芒福德的说法,"文字记载一类的发明创造,如图书馆、档案保存处、学校、大学等等,就属于城市最典型的和最古老的成就之一"③。毋庸置疑,现代报刊(媒介)自然也是城市此种创举之一,而且是最为引人注目的成就之一。正是凭借着这样一些成就,城市形成自己独特的生存环境。城市既不是"简单的物质现象",也不是"简单的人工构筑物。城市已同其居民们的各种重要活动密切地联系在一起,它是自然的产物,而尤其是人类属性的产物"。帕克延续这样的思路进一步指出,"交通和通讯、电车和电话、报纸和广告、钢筋水泥建筑和电梯——总之,这些促使城市人口既频繁流动又高度集中的一切——正是构成城市生态组织的首要因素" ④。报纸在城市里就是一种必需品,在乡下却成了一种奢侈品⑤的缘由就在于此。

报纸等是"构成城市生态组织的首要因素",是一个富有创意的说法,相信帕克的

---

① 白瑞华.中国近代报刊史[M].苏世军,译.北京:中央编译出版社,2013:247.

② MITTLER B. A newspaper for China? power, identity, and change in Shanghai's news media, 1871-1912 [M]. Harvard University Asia Center, 2004:6.

③ 芒福德.城市发展史:起源、演变和前景[M].宋俊岭,倪文彦译.北京:中国建筑工业出版社,2005:32-33,58.

④ 帕克.城市:对于开展城市环境中人类行为研究的几点意见[M]//帕克,伯吉斯,麦肯齐.城市社会学:芝加哥学派城市研究文集.宋俊岭,吴建华,王登斌,译.北京:华夏出版社,1987:2,14.

⑤ 帕克.报纸形成的历史[M]//帕克,伯吉斯,麦肯齐.城市社会学:芝加哥学派城市研究文集.宋俊岭,吴建华,王登斌,译.北京:华夏出版社,1987:78-79.

这个论断主要是以他所在的美国经验为基础的，更不必说他个人有过记者的经历。据研究，美国的第一份日报是在费城诞生的，时间是 1783 年。7 年之后的新世纪元年，费城已有 6 份日报，纽约是 5 份，巴尔的摩是 3 份，查尔斯顿则是 2 份。① 日报首先在这几个地方出现，绝非偶然，它们在美国城市当中都具有非同一般的地位：费城是美国历史最悠久的城市之一，曾是美国首都，至今仍是美国文化、经济和交通的中心。巴尔的摩和查尔斯顿，则是重要的港口城市；至于纽约，更是美国以至全球著名的大都市。如果我们由此将目光转向中国，出现的也是同样的情景：始自 19 世纪初的现代报刊，其集聚地先是广州，后是香港，再则是上海，它们也都是在城市，尤其是居于贸易交通中心的港口城市温床上怀胎结子，繁衍发散，并成为城市不可分割的部分。以《申报》而言，白瑞华就认为，它并没有什么异国的内容，它更多是想满足生活在这个受外国影响的港口城市中的中国读者的口味。② 简而言之，《申报》是以上海为根基的，以帕克的比喻性说法，是印出来的城市社区之家的日记。③ 所以，报刊可以有益于国事，也不妨可以是梁启超想象的"世界报"④，但必定是寄生或寄养在城市中，中外皆莫能外。

现代报刊（媒介）诞生于城市并成为"构成城市生态组织的首要因素"，非是偶然。城市，按照芒福德的说法，在文化传播中是仅次于语言的一项最宝贵的集体性发明。自其起源，城市便是一种特殊的构造，它既可以用最小的空间容纳最多的设施，同时又能扩大自身的结构，以适应不断变化的需求和社会发展更加繁复的形式，从而保存不断积累起来的社会遗产。城市就是凭借这样的复杂多样性，创造出了更高的统一体。⑤就实际存在状况看，城市总是一个特别密集的社会互动之所在，一个社会混杂、各种叙事交错的主要场所，一个陌生人会遇的地方。⑥ 这就需要"各种力"在其中起到聚合作用，强化它们之间的相互作用，"逐渐把人口和社会机构组合成一种特有的秩序"。因此，在农村中有"街谈巷议"即可，在城市里就必然需要并依赖于现代报刊和诸种媒介，来组织、调节和维持相互关系。记者、教师等职业都是城市生活的典型产物，他们"以其特有的经验、眼光和尺度扩大着自身同身同类者的团体，为城市的总体社会

① 舒德森. 好公民：美国公共生活史[M]. 郑一卉，译. 北京：北京大学出版社，2014：116.

② 白瑞华. 中国近代报刊史[M]. 苏世军，译. 北京：中央编译出版社，2013：247.

③ 帕克. 报纸形成的历史[M]//帕克，伯吉斯，麦肯齐. 城市社会学：芝加哥学派城市研究文集. 宋俊岭，吴建华，王登斌，译. 北京：华夏出版社，1987：78-79.

④ 梁启超. 本报第一百册祝辞并论报馆之责任及本馆之经历[M]//复旦大学新闻系新闻史教研室. 中国新闻史文集. 上海：上海人民出版社，1987：53.

⑤ 芒福德. 城市发展史：起源、演变和前景[M]. 宋俊岭，倪文彦译. 北京：中国建筑工业出版社，2005：32-33，58.

⑥ 玛西，等. 城市世界[M]. 王志弘，译. 台北：群学出版有限公司，2000：2.

环境不断增强着城市的特色”[①]。就这样,以前只是分散在广大的河谷平原,偶尔也传及更远的地区的各种因素,现在被城市动员起来并束集在一起,“统统进入了城市的高大围墙的封闭之内。就连自然界的伟力,现在也开始处于觉醒人类的指挥之下:成千上万的人,在集中统一的指挥下,像一架机器般地行动起来,开凿灌溉渠道、运河,构筑城台、宝塔、祭坛、庙宇、宫殿、金字塔,其规模之大是以前所不敢设想的”。城市便是促成这种聚合过程的巨大容器,强化各种因素之间的相互作用,从而使总的成就提高到新水平。[②] 如果“公共”的现代含义,意味着一种处于家人和好友之外的社会生活领域,意味着这个由熟人和陌生人构成的公共领域包括了一群相互之间差异比较大的人,而且这些各不相同的、复杂的社会群体注定要发生相互的联系,那么,公共生活最为丰富之地,则莫过于一个国家中最主要的城市。“大都会”顺理成章被用来指称这个差异性很大的城市公共领域。[③] 难怪舒登声就认为,美国“19 世纪的报纸是城市化的重要手段,它们不仅提供了使百货公司这样的新机构得以存在的广告平台,而且还提供了一种社区认同”。“新闻界真正发挥作用的微妙的共同体建构功能”,却“很难被人察觉或者归因”[④]。难怪一位美国学者通过研究 19 世纪的芝加哥报刊宣称,“如果没有当地的新闻媒介,美国生育不出一个城市,更不必说成长和繁荣”[⑤]。尽管他的整个思路还是报纸功能,仍然是在“建构”或“再现”的范畴,但这样的想法,无疑属于芝加哥学派的余绪。“城市生态组织”就是这样存在于线下和线上、现实与虚拟之中。城市促生报刊,报刊是城市重要的构成性要素。

二

“都市最有意义的特征是越过自然界限的在功能上的扩展。”“城市最显著的特征是在其自然疆界外的功能的扩展”,犹如“人类不会以他身体的疆域或包含着他当前活动的界域为终结。人的界域其实是由他自己在时间上与空间上散发出来的外观(给人的感觉)所构成的”,一座城市也是以同样的方式,“由超越了它当前范围的总体外观组成的,只有这总体外观所蕴含的范围才是城市实际的范围,城市在这个范围内表现它

---

① 帕克.城市:对于开展城市环境中人类行为研究的几点意见[M]//帕克,伯吉斯,麦肯齐.城市社会学:芝加哥学派城市研究文集.宋俊岭,吴建华,王登斌,译.北京:华夏出版社,1987:2,14.

② 芒福德.城市发展史:起源、演变和前景[M].宋俊岭,倪文彦译.北京:中国建筑工业出版社,2005:37.

③ 桑内特.公共人的衰落[M].李继宏,译.上海:上海译文出版社,2008:19-21.

④ 舒登声.新闻的力量[M].刘艺娉,译.展江,彭桂兵,校.北京:华夏出版社,2011:40-41.

⑤ JUNGER R. Becoming the second city:Chicago's mass news media,1833-1898[M]. Chicago:University of Illinois Press,2010:Introduction,x.

的生存状态”[①]。上海历来称为“江海通津，东南都会”，按《申报》的描画，“其北，则有天津山东牛庄治府为北货之薮；其南，则有广潮漳厦台建汀温为南货之渊；其西，则通湖广江浙之富；其东，则尽横滨长崎之利”，故“上海一邑，实为中华一大名区”。[②] 这样一个“名区”，它在中华之中，又在中华之外，谁能予之一个明确疆域？

因而，城市若有高墙，那也只是城市的象征而不是封闭的意涵，城市不理会地域边界，这与国家不同。国家需要明晰的边界，强调领土的主权，城市则注重辐射力，扩张是其属性。作为一个动态的不断放射一摄入的人类社会样态，城市的影响积聚和关系伸展，不能也无法以地理边界为阻断。无论是城里的人要出去，还是城外的人想进来，无疑都以城市为支点，是围绕城市的一种交集和移动。城市总是随着自己的增长，与周边乡村、与其他城市、与更大的社会政治实体之间相互作用、相互影响。城市生活的特征就是依赖性，即便是那些最独立、安定的城市也是如此。[③] 所以，将城市和乡村对立，似乎非此即彼，不啻是陷在僵硬的二元中打转。列斐伏尔说，乡村是什么？它不过是城市的“环境”、范围、边界。农村人呢？为城市、为都市贸易而进行生产。即使他们知道小麦商人或木材商人剥削了他们，他们也认为这是一条通向自由的道路。[④] 城市伸向农村，农村导入城市，城市化是一个“既影响到城市又波及乡村的进程”，形成了区域整体性的凝结点，同时又使本地与外界相连接，“将专业分工的优势与丰富的多元化环境协调起来”。斯波义信正是沿循这样的思路，为我们勾勒出中国都市点与点、点与线和点与面的历史变迁。[⑤] 在这意义上，不妨说城市本身即为媒介，并与其他的媒介（比如报刊），乃至其他的城市，相互携手和接转，使之在其中快速流通的并非只有人流、财富和权力，还有文化信息。城市一直是文化变革和传播的中心。藉此，城市被纳入远远超越一国国界的贸易、信息和影响的网络之中。城市的发展不是各部分简单地相加，而是形成了各部分相互作用的网络。“城市是城市体系中的体系”——城市网络体系。[⑥] 这样的一种视野，自然可以大大拓宽我们对媒介、对传播的看法，转而又加深我们有关报刊和城市的认识。

将城市看作是一种生态，或者所谓的媒介环境学，也应该是出于这样的视野，而不

---

① 齐美尔.大都会与城市生活[M]//汪民安，陈永国，马海良.城市文化读本.北京：北京大学出版社，2008：138-139.

② 拟建铁路引[N].申报，1872-05-02(不详).

③ 霍恩伯格，利斯.都市欧洲的形成：1000—1994[M].阮岳湘，译.北京：商务印书馆，2009：10.

④ 列斐伏尔.都市革命[M].刘怀玉，等译.北京：首都师范大学出版社，2018：14.

⑤ 斯波义信.中国都市史[M].布和，译.北京：北京大学出版社，2013.

⑥ 霍恩伯格，利斯.都市欧洲的形成：1000—1994[M].阮岳湘，译.北京：商务印书馆，2009：10-11.

是局限在生态保护主义式的内在有机体平衡和安全。[①] 在这一点上,芝加哥学派帕克们的格局、气量还略显不够。城市与媒介的相互构成,不可能是内缩于一个城市的物理空间之内,而是跨出城市,延伸于城与城、人群和自然之间,改变各自的感知比率尺度[②],从而也"改变了以前被想当然地视为自然的(即使不是不变的)存在框架"。"无论是家还是街道抑或是城市,现在都被视为媒体装置的组成部分,这些装置会在其领域内重新分配社交互动的规模和速度。"[③]媒介就是这样与城市共同构成。基特勒断然认定,城市就是一种媒介[④],不是没有道理的。以此而见,讨论报刊(媒介)史研究,比如中国现代报刊的起源,如果舍弃了广州、香港和上海,不关注这些城市自身的纹路以及它们之间的密切关联,仅仅在报刊跳来跳去,(从《察世俗每月统计传》到《六合丛谈》等),在某种程度上也就等于掏空了报刊史研究的根基。

自然,在发生学意义上的城市与报刊(媒介)的相互依存难舍难分,并不意味着在其实践中,所有报纸与城市的关系都是均等的以至于是相同的。相反,由于各自不同的动机、目的和立场,彼此间多有差别。比如大家都知道,中国各种不同的报刊类型几乎都是首先在上海产生,其中有一份著名的刊物《时务报》。《时务报》一出场,高擎的是"报馆有益于国事"[⑤]之大纛,这与《申报》就大不一样。《申报》手中的招牌,尺寸要小得多,是"本馆先设上海,故题曰《申报》";具体目标不过是"吾申新报一事,可谓多见博闻而便于民者也"[⑥]。早于《申报》的上海第一份中文报纸,以《上海新报》为名,同样清楚表明以上海为基之意旨。两相一比,或许说《时务报》是办在上海的"国家报",是立足上海心怀全国,好比《申报》所指的"京报","以见国家之意"[⑦],好比王韬自况的"身在南天,而心乎北阙"[⑧]。《申报》,则是立定上海的城市报。上海,进而言之主要是租界上海,是其感知和关怀的发生源。做这样的辨析和区分,并不表示《申报》没有"国家",《时务报》或《大公报》则舍去了城市,而是指前者的"国家"想象,更多出自上海视野,《申报》声称的让读者"足不出户而知天下事"的"天下",是从上海向外张望开去;后者等所涉及的"城市",常常是通过国家的视镜,有"国"才有"家"。这也就是说,若将国家与城市(地方)作为两个端点,不同的报刊(媒介),乃至于同一报纸在不同时期,均是

---

① 福勒.媒介生态学:艺术与技术文化中的物质能量[M].麦颠,译.上海:上海社会科学院出版社,2019:7.
② 麦克卢汉.理解媒介:论人的延伸[M].何道宽,译.北京:商务印书馆,2003:34.
③ 麦奎尔.媒体城市[M].邵文实,译.南京:江苏教育出版社,2013:6,10.
④ 基特勒.城市,一种媒介[M]//周宪,陶东风.文化研究(第13辑).北京:社会科学文献出版社,2013:255-268.
⑤ 梁启超.报馆有益于国事[N].时务报,1896(不详).
⑥ 申江新报缘起[N].申报,1872-03-29(不详).
⑦ 申江新报缘起[N].申报,1872-03-29(不详).
⑧ 王韬.上潘伟如中丞[M]//弢园尺牍.北京:中华书局,1959.

根据自己的偏向在其间不断滑动，生发出不同长短的光谱，闪亮不同的色彩。依此而见，上海报被北京称之为“南报”，“广东及香港南洋群岛”称之为“沪报”[①]，就不只是一个地域空间的概念，毋宁说，更多是指向其中所透露出的办报立足点、视野和独特风格，涉及宗旨、关注对象、新闻价值评判、言论选题、叙述风格、语言特点以及实际的效用等，好比后来人们常用的“京派”和“海派”。

当我们习惯于用一个“民族国家”的尺度来打量所有报纸时，这些差别就会被模糊，报刊的个性和特色难以得到应有的彰显，甚至某些对于城市而言具有十分重要意义的报刊现象，有可能由此而滑落，最明显的例子就是上海的小报。这样一种数量如此之丰、时间延续如此之长、影响市民如此之广泛的城市报纸类型，报刊史研究者们基本持视而不见的态度，在已有的通史类论著中大多一笔带过，潦草打发。幸好尚有城市文化和文学研究者们出力补缺，近些年成果累累，比照下反倒显映出报刊史研究者的眼界逼仄。在已有中国报刊（媒介）史研究中，城市对于报刊（媒介）的意义，大多不过为一个创办地的符号。哪怕现有那些冠之以地方名号的报刊史，绝大多数也都是以国家为框架，以全国性事件为线索，从而成为中国报刊（媒介）史的地方版或者袖珍版。报刊就这样被拔出了产生和滋养它的城市水土，高高悬挂在“国家”的顶梁上荡悠悠。这不仅不能显示城市对于报刊（媒介）的重要性，也无法展现报刊由所在城市养育而来的独特性，而且国家因丧失了与不同城市——“地方”的张力，最终无论如何突出和强调，总让人感到是块生硬插入其中的背景板。任何地方的报刊，都是那样整齐划一地在一场又一场的维新、革命和保皇、反革命中产生、宣传、斗争或消亡。报刊“历史与革命之间的关系不可避免地沦为一种同义反复”[②]，造就“革命兴则报业盛，革命败则报业衰”[③]的总体叙述逻辑。就以著名的“苏报案”来说，自其发生到结案，都与上海租界的特定脉络有着千丝万缕的关系，脱离了这一具体环境，就不可能发生，更不可能是这样的戏码。报刊史书写却正好是倒过来，不是从具体情境挖掘其独有意义，而是将之化为一般的排满革命叙述，清政府“是想要制造这起文字狱的办法，让中国人噤口不敢谈革命”，然而事与愿违，“这件轰动一时的‘苏报案’使群众议论纷纷，反而让更多的中国人懂得了中国必须革命的道理”。于是“苏报案”和清廷“虐杀沈荩”、查封爱国学社、压制拒俄运动一样，都是起着声讨清政府残暴、推动革命的作用。[④] 既然如此，所有的

---

① 姚公鹤. 上海报纸小史[M]//杨光辉，熊尚厚，吕良海，等. 中国近代报刊发展概况. 北京：新华出版社，1986：261.

② 德里克. 革命与历史：中国马克思主义历史学的起源，1919—1937[M]. 翁贺凯，译. 南京：江苏人民出版社，2005：205.

③ 吴文虎. 本体迷失和边缘越位[J]. 新闻大学，2007(1)：34.

④ 方汉奇. 中国新闻事业通史(第一卷)[M]. 北京：中国人民大学出版社，1992：723-724，736-737.

事件个案均不过是证明普遍的同质微粒，好比一加一总是等于二。这不仅会累及对事件本身的把握以及评述的分寸，也遮蔽了其在全国革命运动中独有的报刊史意义上的价值。同样，“五四运动作为新文化运动，开始于北京，但作为前奏的东西文化争论，却肇端于上海。五四运动发展成救国政治运动，也开始于北京，主角仍是学生，但在上海引起回响，发展成‘六三’运动，登场的却主要是市民。继学生罢课后，首先罢市的是饱受洋商排挤的南市华商，首先罢工的是饱受日商凌虐的内外棉纱厂女工，而抵制日货、宣传国货，始终是这次‘三罢’的一项内容”[①]。就此而言，京、沪两地实际上有着不同的“五四运动”，在时间和性质上都是如此；是不同的城市和作为，塑造了不同的运动及其时间，并没有一个外在的标准刻度，统一排列不同地域的运动。

报刊史研究者习惯于线性思维，由先而后一字排开，却很少想到“时间”的本意。时间“就是将两个或多个持续运动的事件过程位置或段落‘置入关系当中’”[②]，从而具有了指称这些事件的功能。我们平常所谓的“时间点”，恐怕就有这样的含义。称历史是时间的艺术，并不是说历史只是时间的连缀，而是指时间是历史的媒介，连接编织各种事件过程位置或段落，并由此也获得了自身的存在。研究者以时间为点统摄各种事件关系和情节变化，时间则犹如闪光灯刹那间照亮了展演的舞台也照亮了自身。这些被置入的关系或平行或交集，各行其道似又互相回应。无数互相交错的力量，无数个力的平行四边形，交汇成一个总的历史事变。[③] 时间对于历史书写的重要性就在于此。在这个意义上说，历史是时间的，也是空间的；是时间中的空间关系，是事件位置、段落所标定和凝聚的时间点和其运动的时间流。时间不是一条已经编织完成的扶手绳索，研究者只要按序数着一个一个打好的结连贯而行便是。一提“五四运动”，就齐斩斩以“火烧赵家楼”开始，一个“新文化运动”的标签可以兜进所有。严格说这不是研究，也不是历史书写，最好也不过是一种编年，“实在的事件以未完成的故事形式”而呈现。[④] 没有特定的时空，所剩的也就只有空空荡荡的“国家”。在报刊史研究者的眼里，只看到犹如一轮明月的国家，却看不见簇拥周边形成其面貌的城市星辰；他们误以为国家是一棵能遮挡一切的大树，而忘记它是要在盘根错节的城市茎脉中扎下根基，并因此而流露出层层叠叠或明或暗的诸多面向。我们的报刊(媒介)史书写之所以始终让人感到千篇一律，这是一个极为重要的原因。

于此，福柯的这一提醒就很重要。他指出，作为一种话语构成，历史书写“应注意

---

① 朱维铮. 晚清上海文化：一组短论[J]. 复旦学报(社会科学版)，1992(5)：47.

② 埃利亚斯. 论时间[M]. 李中文，译. 郑作彧，校订. 台北：群学出版有限公司，2013：34.

③ 马克思恩格斯选集. 第4卷[M]. 北京：人民出版社，1995：695-698.

④ 怀特. 形式的内容：叙事话语与历史再现[M]. 董立河，译. 北京：文津出版社，2005：7-8.

先行切断各种未经查考的‘一贯’观念，这些‘一贯’观念，往往都被我们事先用来组织我们将要分析的话语”[①]。“未经查考”，当然不是研究者不愿意查考，而是根本没有意识到要查考，把“一贯”当成了天经地义不证自明的“默会知识”，无须言传而自可意会，既知道这些东西而又无法清楚地说出或几乎无法说出知道的是什么。[②] 这其中固然有其客观原因，比如中国近代历史的救亡压倒启蒙[③]，使得大家不约而同关注国家，关注报刊在“国事”中的作用。但由于缺少了其他的参照，尤其是忽视了报刊的城市性地方性，并因此种地方性而生成的不同位置点和段落点，致使报刊（媒介）史书写单一化、平面化、固定化，展现不出更多的活力，也是昭然的事实。

三

报刊是“构成城市生态组织的首要因素”，其中的一个关键，是怎么理解这个构成。对于此，帕克的回答颇有些暧昧和摇摆。一方面，出于他的生态学视角，城市是各种力量互为作用共同合作所形成的人类生存之地，并由此组合成其特有的秩序。在这个意义上，所谓的构成，就是指报刊（媒介）是其中一种动力。就像帕克所看到的，报刊，包括他不断提到的“交通和通讯”，可以影响和改变各种关系，“促使城市人口既频繁流动又高度集中”。电车、汽车、电话和无线电这些城市交通和通讯的“新方法”，“已经不知不觉而又飞速地改变了现代城市的社会组织和工业组织”；这些变化又反哺城市，“带来了城市人口的习俗、情感和品格的变化”。另一方面，他又认为报纸是“城市范围内通讯传递的重要手段”，其首要功能，便是汇集传递城市中的“街谈巷议”。由此，报纸和新闻出版物的性质和功能，比如什么是新闻？新闻界的工作方法和动机是什么，与历史、艺术乃至商人相同抑或不同？报纸在多大程度上可以操纵公众的情感，又在多大程度上为公众情感所操纵？[④] 属于研究的主要问题。照此看，帕克似又完全站到了功能主义立场上，所谓“构成城市生态组织的首要因素”，便是报刊通过使用所能发挥的作用。

这种看似立场不一的两歧之见，按我的理解，或许恰恰反映出帕克对于报刊（媒介）与城市关系的基本构想：城市生态的构成不能没有媒介的参与和融入，人们的相互

① 傅柯. 知识的考掘[M]. 王德威，译. 台北：麦田出版社，1993：98.

② 波兰尼. 个人知识：迈向后批判哲学[M]. 许泽民，译. 贵阳：贵州人民出版社，2000：131.

③ 李泽厚. 中国现代思想史论[M]. 北京：生活·读书·新知三联书店，2008.

④ 帕克. 城市：对于开展城市环境中人类行为研究的几点意见[M]//帕克，伯吉斯，麦肯齐. 城市社会学：芝加哥学派城市研究文集. 宋俊岭，吴建华，王登斌，译. 北京：华夏出版社，1987：2，23，40-41.

依存必定需要并依赖交通和通讯的这些“新方法”,否则建立在非首属关系基础上且充满异质性的城市就难以成为一个平衡的有机体——“既频繁流动又高度集中”;然而就其过程看,媒介对于城市生态的构成作用,又是通过其工具性,也就是人们对这些“新方法”的运用而实现的。报刊(媒介)的接触和使用,成为城市人生存和互动的一种必备能力,是一种必需品。由此,媒介的性质和功能——用于什么,如何用,就成为城市生态学的重中之重。芝加哥学派的传播思想基本就沿着这样的逻辑而展开。库利认为,传播是一种机制——人类关系存在和发展的机制(mechanism);一种手段——人类心智(mind)的符号以及在时空中传达和保存它们的手段,并以此形成了一个与整个人类思想之机体相应的有机整体。在这一点上,精神成长方式中的任何一个东西都是其外部的一种存在。这样的一个机制、手段和一个进步发明的传播系统发生改变,就会影响人类并且改变每个个体的生活和制度。因此,理解人类心智和社会变化的最好途径,就是从它们赖以存在的这个机制或者传播系统的改善入手,就好比从铁路系统和商品运输开始来研究工业和商业一样。[①] 库利的这个想法颇有想象力,不仅表明传播与人的生存和发展有关,而且顺此而进,可以揭示人类心智和社会变化。但由于库利始终抱持人类生物种性和社会交流是两条明显分开的河道,并排而行却不能交集[②],因而他的“机制”最终还是落到了心智的反射,成了为传达思想而存在的标准符号系统,这也就在某种程度上与帕克走到了一起。藉此,帕克所谓的“构成城市生态组织的首要因素”,大致可以概括为三层意思:第一,报刊(媒介)是现代城市一个不可缺少的组成部门,在城市有机体,尤其是在社区关系的构造中,具有不可替代的突出地位。正是有赖于此,“随着城市的发展,社区中人与人的联系中,间接关系,或称次级关系已经取代了原来的直接联系、面对面的首属关系”[③]。第二,关系因媒介特性不同而发生变化,尤其表现在时空的扩展和改变上,并因此影响人类交往和城市生活。以库利的看法,“扩展”和“活力”,是表达这种变化的最为恰当的两个词。基于此,传统的威权、阶层和惯例被打破,“社会由才智、知识和情感越来越高的人所组织起来就有了可能性”。“他们意味着自由、眼界和无穷的可能。公共意识在新的交流所提供的每一步的意见的互相交换中大大扩张得以可能,直到包纳广大的国家,最终是世界本身,或许包括一个活生生的精神整体,而不再是局限在地方群体”[④]。帕克也有同感,“交通和

---

① COOLEY C H. Social organization[M]. NJ:Transaction Books,1983:61,64.

② 库利. 人类本性与社会秩序[M]. 包凡一,王源,译. 北京:华夏出版社,1999:5.

③ 帕克. 城市:对于开展城市环境中人类行为研究的几点意见[M]//帕克,伯吉斯,麦肯齐. 城市社会学:芝加哥学派城市研究文集. 宋俊岭,吴建华,王登斌,译. 北京:华夏出版社,1987:23.

④ COOLEY C H. Social orgaization[M]. NJ:Transaction Books,1983:80-81.

通讯手段越来越发达，人们的注意力可以分散得很广，甚至可以同时生活在若干个不同的社会环境里，这些趋势都在瓦解着邻里原来的稳定性和亲密性”。这是一种类似于个人之间反射式的相互作用。在这样以次级关系为基础所形成的城市社会实体中，形成了其特有的社会控制方式，一个特有的现象便是宣传活动必定占有一个相当重要的地位。[①] 这种口吻马上让我们联想起后来大众传播研究的重点——劝服。第三，报刊（媒介）是通过人们对之的使用，成为城市生态的构造性因素。媒介就是工具，使用就是构成。“移民报刊及其控制”与“移民社会”形成变化的关系[②]，在某种程度上，就是帕克眼里报刊与城市关系的缩影。库利的生物种性之河流和后天交流、教育之公路发生交集，并汇聚而成人类本性[③]，恐怕也就是因了此种无须明言的使用。芝加哥学派的报刊与人文主义视野中的技术使用，有着一脉相承的深厚关联。

芝加哥学派因城市研究而带出来的传播思想，既丰富又不乏庞杂，使我们难以理出一个单一的逻辑，更无法三言两语而道尽。也正因此，其中也就蕴藏着被不断引申阐发的空间和潜质。最明显的是詹姆斯·凯瑞，他以杜威作为接引，将芝加哥的城市、社区关系和人的交往这一脉，引向了公共文化的传播实践，遂有了所谓的传播“仪式观”[④]。哈特对于美国传播研究的反思，倚重的也是类似的路数。[⑤] 凯瑞对芝加哥学派的再解读，本就针对美国大众传播执着于态度和效果控制研究之弊病，提供一剂似乎可以挽救传播学研究的良方，从而得到众多的呼应，成为重新理解芝加哥学派的主导。然而，凯瑞没有指出另外一点，芝加哥学派同样为他所批评的美国大众传播研究输送了思想养料。他们关于媒介的使用和影响的研究，经转李普曼的舆论研究，与受众、媒介使用和效果等研究有着曲折的联结。从芝加哥学派出发，还可以激活另一条经脉。麦克卢汉在《传播的偏向》一书的序言中，通过英尼斯和帕克的比较，得出后者思想对于英尼斯的吸引力，“似乎超过了它对其他学生的吸引力”，从而斩钉截铁地认定，英尼斯“应该是以帕克为首的芝加哥学派的最杰出的代表”[⑥]。英尼斯是否可以归入芝加哥学派，这里暂且不论，但是从麦克卢汉的这句话中，恰好提示了芝加哥学派思想，即其城市生态和媒介特性一面，与目今大热的媒介生态学或环境学也是暗通关节，并由

---

① 帕克. 城市：对于开展城市环境中人类行为研究的几点意见[M]//帕克，伯吉斯，麦肯齐. 城市社会学：芝加哥学派城市研究文集. 宋俊岭，吴建华，王登斌，译. 北京：华夏出版社，1987：9，31-32，39.

② 帕克. 移民报刊及其控制[M]. 陈静静，译. 北京：中国人民大学出版社，2011.

③ 库利. 人类本性与社会秩序[M]. 包凡一，王源，译. 北京：华夏出版社，1999：5.

④ 凯瑞. 作为文化的传播[M]. 丁未，译. 北京：华夏出版社，2005.

⑤ 哈特. 传播学批判研究：美国的传播、历史和理论[M]. 何道宽，译. 北京：北京大学出版社，2008.

⑥ 麦克卢汉. 序言[M]//英尼斯. 传播的偏向. 何道宽，译. 北京：中国人民大学出版社，2003：8.

此可以抵达今天的数字“媒介生态系统”。[①] 关乎这一条线索,我们不只是关注不够,而是几乎完全在视野之外。此外,库利的传播——人类关系存在和发展的机制,或许可以在米德的“互动论”基础上予以转化,于此就可以成为“符号、有声姿态与个体自身及他人的这样一簇反应间的关系”,就具有了中介化的力量,不同的机制组织起不同的关系,就如“符号化构成了以前未曾有过的对象,即那种倘若没有使符号化出现的社会关系便不会存在的对象”。“语言并不只是把一个事先已经存在的状况或对象符号化;它使那种状况或对象可能存在或出现,因为它是那种状况或对象由以产生的一个机制的组成部分”。[②] 沿着这样的思路,就能够跨接上哈贝马斯,与“主体间性”发生关联。[③]

四

从报刊是城市构成的一种动力,亦即帕克的“构成城市生态组织的首要因素”入手,同时改变并转化帕克以及芝加哥学派媒介工具论,以此构建报刊(媒介)与城市的分析框架,破解现有主导报刊史书写的功能主义路数,改变中国报刊(媒介)史的已有书写,不失为一个方便的路径。

将“媒介”作为“工具”,在研究者中习以为常;但“工具”不是“媒介”,却少有人领会。当然,犹如德国学者克莱默尔说的,工具和媒介的区分,不是本体论意义上的,似乎世界上的技术人造物可以分成两类:要么是工具,要么是媒介。实际上这是两种不同的视角:站在“工具”角度,“技术人造物”就是“我们用来提升劳动效率的器具”;转换到“媒介”的角度,技术的媒介就“是一种我们用来生产人工世界的装置。它开启了我们的新的经验和实践的方式,而没有这个装置这个世界对我们来说是不可通达的”。所以,工具和媒介的重要性完全不同。[④] 然而,“一切理解都是生产性的”[⑤],工具和媒介虽然不是从本体论意义上区分,但不同的理解必然导致对本体的不同看法,比如什么是城市,城市与媒介是一种什么样的关系。在工具论意义上,城市是一个既定的社会实在,媒介在人的使用下或被动或主动地为之服务;在媒介的意义上,城市根基于媒介的穿插和编织,就像它不能没有河流、桥梁和通道一样。由此想起埃利亚斯,他呼吁

---

① JORGENSEN K W. The Chicago school and ecology:a reappraisal for the digital era[J]. American behavioral scientist,2016,60(1):8-23.

② 米德. 心灵、自我与社会[M]. 赵月瑟,译. 上海:上海译文出版社,1992:63,69.

③ 倪梁康. 自识与反思[M]. 北京:商务印书馆,2006:583.

④ 克莱默尔. 作为轨迹的和作为装置的传媒:传媒、计算机和实在性之间有何关系?[M]//克莱默尔. 传媒、计算机、实在性:真实性表象和新传媒. 孙和平,译. 北京:中国社会科学出版社,2008:76、77-78.

⑤ 伊格尔顿. 二十世纪文学理论(纪念版)[M]. 伍晓明,译. 北京:北京大学出版社,2018:75.

人们要在思想和情感上同时完成一个新的哥白尼式的转变，改变个体与社会、内在与外在、工具与周围环境的割裂，而是“用一种街道是延伸贯通的、运动着的人类关系网是处于整体的关联之中的这种眼光来审视自己的居所”，那么，那种感受，亦即“那种以为自己‘内在’独立的和自为的，他人是某种由一道深渊隔开的东西，是自己面前的一处‘风景’，一个‘周围世界’，一个‘社会’的感受，才会逐渐淡化下去”①。

因此，与工具(技术)最大的不同，凡是媒介，必定有媒有介，具有联结和转化关系、重塑环境的能力。它是传播的动力机制，是处在“功能性位置”②上的中介物，这种中介的功能或者能力在使用时被激活，其“魔力在人们接触媒介瞬间就会产生”③。具体展开，媒介可含有四层意思：不同特性的介质；连接和交汇的中介；意义生产和分享的界面；关系生成和转化的枢纽。这四个层面存在着逻辑关联：介质的特性是一种可能性也是限制，并由此触接物和人双方的“可供性”；④介质特性释放能量——连接和交汇的条件及其方式，即如何连接和交汇；条件和方式规定着意义传播和分享，涉及符号、格式、过程、逻辑以及各自的位置；最后，所有这些汇集成一种组织力——构成、重组或者改变关系，新的传播形态和社会秩序由此产生。杜威就是出于这样的思路，以货币为比，说明语词的媒介意义。他说：“语词就好像钱币一样。在这儿，金、银以及作为信用的各种工具，在它们成为钱币以前，首先是一些具有它们本身的直接和最后性质的物理事物。但是当它们作为钱币时，它们就是体现着各种关系的代替品、代表物和代理者。……因为它产生了新的交往，形成了新的历史和事件。交易并不是一件能够被隔绝开来的事情。它标志着生产和消费进入了一个新的媒介和关联，在这里它们获得了新的特性。”⑤麦克卢汉同样是将货币和印刷术相提并论，“17 世纪货币媒介在日本的运作所产生的结果，与印刷术在西方的运作，不无相同之处。货币重新组织了各国人民的感性生活，正是因为它使我们的感性生活产生了延伸。这一变革并不取决

---

① 埃利亚斯. 个体的社会[M]. 翟三江，陆兴华，译. 南京：译林出版社，2003：67.

② 德布雷. 媒介学引论[M]. 刘文玲，译. 陈卫星，审译. 北京：中国传媒大学出版社，2014.

③ 麦克卢汉. 理解媒介：论人的延伸[M]. 何道宽，译. 北京：商务印书馆，2000：42.

④ “可供性”是近几年的一个时髦术语，常常被认为是物质本身所蕴含的可能。研究者们借此一方面表示不否认技术本身的特性具有意义，另一方面又可以不必改变人使用技术的主体地位。这种以退为进试图缓解主客体二分所面临的压力的做法是否有效，笔者不做评论。这里只想指出，对于“可供性”的这种理解，并不符合这一概念的提出者——美国心理学家吉布森的原意，即“可供性”是一种互惠的关系(James J. Gibson, *The Ecological Approach to Visual Perseption*)。延森在《媒介融合》(复旦大学出版社，2012 年，第 79 页)中解释，一方面，可供性指那些与人类有关的以及人类赖以生存的自然资源的性质；另一方面，这种性质只有通过与特定的生命体相互关联才能体现。这显然就不是单方面的一个静止因素，而是一个关系的概念。关于此，英国学者马修·福勒在其《媒介生态学》(麦颠译，上海社会科学院出版社，2019 年)中有非常深刻的论述(该书译为“能供性”)，有兴趣者不妨一阅。

⑤ 杜威. 经验与自然[M]. 傅统先，译. 南京：江苏教育出版社，2005：112-113.

于社会中生活的人赞同与否"[①]。藉此,传播就成了一种人类行为(包括活动、过程、实践)结构,成了一种表达形式的总和,一个被建构了的与正在建构的整套社会关系[②],是人和媒介的本体论契合。媒介的重要性,就在于这种嵌入各种关系和因素并重新加以组织的"中介行为"。[③] 报刊史就是关于这样一种中介化实践的叙述,是媒介与城市和社会关系形态互为改变的历史。这就犹如齐美尔说的,"城市处处都发挥作为交往转动中心的作用","每一座城市都会在其身上产生无数的、持久的和变换无定的交往行动的转动中心",并由此形成交往的真正意义,"意味着一种力量的相互补充,因而意味着力量的增加,力量的增加需要并且因此也产生着一个空间的支撑点"。[④] 所谓报刊是"构成城市生态组织的首要因素",应该是在这样的意义上而言的。当然,运用者及其情境不同,媒介的过程及其表现和作用也有别,"技术提供可能性,环境起过滤作用,人进行部署"[⑤],这是人人皆知的常理,无须再多说。

以"中介行为"为己任,媒介和城市就不是互为相加的关系,不是习惯认为的前者"反映"后者的作为,也不是媒介被带入城市环境中的使用,而是互相卷入,共同创生,是德勒兹意义上的"接合":为了创造整体和同一性,不同因素可以被联结(接合)起来或被切断联系。每一次联结都导致了一个特殊的整体。[⑥] 一方面,报纸穿插于城市的纹理中,牵线拖网般拉曳出新闻和信息;另一方面,城市又是在报纸的组织化、程序化操作中得以编织和呈现。[⑦] 媒介的每一次介入都是对场景及其含义的改变[⑧],同时又构成特定角度中的城市新场景,成为众人分享和触摸的经验性存在——报纸也因这样的分享获得了存在的意义。媒介的介入重塑了城市关系,也正因此,"各种各样的远距离活动形式去除了实体化存在的社会优先性",从而在"现代媒体与现代城市主义间的相互交织"之中,使"地点与经验"、"熟悉与陌生"以及"自我与他人"的含义均发生了改变。[⑨] 这,就是我所称的报刊实践——中介化实践,就是对各种具身的、以物质为中介的各种系列的人类活动的交合和转化。报刊实践不是以往认为的业务上的采写编评,不是媒介使用,也不是报刊如何反映现实,而是如何以媒介的方式来操作媒介,在组织

---

① 麦克卢汉.理解媒介:论人的延伸[M].何道宽,译.北京:商务印书馆,2003:47.

② 凯瑞.作为文化的传播[M].丁未,译.北京:华夏出版社,2005:64.

③ 德布雷.媒介学引论[M].刘文玲,译.陈卫星,审译.北京:中国传媒大学出版社,2014:10.

④ 齐美尔.社会是如何可能的[M].林荣远,编译.桂林:广西师范大学出版社,2002:304-305.

⑤ 德布雷.媒介学引论[M].刘文玲,译.陈卫星,审译.北京:中国传媒大学出版社,2014:91.

⑥ 斯蒂瓦尔.德勒兹:关键概念[M].田延,译.重庆:重庆大学出版社,2018:142.

⑦ RODGERS S. The architectures of media power: editing, the newsroom, and urban public space[J]. Space and culture, 2014, 17(1): 69-84.按鲁曼的说法,这是一种"运作性建构"。

⑧ 梅罗维茨.消失的地域[M].肖志军,译.北京:清华大学出版社,2002.

⑨ 麦奎尔.媒体城市:媒体、建筑与都市空间[M].邵文实,译.南京:江苏教育出版社,2013:14-15.

编织关系现实中达成新的现实关系。

我之前曾经仿照布罗代尔“经济一世界”之用法，以“报纸一城市”来说明媒介与城市的这种关系，就是出于如是的想法。布罗代尔的“经济一世界”的意思是，经济是一个世界而不是世界中的经济。也就是说，世界不是一个具体存在的实体并在其中构建了经济，是经济关系决定世界界限。[①] 城市和报刊同样如此，不是先有一个城市实体存在，然后从中使用和规定媒介，而是媒介和城市（地方）相互运作，不断生产出城市的形态和界限。没有媒介，就没有城市，因为城市必定是以各种中介方式，诸如报纸、地方电台和电视节目、墙壁画，以及无数的关于当地情况和事务的面对面交谈等所呈现、所构造；媒介给予“城市”光亮，让它具有可见性；媒介又是在城市的运作中，在城市的各种脉络中穿过并游走，从城市“集合、包含、省略并且重新汇合集体记忆的材料”中吸取特定的水土和资源。[②] 媒介与城市就是在这样的相互运作、相互接合和相互改变中，一起构成了具有孕育能力的环状系列。[③] 媒介一城市在创生这一切的同时，也创生它们自己：它是开放的，但不是任意的；它是随机而成的，但脱离不了特定的肌理和经纬，恰似物理学中的三维球面，有限而无界。[④]

埃德加·莫兰的这个说法很值得玩味：“出新的知识第一选择不应该是理论，不应该是建构理论的方式，而是对我们的知识结构，对我们的认知功能的探讨。”[⑤]既然如此，所谓的创新，所谓拓展有中国特色的学术研究，就中国报刊史研究者而言，首先需要对已有的知识结构和认知功能有一个反省，本文也正是在这方面的一种探索。同时，也是为通过报刊（媒介）与城市关系这样一个基本框架，进一步澄清并说明我们倡导的“城市传播”和“新报刊书写”的基本思路，以供同好了解、讨论和批评。

---

① 华勒斯坦. 知识的不确定性[M]. 王昺，等译. 郝名玮，校. 济南：山东大学出版社，2006：53.

② ADAMS P C, JANSSON A. Communication geography: a bridge between disciplines[J]. Communication theory, 2012(22): 299-318.

③ 莫兰. 方法：天然之天性[M]. 吴泓缈，冯学俊，译. 北京：北京大学出版社，2002：29，31.

④ 罗韦利. 现实不似你所见：量子力学之旅[M]. 杨光，译. 长沙：湖南科学技术出版社，2019：80.

⑤ 莫兰. 方法：天然之天性[M]. 吴泓缈，冯学俊，译. 北京：北京大学出版社，2002：22.

文本之外:媒介视野的阅读史研究

◎ 詹佳如*

摘要:本文认为既有阅读史研究以文本分析为中心,将文本话语层面的接受问题理解为阅读本身,其所关心的不是历史的阅读经验,而是阅读内容与后所追溯的社会思潮的因果关系,"阅读"在阅读研究中被空洞化。阅读首先是一种实践,其意义也是在具体实践过程中呈现的。作为实践,阅读无法离开媒介。于是,作为物质性的、具有能动力量的媒介,而不是过去阅读研究中所预设的那种容器隐喻的、透明的媒介,能够成为观察、理解和呈现阅读实践的重要尺度之一。从新的视野出发,阅读史研究或能打开新的局面,即突破过去那种以视新文本的输入作为阅读现代性的动力,从而只是印证一种僵化的、本质的、统一的现代性概念的局限;阅读或将成为观察现代性的独特视野。

关键词:文本;媒介;实践;阅读;现代性

手机阅读正在成为当下主要的阅读实践之一。在纸质文本与电子文本之间不断转换的阅读体验,正在照亮阅读史研究一直忽视的方面。因为这种忽视,阅读的历史想象,因循而单调,对于理解当下正在发生的阅读变革也鲜有助益。

大体来看,中国阅读史研究的焦点是文本意义解读的问题,关注的焦点是阅读内容与历史的社会思潮的因果关系,而非历史的阅读经验本身。① 在这种思路之下,阅读研究就以文本分析为重点,以内容的阅读效果为落脚点。② 文本分析在这个过程中就被当成是阅读行为本身的分析。用法国阅读史巨擘罗杰·夏蒂埃(Roger Chartier)教授

---

* 詹佳如,华东政法大学传播学院副教授。

① 这一评价与罗杰·夏蒂埃教授评价法国大革命研究相似,即对法国大革命的研究,关注思想与革命之间的因与果,而非革命经验本身。也与黄旦先生所评价《苏报》案的相关研究同理,研究者关注《苏报》文章内容与晚清革命的因果关系,而非这种报纸的革命经验本身。参见黄旦.报纸革命:1903年的《苏报》:媒介化政治的视角[J].新闻与传播研究.2016(6):22-45.

② 代表性的研究有潘光哲先生的《时务报》阅读史研究,他围绕不同知识背景、社会地位、人生经历的读者对《时务报》文本的反应展开研究,或是依据《时务报》的文本来推测读者可能有的反应。参见潘光哲.晚清士人的西学阅读史(1833—1898)[M].台北:台湾"中央"研究院近代史研究所,2014.

③ 夏蒂埃.书籍的秩序:14—18世纪的书写文化和社会[M].吴泓缈,张璐,译.北京:商务印书馆,2013.

的话来说，这种阅读史一定程度上为所读之物的历史所遮蔽。[③]极端地说，即便文本分析做到极致，恐怕也未必就是“阅读”研究。那么，阅读研究究竟要研究什么？从怎样的角度切入，阅读的现实与历史之间才可能拥有更多的对话？本文试图来探讨这一问题。

一、文本为中心的中国阅读史研究

李长声可能是最早发表有关阅读问题的中国学者。1992 年，《读书》发表他介绍日本学者前田爱的论文《从音读到默读：近代读者的形成》。李长声认为前田爱的贡献在于他发现了读者阅读方式在近代的转变，这种阅读方式的转变与家庭的形式、思维方式、人与人的关系、人与书籍的关系等方面的转变息息相关。正是阅读方式的转变，才构成了现代意义上的“读者”。[①] 李长声引出了阅读的中心问题：什么是现代意义上的读者？什么是阅读的现代性？

2005 年，台湾《思与言》杂志推出了“近代中国的阅读、出版和文化”专辑，中国历史场景中的阅读问题正式进入研究者的视野。潘光哲先生提出，要以阅读史来“开拓近代中国历史图像的新天地”，并展示了一系列的研究成果。阅读作为一种普遍的现象，潘光哲先生将研究工作理解为“描摹……‘阅读对象’与其思想活动”，以此“了解晚清士人是怎样借着各式各样的阅读/思想活动为他们的生命找寻意义，编织自己的‘意义之网’的”[②]。所以，潘光哲先生的“阅读”是在思想史脉络中的，其研究目标是阐述观念。从而，阅读是读者（主体）对客体（文本）的反应，是两套不同的意义系统、观念之间的交锋、互动、调和，是从文本、读者来谈文本意义生成的问题。[③] 由此推想，中国士人阅读的现代化过程，是接收（时常是扭曲地）具有现代意义的文本符号的过程。

另一重要的阅读史研究者张仲民先生也循此思路，主要着眼于新知识“通过阅读”在中国被接受，在新的语境中如何移植、扭曲和再生。[④] 值得一提的是，在那篇出色

---

① 李长声. 从音读到默读[J]. 读书，1992(2)：135-143.

② 潘光哲. 追索晚清阅读史的一点想法：“知识仓库”、“思想资源”与“概念变迁”[J]. 新史学，2005(3)：145，160.

③ 比如潘光哲先生关于《时务报》译稿的研究，讨论的是人们“对于外在世界之认知的词汇是如何形成的”，是如何形成一套混杂着中西的意义系统的。他所强调的媒介的作用，也仅仅是提供内容载体而已，媒介本身对文本意义生成的影响是被忽视的。读者亦是潘光哲先生的阅读史关注的重点，在构建《时务报》关系网络过程中，潘光哲呈现了《时务报》在不同人那里可能有的不同意义。不过，潘光哲最后将相同文本的反应差异引向“想象的共同体”和公共空间，引人质疑。如果进一步提问，阅读邸报所形成的“想象的共同体”与阅读西学的“想象共同体”在性质上又有何差异？意义解读的差异如何与普遍性的结论勾连起来？参见潘光哲. 开创“世界知识”的公共空间：《时务报》译稿研究[J]. 史林，2006(5)：1-18；潘光哲.《时务报》和它的读者[J]. 历史研究，2005(5)：60-83；潘光哲. 晚清士人的西学阅读史（1833—1898）[M]. 台北：台湾“中央”研究院近代史研究所，2014.

④ 张仲民. 种瓜得豆：清末民初的阅读文化与接受政治[M]. 北京：社会科学文献出版社，2016.

的、具有影响力的阅读史综述中，张仲民将阅读史视为源远流长、根深叶茂的书籍史的衍生。阅读史的兴起弥补了书籍史中读者角色的缺乏，“强调书写及书籍（文本）之于人的意义”①。所以，阅读是从书籍（特指文本方面）中生发出来的，后者是前提，尽管阅读会扭曲文本意义，但后者作为一个标准仍然在衡量着前者。在这篇文章中，张仲民先生对曼谷埃尔的阅读界定颇有微词。曼谷埃尔认为阅读无处不在，天文学家阅读星星图，建筑师阅读土地，动物学家阅读动物的臭迹，舞者阅读编舞者的记号法，观众阅读舞者的动作……②张仲民先生反对如此“宽泛”地理解阅读：“既然一切历史都是阅读史，那也很可能没有历史是阅读史。”③在笔者看来，曼谷埃尔所说的这些阅读行为的经验其实各不相同，而张仲民先生却将其看成同一性质的阅读行为。由于阅读被视为与文本解读同义，阅读行为本身空洞化，于是，在“阅读”中就发现不了问题，也就看不出不同阅读实践的特殊性。其后果等于取消了阅读研究的独立性，阅读史也只能成为书籍史的延伸。

尽管表述不同，张仲民和潘光哲其实是共享了同一种阅读理解，即将文本与读者放置在阅读之前，讲清了文本与读者，也就讲清了阅读。他们的研究重点是“谁”阅读了“什么”，以“谁”“什么”为中心，而“阅读”则被空心化。这一路径的阅读研究又以“什么”为中心，以后见之社会思潮、重要社会政治事件，反推内容的影响，在阅读效果与历史变革之间建立线性因果关系。④

蒋建国教授近期两项颇有影响的研究，分别针对传教士报刊的阅读和甲午前后的报刊阅读，也脱离不开这样的路径和框架。⑤ 以甲午前后报刊阅读为例，蒋建国通过翔实的史料阐明甲午前后报刊已经通过各种渠道渗透城乡，将读报人纳入对时局的共同关注之中，具有其影响。笔者阅读这篇文章以及蒋建国有关传教士阅读的那篇文章后产生的疑问是，其在文章中所指的阅读“影响”，究竟要如何衡量，内涵是什么，以及如何产生。有人读并不代表有影响，又如何比较此时与维新之后报刊所产生的“影响”呢？“影响”是否仅仅是多少人读的问题？蒋建国所理解的报刊通过阅读所产生的“影响”，是读报人对报刊内容的思想反应（记录、感想等），而这种思想反应又与已然指认的社会历史趋势一一卡扣。将“影响”理解为此以及如此运作，是既有阅读史的共通做法，这当然有其贡献，呈现了阅读的某个面向。但是，阅读与影响之间的因果关系，未

---

① 张仲民.从书籍史到阅读史：关于晚清书籍史/阅读史研究的若干思考[J].史林，2007(5)：151-180，189.

② 曼谷埃尔.阅读史[M].吴昌杰，译.北京：商务印书馆，2014：6.

③ 张仲民.从书籍史到阅读史：关于晚清书籍史/阅读史研究的若干思考[J].史林，2007(5)：156.

④ 黄旦.报纸革命：1903年的《苏报》：媒介化政治的视角[J].新闻与传播研究，2016(6)：22-45.

⑤ 蒋建国.甲午前后的报刊地理、新闻呈现与读者阅读的回想[J].学术月刊，2018(12)：153-165；蒋建国.甲午之前传教士中文报刊的传播、阅读及其影响[J].新闻与传播研究，2019(8)：108-125.

必就仅由内容带来，比如报刊形式所形成的人与读物的稳定关系，是否也是影响因素？关于此，研究者们就较少涉及。[①] 雷吉斯·德布雷（Regis Debray）对书籍、阅读与法国大革命之间关系的评述，与夏蒂埃有异曲同工之妙。“不是书籍，而是读者创造了大革命，而且我们永远不可能知道他们都读了什么。因此就很合理地需要将对文字的研究转移到对各种**阅读方式**的研究上（从工作间的阅读到流动贩卖的匿名小书的高声朗读），这样就打破了前后联系，打破了奠基人的文集大全和政治事件的野性爆发之间古老的公认连续性。实践并不能从言论中演绎出来，一个社会（**更有可能**是一群正在融合的大众）在运行中的意义总是多于旨在建立或是其正当化的明确的意识形态的意义。”[②]

总体说来，目前大多数名为“阅读”的研究，其所关注的很难说是严格意义上的“阅读”，大多经由别的主题、路径，特别是文本分析也能达至，这就让人颇为疑虑：何为阅读？何为阅读的历史？

二、作为实践的阅读

本文将阅读理解为一种实践，也就是说，阅读不只是一场传递和接受之间的意义交换，还是在具体时空之中，包含着与自身、他者关系的，以具有特定的物质形式的读物为对象的具身活动。虽然研究实践的理论家的具体看法不一，但其均是认为“实践是具身的、是以物质为中介的各种系列的人类活动”[③]。阅读被理解为实践，那么，阅读就不仅仅是一种“抽象的智力活动”，还是“运用身体的活动”，“在具体空间中建立与自身、他人的关系”。[④]

如此理解阅读，或许就可以处理阅读研究领域中一直混沌不明的问题：阅读与读物、读者究竟是何关系？以笔者的理解，尽管阅读与读者、与读物密切相关，但是其研究对象既不是读物，也不是读者。夏蒂埃反复强调：“阅读史要自立，就必须与所读之

---

① 值得一提的是，在潘光哲先生所组织编写的“近代中国的阅读、出版和文化”专辑文章中，余芳珍通过对《良友画报》的研究，对“形式”的影响进行了探讨。《良友画报》独特的编辑方式，即“高度不连贯的特征，亦即毋须逐页阅读，每页各自独立，可前后任意翻阅，而无难以接续的问题”，似乎引发了新“阅读习惯”的兴起，一种“强调利用零碎闲暇时间、片段式休闲阅读”习惯，反映了当时“闲时闲情的中上层阶级”“快速随意泛览”的消闲阅读习惯。在余芳珍看来，《良友画报》的形式与内容的结合，有助于普及自明代以来便开始流行的消闲阅读方式。参见余芳珍.阅书消永日：良友图书与近代中国的消闲阅读习惯[J].思与言，2005(3)：191-282.

② 德布雷.普通媒介学教程[M].陈卫星，王杨，译.北京：清华大学出版社，2014：189.黑体是作者所加，着重号为引者所加。

③ 夏兹金.导言[M]//夏兹金，等.当代理论的实践转向.柯文，石诚，译.苏州：苏州大学出版社，2010.

④ 夏蒂埃.书籍的秩序：14—18世纪的书写文化和社会[M].吴泓缈，张璐，译.北京：商务印书馆，2013：89.

物的历史彻底分道扬镳。""自立"又不等于自由,阅读会受到"一系列特定群体实践和习惯的约束",还会受到"读物的物质形式和话语形式的约束"。[①] 按达恩顿的话来说,阅读是"在一个交流体系而非文本框架内进行的意义解读行为"[②]。阅读是由读物、读者以及远远不局限于此二者的因素所形成的交流体系内的各种关系的特定联结。套用彭丽君理解视觉的思路:阅读是一个链条,在阅读行为发生的时候,自我、界面与世界融为一体。[③]

这样说来,研究阅读,就是研究阅读行为发生之时,阅读所涉及的各种关系的联结方式。德·塞托(Michel De Certeau)似乎有同样的看法,他认为阅读研究最重要的工作就是"分析阅读本身这一行为,它的模态和它的类型"。德·塞托也将阅读看成一种实践,他认为过去 3 个世纪的研究都假设一个基本研究单位——个人,群体是在个体的基础上构成并能够还原为个人。实践的进路则是以关系为基本的研究对象,关系决定了函数项而不是函数项决定了关系;更重要的是,实践的进路将论述的焦点集中为"运作的模式"或"行动的图示",而不是行动的创造者或者工具的主体。[④] 按此思路,所谓阅读的"模态"和"类型",指的应当是阅读行为发生之时,身体、空间、读物、思想等所形成的具体关系类型。这种关系在不同的群体中,在不同的历史当中,具有性质上的差异。阅读史要确定大的阅读实践类型,并试图找出影响阅读实践模式差异和变化的因素。[⑤]

什么是阅读模式的重大差异? 德·塞托举过一例:阅读的模态和类型在 3 个世纪以来发生的重要变化之一是"眼睛的动作"。过去阅读是发出声音,而今天,声音隐退,文本获得自治性,是阅读的"现代"体验。这样,德·塞托将过去与 3 个世纪以来的两种不同的阅读"模态"区分开来,阅读过程中身体涉入方式的变化,使得人与读物的关系随之变化,从而整个意义解读方式就产生了重要的变化。[⑥] 确定不同的阅读类型非常重要(但是现在的思维取向似乎是避谈类型,害怕谈类型就会抹杀可贵的细节),但目前我们却对此知之甚少,更不要说成果了。以文本符号意义交换为思路的阅读史研究,即使将交流体系展示得极其丰富和复杂——当然,展示复杂本身具有意义,但始终

---

① 夏蒂埃. 书籍的秩序:14—18 世纪的书写文化和社会[M]. 吴泓缈,张璐,译. 北京:商务印书馆,2013:90.

② 达恩顿. 什么是书籍史? [M]//陈恒,耿相. 新史学(第十辑):古代科学与现代文明. 郑州:大象出版社,2013:144-165.

③ 彭丽君. 哈哈镜:中国视觉现代性[M]. 张春田,黄芷敏,译. 上海:上海书店,2013.

④ 塞托. 日常生活实践 1:实践的艺术[M]. 方琳琳,黄春柳,译. 南京:南京大学出版社,2015:41,269-270.

⑤ 夏蒂埃. 书籍的秩序:14—18 世纪的书写文化和社会[M]. 吴泓缈,张璐,译. 北京:商务印书馆,2013;塞托. 日常生活实践 1:实践的艺术[M]. 方琳琳,黄春柳,译. 南京:南京大学出版社,2015.

⑥ 塞托. 日常生活实践 1:实践的艺术[M]. 方琳琳,黄春柳,译. 南京:南京大学出版社,2015:269-270.

无法确定的是这种阅读行为的性质是什么，基于不同历史时期、不同空间、不同群体，不同阅读行为之间的差异在哪里，如何描述，可比性是什么。

夏蒂埃发现了另一种阅读实践模型。他曾分析那些被认为直接引发了法国大革命的启蒙读物的读者反应，细究之下，启蒙读物的文本具有多样性，它们不能被化约为一套简单的意识形态话语，读者当然也不可能以同一种方式阅读这些书籍。所以，从启蒙文本内容来推想革命的发生，未必就理所当然。夏蒂埃认为，或许“正是革命事件构造出一系列被认为是革命发动机的著作和作者”。革命具有一种力量，能够对启蒙进行“回溯性的重构”。（这不也切中了中国阅读史研究的痛处吗？）夏蒂埃认为，不应当只从文本意义的层面去解释法国大革命的发生，而应当关注 18 世纪阅读方式的根本变化。恩格辛所说的德国在 18 世纪经历过一场“阅读革命”，法国亦然，即“以恭顺与服从为内核，让位于一种更自由的、更随意的和更具批判性的阅读方式”。与传统阅读相比，人们开始从精读转向泛读——在一个文本上花更少的时间，阅读更多的文本；阅读的题材更加多样而不限于宗教题材；阅读变成独处而静默的行为，而不是聚集的大声朗读。正是这种“阅读革命”促成了法国在 18 世纪的世俗化。[①]

夏蒂埃主张在文本本身、传达文本的客体以及了解文本的行为“之间”理解阅读的复杂性。由此，阅读史最为核心的问题就是三个层面的关系问题：技术（文字复制技术：手抄到印刷），形式（包括从卷轴书到翻页书等重大变化在内的所有文本形式的变化），以及文化的变革（阅读习惯、阅读方式均纳入此类）。[②] 阅读史是以“之间”，即这三重变量的关系为研究对象的。这三个层面的不同组合和彼此关系，引发了阅读秩序的重组，决定了不同的阅读实践类型以及各自的特征。

有趣的是，阅读史另一巨擘达恩顿也以恩格辛的 18 世纪“阅读革命”为对话对象，并且明显地持怀疑态度。他认为，“阅读革命”最大的问题在于，认为阅读具有“线性发展的特质”。对他来说，阅读并非是单一线性发展的，而是复杂、多元与并置的，而且在不同族群那里，呈现不同的形式，他说：“我们不能把文化方面的变化看成是线性的、自上而下的或‘余波所及’式的。流变可以是自上而下的，也可以是自下而上的；可以向周边扩散，也可以向中心凝聚。”[③]

从对阅读一般性的理解来说，达恩顿的看法无疑是正确的。当然，恩格辛和夏蒂埃也并未说新阅读模式是唯一的。不过，如果细究达恩顿所理解的“阅读革命”，那么

---

① 本段引文皆出自夏蒂埃. 法国大革命的文化起源[M]. 洪庆明，译. 上海：译林出版社，2015：81，84.

② 夏蒂埃. 书籍的秩序：14—18 世纪的书写文化和社会[M]. 吴泓缈，张璐，译. 北京：商务印书馆，2013：98.

③ 达恩顿. 阅读的历史[M]//陈恒，耿相信. 新史学（第十辑）：古代科学与现代文明. 郑州：大象出版社，2005：109；达恩顿. 拉莫莱特之吻：有关文化史的思考[M]. 萧知纬，译. 上海：华东师范大学出版社，2011：110.

达恩顿与夏蒂埃所谈的阅读革命可能不是同一个东西,更准确地说,未必都谈的是阅读的同一个层面。达恩顿考察了一个18世纪末的法国商人朗松的阅读。朗松代表着当时有关阅读的一个显著的历史现象,即按照作者(卢梭)的要求,将阅读文本当作真实的东西,来指导人生,文本融入读者人生之中。达恩顿称之为"阅读的卢梭主义变体"。这种阅读方式"将宗教阅读的旧风格应用在新材料上",而且具有历史回响——"在以后的革命信徒和浪漫主义信徒身上留下印记"。这就是达恩顿通过朗松所发现的,"读者对于文本的反应方式确实在18世纪发生了一些变化"。当然,他不认为这就是"阅读革命",读者对文本的反应方式没有一个固定的模式,"形态不计其数"。所以,达恩顿所揭示的显著的历史现象,指的是读者对文本反应方式的某种新变化,这种新变化并未取代其他文本的反应方式。细究之下,如果用夏蒂埃的话来说,这种变化是阅读作为"抽象的智力活动"的变化。如达恩顿在这篇文章一开始就说的,阅读是"在沟通体系之内积极进行意义的整合","要了解18世纪的法国人怎么阅读书籍,不啻要了解他们怎么思考"。也是在《屠猫狂欢》一书的最后,达恩顿将自己整个工作定位为"重组两个世纪之前解体了的象征世界"。①

达恩顿研究阅读的路径,承袭自20世纪60—70年代兴起的审美接受理论和读者理论,将阅读确立为一个事件、行动(the reading act),是读者与文本之间的关系。② 尽管接受理论和读者理论的具体观念和取向差异很大,但它们基本上都建立在一个前提之上,即对读者经验的强调,以及读者在文本意义形成过程中的核心位置。接受美学的代表人物伊瑟尔(Wofgang Iser)受到胡塞尔现象学的影响,认为阅读不是读者对文本结构和意义的接受,而是只有当文本被意识到时,它才成为阅读或者意识的对象。阅读(意义所在的领域)是读者视域(horizon)和文本的融合,是文本的结构、读者在阅读中对意义的集合以及阅读活动中的动态过程这三方面不断交互的结果。伊瑟尔反对那种文本一读者外在化的关系,而是讨论读者如何实现文本。③

值得注意的是,接受美学强调读者经验在文本意义生成过程中的核心位置,因此,

---

① 本段引文皆出自达恩顿.屠猫狂欢:法国文化史钩沉[M].吕健忠,译.北京:商务印书馆,2014:262,294,305,307-308,323.

② 在伊瑟尔(Wofgang Iser)、耀斯(Hans Robert Jauss)的努力下,康斯坦大学召开了一系列的研讨会,使得接受美学成为一个新兴的有影响力的思想流派。该学派反对纯文本主义、纯结构语言运动,尽管其也坚持文本结构的重要性,但在视野上转向了历史的维度,强调文本理解的历史性。另外,在文本与人的关系问题上,受到胡塞尔后期现象学反主体主义思想的影响,现象学认为人不是世界上唯一的主体,人的构成物(语言及其构成活动)也是主体,它们是互为主体的关系。从这一逻辑出发,文本的意义结构离开了人也毫无意义,于是读者经验与文本结构互为主体。在接受美学里,读者开始有了"与之(文本)相对立的主体地位"。参见刘小枫.接受美学译文集[M].北京:生活·读书·新知三联书店,1989:4.

③ 伊瑟尔.阅读活动:审美反应理论[M].金元浦,周宁,译.北京:中国社会科学出版社,1991.

这种读者经验主要着眼于符号意义系统层面。接受美学阅读研究的焦点仍在于文本。笔者的理解是，阅读当然伴随着文本意义的生成，但问题的落脚点应当是阅读经验本身，而不是去讨论读者阅读经验对文本意义生成的影响。并且，仅仅从文本符号意义层面来讨论读者经验、读者实现文本的途径和方式，也是远远不够的。不能将阅读与具体的读物、阅读的环境、自身与他人的关系、身体的姿势等方面剥离开来，也不能将这些因素与文本意义的生成看成是因与果、作用与效果的关系，因为这些层面的互动和彼此的关系共同推动了阅读的产生。

三、媒介视野下的阅读实践

如果将焦点转向阅读实践本身，阅读活动的展开当然是无法离开媒介的。媒介将成为观察阅读实践的一个有力尺度。“媒介”，按照雷蒙·威廉斯（Raymond Williams）的说法，有三个内涵：第一个是物理或者哲学意义上的“中间物”；第二个是技术，比如印刷、声音、视觉；第三个是资本主义。本文所指的“媒介”，是从最古老的内涵出发，指拥有不同特性的中间物，“一种感官（或一种思想）要去体验（或表现），必须有一个中间物”①。阅读无法离开这样的“中间物”。在此基础上，媒介又可区分为四个层面并形成彼此之间的逻辑关系。第一个层面是特定的媒介具有其物质特性，这构成可能性，即它能够使人做什么，同时也形成限制，就像温纳·兰登（Winner Langdon）所说的技术，人们“要么按照技术规则采用应当的方式来使用它，要么根本就不使用它”②。第二个层面则是连接和交汇的中介，如何连接和交汇由中间物的物质特性所规定，从而形成连接和交汇的条件及方式，决定了意义传播和分享的形态，包括符号、格式、过程逻辑以及各自的位置。这构成了媒介的第三个层面：意义生产和分享的界面。最后，所有这些形成一种组织动力，建构、重组或改变关系，产生新的秩序。媒介的第四个层面，则指关系生成和转化的枢纽。③

值得说明的是，阅读文本载体（媒介）的杰出研究，并不匮乏，书籍史、文献学成果汗牛充栋。但是有关文本与媒介的相互关系的研究，特别是两者如何构成阅读的研究，则少之又少。前已提及，不少报刊史的研究者，也进入了阅读史研究领域。遗憾的是，他们的主要思路与历史学者并无本质区别，仍是关注报刊内容的意义呈现。如此，

---

① 威廉斯. 关键词：文化与社会的词汇[M]. 刘建基，译. 北京：生活·读书·新知三联书店，2005：300.

② 兰登. 自主性技术：作为政治思想主题的失控技术[M]. 杨海燕，译. 北京：北京大学出版社，2014：171.

③ 这里的媒介的四个层面，记录自黄旦先生于 2019 年 7 月 2 日在复旦大学“中外新闻传播理论研究与方法”暑期学校（第 15 期）“城市传播的研究设想”课堂上对媒介的表述。

不免让人疑惑:报刊史进入这一领域,与书籍史的入射角有何区别? 如何定位“报刊”阅读的特殊性问题?[①] 找不到独特的入射角,与一种根深蒂固的媒介观念有关,即将媒介定位为文本的“容器”、载体,媒介对阅读的主要意义仅仅是提供了一种透明的容器。阅读书籍、报刊与阅读手机,或者别的什么对象,只是换了个储存器而已,载体对意义解读的影响并无差别。

本文所提出的“媒介”入射角,自然要与这样一种被动的、本质的、固定的媒介理解区别开来。以一种新的“媒介”观念来打量阅读实践,那么,阅读实践本身就是一种中介化活动。作为实践的阅读,同时也就是一种媒介实践。不同媒介的特性早已规定了阅读实践展开的条件和方式,设定了阅读中的诸关系、各自位置、连接的逻辑,正如德·塞托所说,关系决定了变量,而不是变量决定了关系。由此,不同的阅读实践各成其所是。这样,媒介视野的阅读史研究就能表述为,媒介是如何为特定的阅读实践创造出可能性,又是如何组织、连接和转化围绕阅读的诸种关系,从而运作出阅读实践的不同类型的。媒介构成、运作了阅读,故而能成为理解、观察以及展示阅读实践的一种尺度。

“凿壁偷光”的典故人们耳熟能详,彰显了照明技术所创造的环境对阅读的重要性。匡衡有意识地为自己构造了这样一种照明物并得以阅读,而这一“偷”来的光似乎为匡衡和书之间建立了特定的关系,于是匡衡在“艰苦”阅读之下成为西汉伟大的文学家。这一典故突出了中间物(照明)对人与读物关系连接的特定方式。今天似乎“透明”的照明条件,在西汉时期却颇为珍贵,足以影响阅读何时、以何种方式展开,进而产生不同的阅读体验(得来不易因而要更加用功)。阅读经验,就是以这样的媒介(光)为中介的。即便是同样的光,匡衡凿壁偷光进行的阅读与邻居家“自然”有光进行的阅读,其体验也是不同的。

阅读实践一定是要面对具体对象的,也就是读物。卡斯顿(David Scott Kastan)的话与威廉斯的话有异曲同工之妙——“被阅读的文学文本必须是有形物体”。文本必须要经由物质介质才能被感受、阅读。卡斯顿将莎士比亚的文本的不同传播介质(作为手抄本的文本,作为文学出版的印刷文本,以及活跃在电子屏幕上的电子文本)看成“不相关联的生产方式”。它们不能被看成同一体的侧面或者不同部分,而是各有

---

① 卞冬磊提出要从报刊史转向报刊阅读史,立足的是报刊内容的实际效果问题。同时,他将报刊与书籍的区别放在知识类型上讲,但对知识类型与报刊、书籍的媒介形式究竟有何关联则并不关注,这说到底仍然是透明化媒介,抽取文本内容来讲报刊和书籍的知识类型。参见卞冬磊.从报刊史到报刊阅读史:中国新闻史的另一种视角[J].国际新闻界,2015(1):157-165.

其自身逻辑，也许无法比较。[①]

以此来看读报的问题，着眼点应是报刊这种介质的特殊性。其实，书籍与报刊，乃不同特性的媒介，这已经为学者所详述。[②] 那么，就应当将读书和读报看成不同类型的阅读实践，标识其断裂之处，而不是用文本分析去证明读报者和读书者汇入了同一股社会思潮中。报纸阅读研究应当考察报纸的物质特性如何创造出与读书所不同的阅读实践，如何创造出一种不同的阅读秩序，包括诸种阅读要素的安排、各自所处位置以及彼此连接方式等。遗憾的是，报纸在晚清时期究竟是一种什么性质的媒介，蓬勃而起的诸多报纸是否是同质的媒介，这些问题的答案到现在也没有十分明朗。如果报纸在中国的早期发展，也如早期电影一般，非用诞生、成长、成熟、没落与重生的有机线性发展模式可以解释，而是处于多种线条、前后不同发展的可能之下[③]，那么，这些不同性质的"报纸"的阅读，又意味着什么呢？读报的问题，或许要比想象的更加复杂和彼此矛盾。

如果阅读是一种实践，那么其就一定是具身化的。自不消说，身体本身就是一种媒介。延森（Klaus Bruhn Jensen）将身体看成第一维度的媒介，"人的身体以及它们在工具之中的延伸——不仅将现实与可能的世界具象化（externalize），而且赋予我们每个人彼此交流与传播的能力，以实现思考和工具性目的"[④]。也就是说，身体有限定人与读物关系的能力。如前所述，德·塞托将声音的退却、视觉的主导作为近三百年阅读实践的重大变化。就中国近几百年发生的变化来说，阅读实践的变化不仅仅是声音的退却，还有手的角色的几经变化。南宋陆游讲自己读书是"韦编屡绝铁砚穿，口诵手抄那计年"（《寒夜读书》）。读书不光是用眼睛看，也要口诵和手抄，是身体感官的多方位调动。明末复社之张溥，读书之刻苦以"七录七焚"而闻名，"抄已，朗诵一过，即焚之，又抄，如是者六七"，不几天指掌就都是老茧了，割去，反复如此。有人问他何苦要这样读书，答曰："聊用强记，何留滞心目为！"[⑤]无论这话是否真是张溥所说，其都反映出当时的人的一种理想的阅读方法：眼、心、手等感官相互协调和配合，如此才能真正领会文本的意义。这样一种阅读实践，阅读速度缓慢，字斟句酌，最终是熟读记诵，代表了书籍数量较少的前近代"精读"阅读方式。在那个时代，人们记忆力之优秀，非今人所能想象，阅读带有很强的记忆目的。即便将阅读仅仅理解为一种智力活动，也不

① 卡斯顿. 莎士比亚与书[M]. 郝田虎，冯伟，译. 北京：商务印书馆，2012：35.

② 周绍明. 书籍的社会史：中华帝国晚期的书籍与士人文化[M]. 何朝晖，译. 北京：北京大学出版社，2009：62；黄旦. 媒介变革视野中的近代中国知识转型[J]. 中国社会科学，2019(1)：137-158，207.

③ 埃尔塞瑟. 媒介考古学作为征兆(上)[J]. 电影艺术，2017(1)：75-83.

④ 延森. 媒介融合：网络传播、大众传播和人际传播的三重维度[M]. 刘君，译. 上海：复旦大学出版社，2015：69.

⑤ 蒋逸雪. 张溥年谱[M]. 济南：齐鲁书社，1982：7.

是只有意义解读一个面向。

身体这一维度的媒介被揭示出来,我们就能发现,今天的电子阅读设备正在调节和形成新的阅读体验。与抄、翻页相对应,电子阅读设备将"手的动作"(滑动)的重要性重新突出出来,尽管是以完全不同的方式。过去,不管是抄写阅读,还是一般的默读,眼睛的速度总是不慢于手的,常常是"眼疾"而"手快"。文本电子化之后,"页"消失,依靠手的滑动进行浏览,手滑动的速度与眼睛的浏览速度,常常彼此不相适应,"眼随手动",眼睛对手的滑动亦步亦趋,手成为阅读的主导者,这成为今天阅读实践的重要特征,而这样一种阅读方式或许会加剧阅读甚至是理解的碎片化。所以,网络社会的人们对文本的理解很容易出现分歧,或许也有这样的原因:不同人手滑动的速度、停顿的时间、位置不相同,从而对文本的重点和整体理解就不同。

身体的考量,在既有的中国阅读史研究中相当匮乏。无论是报刊阅读,还是书籍阅读,似乎都没有细致地考量过身体。晚清阅讲报所的大量存在,说明人们也许是通过声音的方式来接收报纸内容的。[①] 在中国共产党所组织的读报组中,以听觉的方式传播报纸内容,讲报、唱报、演报等是主导方式。反观目前的研究,阅读研究者对文本结构、语词内涵的精密分析本身就代表了德·塞托所说的那种客观化的、外在化的阅读方式,分析所用的是一种视觉、理性化的逻辑,却用来去推究一种听觉的,进而更多的是生成宗教性情感的阅读方式,难道不会误入歧途吗?也就是说,拿一个尺度(视觉的)去打量混杂的、多样的阅读接收方式是否有合理性,值得质疑。所以,我们急需多种视角、多种逻辑来观察阅读实践在近代的复杂、矛盾、多逻辑和多线索并峙的状况。

阅读当然也是在具体的空间中展开的。关于传统中国社会读书生活的描写,有焚香沐浴、正襟危坐的说法,而书房也被描绘成一个"规训之所",家中的男子被认为应当在这里度过白天的时光,认真阅读,撰写著作。但到明代中后期,伴随着商品化的浪潮,市镇经济的繁荣,阅读并不再是男子的特权,阅读也不仅仅发生在书房当中。即便是男性的书房,摆设布置上也有变化,比如李渔就将书房"设计成一个能让人进入文学和艺术创作境界的空间,能激发琴棋书画兴致的地方",而不是一个苦读道德经典,成就男性美德的地方。有些长三角的商人们的女性家眷则在家庭空间中专门为女性设置的活动空间(如闺房、露台)里阅读。白馥兰(Francesca Bray)说,当一个社会在发生改变时,其空间也在改变;同时,空间并非只是社会变化的表达,也是社会变化的推手和渠道。[②] 同样地,当我们要去观察阅读实践的变化时,一个有力的途径便是发掘阅

① 李斯颐.清末10年阅报讲报活动评析[J].新闻研究资料,1990(5):103-122.

② 白馥兰.技术、性别、历史:重新审视帝制中国的大转型[M].吴秀杰,白岚玲,译.南京:江苏人民出版社,2017:177.

读空间的变化。中国历史上阅读空间的一次重要变化，正巧发生在周绍荣所说的16世纪中期以后的书籍出版(指印本)大爆炸的时候，直到16世纪中期，而且仅限于江南地区，相对于手抄本，印本才在文化传播中占据绝对优势。印本数量的大幅增加，得益于应试书籍和某些应酬、娱乐之作(尤其是小说)数量的急速增长。不要说前述晚明作家李渔具有争议的小说风行一时，时人更是直言："士大夫率喜小说，古人解经之书多阁而不行。"①16世纪(或者说明代中后期)，或许是一个值得所有阅读研究者关注的时间点，在这一时间断面上，更加多样化、拥有不同发展逻辑的阅读实践彼此共存。我们当然能够发现那些所谓的传统阅读实践——反复诵读，手抄强记以加深对经典文本的理解；我们也可以发现，伴随着小说和戏剧的流行，伴随着可获取印本数量的激增，一种以赏玩的方式进行的阅读实践同样盛行。这种阅读具有较强的私人性，我们或许可从中探知到某种微妙而特别的阅读现代性。

如果阅读是一种实践活动，那么，这一过程还伴随着与自己、与他人的关系。同样是读书，自己独自读与和他人一起读不一样；共同阅读的人关系不同，阅读类型也不同。比如，即便都是读《圣经》，中世纪早期欧洲那种家人围坐在一起的阅读，社区成员共聚教堂的阅读，以及个体独处一室的阅读，各不相同。也就是说，"聚"之方式不同，人与读物之间的关系就不同。举个例子来说，笔者曾经关注过中华人民共和国成立初期的读报组。有研究读报组的文章认为中华人民共和国成立以后的读报组可追溯至梁启超的聚集同人办报评报。② 也有学者自然就联想起20世纪30年代的左派人士、具有中国共产党背景的报章所推崇的集体学习的形式。③ 但是，如果关注到组织形式的性质差异，这些群体读报的形式之间是否具有承袭关系，就值得质疑。事物之间并非总是延续的、有因果逻辑的，相同或相似的"名"之下，蕴藏着的也许是断裂和矛盾。正如福柯(Michel Foucault)所说："它(系谱学)必须对事件的反复出现保持敏感，但不是为了跟踪事件演进的渐进曲线，而是要将事件在其中扮演不同角色的场景隔离出来。"④这些不同的阅读实践，只有在研究者将焦点放置在作为媒介的阅读群体组织形式的各自不同特性之上时，它们之间作为类型的区别，才能显现出来。

① 周绍明. 书籍的社会史：中华帝国晚期的书籍与士人文化[M]. 何朝晖，译. 北京：北京大学出版社，2009：62.

② 王晓梅. 建国初党报领导下的"读报组"发展探析：以建国初《解放日报》"读报组"发展为基本脉络[J]. 新闻与传播研究，2010(6)：15-22，109.

③ 参见李伟. 国难教育和集体学习[J]. 读书月刊，1936(9)：394-400；冯兰瑞. 我与集体学习[J]. 青年生活，1939(6)：7；佚名. 在集体中生长[J]. 学习半月刊，1939(6)：132-135；佚名. 关于集体学习的问题[J]. 学习，1940(10)：238-240；佚名. 集体读书与思想运动[J]. 学习半月刊，1939(7)：1-7. 浏览这些文献可知，20世纪30年代"集体学习"之形式，只是让人坐在一起，并不强调思想与行动的统一，与中华人民共和国成立以后的读报有很大差别。

④ 福柯. 尼采・谱系学・历史学[M]//贺照田. 学术思想评论(第4辑). 沈阳：辽宁大学出版社，1998：380.

结语:阅读的现代性

无论如何,阅读研究始终在观察和审视阅读在前近代、近代正在发生的巨大变化,以及这种变化与人的存在方式、社会变迁的复杂关系。本文绝不是要否定这种关怀,只是质疑以文本分析为中心的阅读研究对上述问题的回答,即将新的文本、新的内容,归结为阅读实践重大变革的动因,由此而带来人的现代化以及社会变革。

研究者们其实难以回避也没有回避这样的问题,媒介视野的阅读史研究也将把这一问题作为核心问题之一:何谓中国阅读的现代性?既有思路对这一问题的回答是,经过阅读,文本所携带的现代概念、现代思想,被以各种变异的方式植入近代人的大脑,从而逐渐创造出现代主体和现代国家。如此说来,阅读只是印证一种僵化的、本质的、统一的现代性概念。

如果将阅读理解为一种实践,那么,从媒介的角度来看,文本的力量无疑是被裹挟在种种媒介(身体、阅读空间、文本的物质载体、人与人的关系等)之间的。由此,各式媒介与读者、文本等变量重组,从而形成了新型而多元的阅读实践秩序。如此展开的阅读研究中,阅读所呈现的现代性会呈现更多的歧义,更复杂,但却是经由阅读才能展现的现代性面貌。这样,媒介视野的阅读研究不再是印证阅读中发生的某种已经被指认的思维上的现代变化,也将使现代性的概念重现活力;阅读将会成为一个视野,以打开理解中国现代性的一个特定面向,这种面向不保证任何结果和终点,更多的可能是带来混乱和错综复杂,但却是阅读才能看到的现代性风景。

鲁迅先生说:“其实地上本没有路,走的人多了,也便成了路。”真正的媒介视野的阅读研究,如果有更多的人参与,或许会打开新局面。当然,无论要不要从媒介的视角进入,鲁迅的话都警示着我们,现成的路并不都是自然的,也不必然成为我们继续要走的理由,并且鼓励着我们,反思眼前所见之路的来源和预设、其所形成的特定风景对其他风景的遮蔽,以及有无新的可能性。

“关系”视野下的媒介史

——以晚清上海传教士与新式出版机构为例

◎ 骆世查*

摘要：作为一种具有独特性的历史书写，媒介史可以借由“关系”的视野开启思路。本文试图爬梳以关系作为研究架构或关注焦点的论著，以期呈现关系视野下的媒介史应从何展开，并立足于19世纪中叶上海新教传教士及其西式出版机构的经验个案，对较为切近的中西关系史予以反思。研究认为，从关系切入，意味着需要把握各式各样的中介机制以展开人和人、物和物、人与物、物质与观念、知识与实践等的关联面向。既有的中西关系史研究重在中西交往的史实内容，而轻忽关系本身的中介方式与条件。以晚清上海的经验为例，若将新式出版机构视为这样一种“中介”，即可考察它如何聚集并中介各种中西关系，进而如何勾连起“跨系统”的中西互动，这样的思路亦可使中西关系史的研究呈现出新的面貌。

关键词：关系；媒介；传教士；出版机构

作为一种历史，“媒介史”显然不能只是“媒介的历史”。借用日本学者吉见俊哉的表述，媒介的历史很容易被认为不过是“资讯设备”[①]的历史。如果关注媒介史的学人只负责诸如书信、报刊、广播、电视、电脑、手机等对象的历史研究，那根本就无须格外划出一条媒介史的独特边界，既有的物质文化研究就足以处理相关问题了。但若是不将媒介看成“对象”，而是将其视为一种“视野”，那么被研究的无论是不是资讯设备都无关宏旨了，重要的是当从媒介的角度看过去，历史呈现出了何种不一样的面貌，即“经由媒介的历史”。这里的“媒介”除了不可避免地会指涉某种物质对象之外，更重要的还在于那些以不一样的方式展开历史的各式“中介机制”。当然，这样一种思路也就预设了历史是由各类关系构成的，媒介即关系的中介，经由媒介的历史亦即不同关系何以被中介的历史。基于此，本文试图探讨的问题便是关系视野下的媒介史研究可以从哪些方面来展开，并立足于19世纪中叶上海新教传教士及其西式出版机构的经验个案对较为切近的中西关系史研究予以反思。

---

* 骆世查，四川大学文学与新闻学院讲师。

① 吉见俊哉. 媒介文化论：给媒介学习者的15讲[M]. 苏硕斌，译. 台北：群学出版有限公司，2009：2.

一、经由媒介的历史:作为视野的"关系"

若历史是由各类关系构成的,这也就意味着人与人、人与物、物质与精神、观念与实践等不同层面的交互关系成为我们认识历史的基础框架。职是之故,这样的"关系"就不是一个事实性概念,而是分析性概念,亦即通过对诸如此类二者或多者"关系"得以建立的各种条件及不同功能层面的中介方式加以把握,来作为展开分析的依据,而非把"关系"直接看成一种对象化的历史事实(historical facts)。

美国历史学者付茹墨(Yulia Frumer)在《制造时间》(*Making Time*)一书中就曾将"关系"作为分析框架,并且交替地使用了多种"关系"的表述,例如 association、relation、relationship、link、connection、network 等。换言之,这里的"关系"也可以被理解为各式各样的关联、联系、脉络、文化语境等。付茹墨为我们呈现的最重要的一个层面即"实践"与"观念"的关系。这是本书的主要线索,即讨论时间概念的形成与计时技术之间的关系,用作者的话说,就是使用中(in use)的时间概念,具体场景是自 16 世纪初欧洲的钟表设备进入江户时代的日本到 1873 年日本全面废除传统历法的这段历史。她所关注的具体问题包括外来的时间概念是怎样被用于日常生活、公共管理、空间测量、时间测量、地图制作、航海贸易、身份认同等领域的,如此便会发现所谓时间的本质完全就是和某种"使用"联结在一起的。她在这本书中想做的便是将抽象的研究对象,例如"时间"这一观念,关联到历史上具体的实践、想象以及人工制品上来,也就是透过人们如何使用时间来看历史社会的时间观念如何发生着变化。这里的"使用"便包含了前现代城市的时间管理、传统钟表的工艺制作、外来计时技术的本土化、时间测量、地图绘制、学校学会等机构的科研与教学、相关新书的引介、时钟机械的消费与欣赏等实践。因此,除了抽象概念与具体实践的关系之外,其中还涉及人与人之间的交往与承袭关系,以及附着在物与物的关系上的技术转移等问题。在这样的"关系"架构之下,作者便利用该书的第一至三章讨论了计时技术与社会的关系,第四至六章讨论的则是时间测量理念与人物交往和师承的关系。[①]

另一位历史学者马尔孔(Federico Marcon)在其关于日本早期现代环境史的研究架构中则使用了阿多诺(Theodor Adorno)的"非同一性关系"(nonidentity relation)概念,他在这里所指的是物质(material)与观念(conceptual)之间的非同一性关系,并且

---

① FRUMER Y. Making time: astronomical time measurement in Tokugawa Japan[M]. Chicago: University of Chicago Press, 2018.

历史情境中的具体"物质"总是具有超越既成"观念"的优先地位。通过这一核心概念，作者试图阐明的是：第一，任何知识都经过了某种关系的中介；第二，基于物质与观念的非同一性关系，知识带给我们的是对历史的一个更复杂精细且非还原式的理解；第三，它揭示了知识在历史与社会层面的情境性(situatedness)。总之，任何认知的过程都不是中立的，而是必然会同时影响认知主体、认知对象，以及涵盖他们的这个世界。基于此，作者认为日本早在现代之前的德川时代就已经开始了对自然环境的去神圣化，所依据的便是其本土学者进入日本原始地区对动植物所展开的调查，一方面将其总结分类到辞典或百科全书的条目上，另一方面也把它们作为自然对象进行搜集、分析、交易、展出，甚至作为认知的、审美的、娱乐的商品进行消费。由此，这一原本是源于中国药学分支的本草学，经过日本学者的科研调查、交往实践、社会网络、世代承袭等，逐步发展成一套真正属于日本的且包含众多实践、观念、理论和目标的学科领域。随着西方科学在日本明治时代的引入，这一本草学体系并没有消失，而是经过翻译和调适等中介行为被吸收到诸如植物学、动物学、生物学等新学科当中。①

诸如此类对人和人、物和物、人与物、物质与观念、知识与实践等关系的重视，在科技史领域可谓越来越普遍，事实上，对技术创新的社会关系网络的强调也被认为是历史学家研究技术与科学家做技术史研究的最大不同。② 这些趋势的一个共通之处便在于试图通过揭示上述关系中的"复杂性"和"情境性"，来规避那种认为历史事件依序发生，"现代进步"必然取代"传统落后"的简单判断。以在华西式出版机构的研究为例，诚然不见得一定要将其纳入"科技史"的范畴，但出版印刷毫无疑问也包含了很多技术层面的问题。此处是要强调其中的"关系"视角，即如何从不同维度的关系来研究技术的发明、转移、扩散、调和等。而这些观照本身就已经涉及中西关系的研究所应重视的方面。

事实上，近年来国内也出现了一些从"关系"切入的媒介史研究，例如黄旦提出报刊就是"交往关系"，而非承装内容的工具和容器，它代表和调节的是人与人之间的关系，因此我们需要关注不同的报刊究竟是什么不同的关系，其"共同的假定形式"是什么，来自何种"合法性"，这种关系与其对象之间有何种缠绕，与另一种关系又如何构成关联，此种关联由何种因素所激发，由此带来报刊的内容和形式的何种变化，等等。③孙玮则认为传播所编织的"关系网络"，在原初的意义上构成了人类社会的基础。在此

---

① MARCON F. The knowledge of nature and the nature of knowledge in early modern Japan[M]. Chicago：University of Chicago Press，2015.

② TESSA M S. The technological transformation of Japan：from the seventeenth to the twenty-first century[M]. Cambridge：Cambridge University Press，1994：8.

③ 黄旦. 报刊是一种交往关系：再谈报纸的"迷思"[J]. 安徽大学学报(哲学社会科学版)，2012，36(6)：96-100.

视野之下,“传播”的意涵可分为三个面向,一是技术层面的连接,二是社会层面的沟通,三是文化层面的共享。这为传播的概念加上了新的理论色彩,其三个面向也指向了新的传播实践。[①] 郭恩强则将清末的“新闻纸”看成一种“关系”,考察其在信息的连接传输、私人圈子的公共交往扩展,以及在两者基础上参与主体的意义共享与排斥等诸多层面的意义。[②] 那么,同样地,历史上的出版机构何尝不可从“关系”的角度来切入研究? 实际上,19 世纪中叶的新式出版机构背后正是中国与西方、新知与旧知、新人与旧人、新技术与旧技术、新机构与旧机构、新文化与旧文化的互动关系。所以,若把 19 世纪的西式出版机构作为研究对象,其就不只是传统向现代的转型、西学向东亚的传播、西方技术在中国的转移扩散等,而是诸多新旧要素共同在一个位置上的联调合并,并且由于中介方式不同而呈现出来不同的关系面貌。

总之,“关系”这一分析性概念本身就因其中的交互因素和中介方式的不同而有所不同。这一视角对 19 世纪的中西互动尤为重要,如果不将“关系”的复杂性和情境性揭示开来,便难以看到“中”与“西”之间具有差异化的相遇。由于鸦片战争和不平等条约的签订,中国的政治局面和领土格局发生了变化,中西关系从不固定的民间平等交往和“中高西低”的朝贡往来,逐渐转型为华洋杂处,甚至“西高中低”的不平等外交关系。这种转型中的半殖民因素为 19 世纪中叶以来的中西关系增加了一些特有的属性。

例如顾德曼(Bryna Goodman)的研究就强调了地方团体和关系网络在 19 世纪上海中西互动之间的中介地位。作者指出,尽管在鸦片战争之前上海就已经是商贸中心,但西方商人的到来使得上海的外来人口猛增,譬如跟随着欧洲人从广州到上海的买办、从福建和广东来的船夫和水手、从宁波来的商人以及从苏北来的移民等,这些新上海人缺乏共同的语言,口语沟通极为局限,因此很大程度上他们不得不倚靠会馆、公所、同乡会等。而这些地方团体的中介角色也在转变,从最初协办丧葬、节庆仪式、官司代理、解决纠纷、戏剧表演等关乎旅居者生活福祉的日常事务,到后来组织抵制活动、游行示威、群体暴动等将公众联结到城市乃至国家层面的动员活动,甚至有时候这些协会还在收税和维持社会秩序等问题上扮演沟通政府与大众的“准政府”角色。总之,这些地方团体不仅成为华人权利和殖民帝国强权之间的对抗关系的中介,还在维持地方秩序和参与外国当局的协商中起到重要的中介作用。[③]

史书美(Shu-mei Shih)的研究则指出中国文人在五四运动到二战前的一段时间

---

① 孙玮. 传播:编织关系网络——基于城市研究的分析[J]. 新闻大学,2013(3):1-12.

② 郭恩强. 作为关系的新闻纸:《申报》与晚清义赈[J]. 新闻与传播研究,2016,23(6):62-77,127.

③ GOODMAN B. Native place, city, and nation: regional networks and identities in Shanghai, 1853—1937[M]. Oakland: University of California Press, 1995.

里逐渐意识到自身处境，这一困境使得他们对来自日本的审美形式和来自西方的工业社会怀有一种又爱又恨的矛盾心态，这跟彻底被英国殖民的印度就大不相同。更有意思的是，她强调了“日本”在传递西方文化上的中介地位，以及作为一种形塑“中国现代性”的潜在力量。经过了明治维新的“现代日本”在中国知识界中扮演了重要的中介角色：首先，日本是亚洲唯一一个成功西化的国家，因此也就成为中国相应努力的主要借鉴；其次，日本也是诸如孙中山等民族主义者所认为的可以联合对抗西方帝国主义的泛亚洲主义同盟国；再者，日本自身又是觊觎中国领土的帝国主义列强；最后，通过翻译和其他文化生产形式，日本也是西方文学的重要中介。因此，中日之间的复杂关系实际上就打破了二元划分的中西关系。①

此外，戴沙迪(Alexander Des Forges)的研究也主张将上海小说放到中西关系中来看，他认为以上海故事及其呈现方式为中心的文学与视觉作品构筑了一个可供中西人士想象“何谓上海”的媒介圈。他还揭示了在罗马拼音中显示相同的两个中文词的作用：一方面，这是上海小说中各式各样区隔的“界”，其在上海城市空间的话语建构中扮演了重要角色；另一方面，上海小说又低估了“介”的作用，“介”既指连接了中西的买办、水手、商人、协会、文人等人物媒介，更指涉使得上海真正成为“东方巴黎”的中介之地。②

由此可见，自19世纪中叶开始转型的中西关系具有这样一些特性：首先，出于半殖民情境的社会格局，它本身需要各式各样的中介，例如某些人、某些地方、某些关系网络、某些组织协会等；其次，所谓的中西关系既是一种区隔，也是一种联结；最后，这样的中西关系又因汇集地的不同而呈现出不同的面貌，即中西关系在19世纪中叶口岸城市中的铺展是很不一样的。例如香港是被割让的殖民地，所以英帝国在中西交往上拥有明显的主动权，仅剩下清政府于1847年建成的九龙寨城，勉强用于监视英国、搜集情报、屯兵牵制、打击海盗、解决港岛与九龙两岸纠纷等。而宁波相较而言仍以中方为主导，且没有出现租界。上海则是三方共处共治，即由清政府、法租界、英美租界三方取代了此前中国单独管控的行政格局，依照芮哲非(Christopher Reed)的讲法，这种三方体系(Tripartite System)恰恰标志着中西关系的新阶段。③

应该说，在19世纪中叶以前，“中西关系”并不是一个问题。彼时的天朝观念中是

① SHIH S M. The lure of the modern: writing modernism in semicolonial China, 1917—1937[M]. Oakland: University of California Press, 2001: 4-5.

② FORGES A D. Mediasphere Shanghai: the aesthetics of cultural production[M]. Honolulu: University of Hawaii Press, 2007: 117.

③ REED C. Shanghai: from Chinese hub port to global treaty port (1730—1865)[M]//ARAN M, ELAINE M. Places of encounter: time, place, and connectivity in world history, Volume Two: Since 1500. New York: Westview Press, 2012: 151-170.

不存在所谓并列关系的"中"和"西"的。在史事层面,19 世纪以前,中外之间亦只有局部的、偶然的、零星的民间往来。是西方的坚船利炮将欧洲国家自《威斯特伐里亚公约》(1648)后逐渐成形的法理化民族国家层面上的"西"塞到了中外交通的图景之中。李鸿章在《复议制造轮船未可裁撤折》(1872)中称,彼时的中国正经历"三千余年一大变局"。晚清时期,中国在帝国列强的军事暴力和文化霸权之下被迫打开国门,"朝贡体系"和"公行贸易制度"被"条约体系"逐渐取代,"宗主国—藩属国"的世界秩序被打破,传统的"天下"被一步步拖入现代"民族国家"的全球格局当中,中国与西方各国的关系随着政治与战争的动荡被迫开始了转型。然而,这些"变局"与"转型"不只是产生于中西国家层面,同样也产生于民间。也就是说,它是经由日常生活、交往活动、商业贸易乃至知识生产等实践推动的。西方商人与新教传教士参与创办、经营的新式出版机构正是在 19 世纪中叶进入中国地方城市的。在缺乏稳固沟通机制的情况下,新式出版机构在当时是连接中西的屈指可数的新机构之一,在有些方面甚至是唯一的机构,比如中西人士合作生产、中西文化彼此参照、中西社群逐渐交融等面向。若是将目光聚焦在上海,"关系"的视野可以有助于我们考察在这样一种中西格局之下,以报馆、书馆等为中心的人际交往与生产活动何以被编织起来,并从新式出版机构的工作重点、运作机制、合作模式、生产方式等各个方面来把握沪上不同机构在中介方式上的独特功能与位置。

二、再论中西关系史:问题的提出

诚如上文所述,从关系的视角探讨 19 世纪以降新式报馆、书馆等的独特之处,其实是将出版机构视为中西关系的中介。当然,所谓中西关系史(包括中外交通史、海外交通史、中西文化交流史等)是一个备受关注的学术领域,但作为核心概念的"关系"却被既有研究中的两个倾向所遮蔽:一是用中西交往的具体"内容"替代"关系"本身,二是对"关系"不作类型学的划分。

早期如方豪先生所著《中西交通史》便只是对"关系"与 relation 或 intercourse 的对译匆匆作了交代,然后就用大量篇幅勾勒中西交通史的"内容",譬如"民族之迁徙与移殖;血统、语言、习俗之混合;宗教之传布;神话、寓言之流传;文字之借用;科学之交流;艺术之影响;著作之翻译;商货之交易;生物之移殖;海陆空之特殊旅行;和平之维系(使节之往返、条约之缔结等);和平之破坏(纠纷、争执与大小规模之战斗等)"①。不难看出,这里的"内容"其实也是中西交通史的研究"对象",涉及移民史、语言史、宗

---

① 方豪. 中西交通史[M]. 上海:上海人民出版社,2015:2.

教史、文化史、科技史、书籍史、经济史、军事史，等等。

这基本上也是后来学者的大致思路，例如沈福伟的《中西文化交流史》(1985)就是根据“内容”来架构的，像是中国和中亚、西亚乃至欧洲在经济、文化、宗教、技术、文学等方面的往来均在其中。[①] 李云泉的《中西文化关系史》中的文化关系内容大体也是无所不包、不言而喻的“双向的文化交流”。[②] 黄时鉴的《东西交流史论稿》亦明确将中外关系史的“内容”定为：国家或民族之间的关系；民族或人民的迁徙和交融(人种、语言、习俗等)；中外通道的开辟和交通的方式；经济与物质生活方式的交流，生物的传播；文化与精神生活方式的交流(语文、传说、宗教、思想、科技、艺术、文学等)。[③] 龚缨晏等的《中西关系史专题研究》对“中西”和“关系”不作界定，而是凭借学者个人判断直接开始了对海外航行、语言研究、历算之学、地理志略等个案内容的讨论。[④] 美国人马士(Hosea Ballou Morse)所著《中华帝国对外关系史》中的“关系”则指的是外国(人)在“政治上和商业上同中国发生接触”。[⑤] 这种界定又过于常识化，主要针对的还是编年史的制作。张国刚和吴莉苇在《中西文化关系史》中提出：“中西文化关系史，不是中国与中亚、南亚、西亚、北非和欧洲关系史的总和，而是中国文化与异域文明认识、交往和对话的历史，是中国文化与其他文化对话的历史。”[⑥]但“认识、交往和对话”仍不过是某种经过选择后的“内容”，我们看不到中西关系中的交往对话究竟有何独特之处。关键是，这些动态的“交往”究竟是如何可能的，又何以在不同的关系中呈现出区别来？这些问题在既有关系史研究中被关注得太少了。

应该说，这些“关系史”所研究的其实是过去中西交往中的史实内容，好比文化交流的史实、政商接触的史实、技术转移的史实等，论述重点往往是中外关系在不同的历史阶段发生了什么，具有什么特征，与不同的对象交往时又有何差异，等等。这一倾向在一定程度上的确能够呈现出中西交往的丰富性，但另一方面也就将“关系”泛化了，毕竟从全球化的角度来看，又有什么内容不可以是中西交往所关涉的范畴呢？与“内容”倾向紧密相关的就是中西关系研究中对类型的混淆，或许正是由于中外交往被诠释为无所不包，诸如夷夏关系、政商关系、文化关系、外交关系、条约关系、对外关系等概念常常颇为笼统地出现在中西关系这把大伞之下。根据李育民的研究，所谓条约关系，是国际法主体之

---

① 沈福伟. 中西文化交流史[M]. 上海：上海人民出版社，1985.

② 李云泉. 中西文化关系史[M]. 济南：泰山出版社，1997：2.

③ 黄时鉴. 东西交流史论稿[M]. 上海：上海古籍出版社，1998：2.

④ 龚缨晏，等. 西方人东来之后：地理大发现后的中西关系史专题研究[M]. 杭州：浙江大学出版社，2006.

⑤ 马士. 中华帝国对外关系史(第一卷)：一八三四——一八六零年冲突时期[M]. 张汇文，章巽，倪征燠，等译. 北京：商务印书馆，1963：65.

⑥ 张国刚，吴莉苇. 中西文化关系史[M]. 北京：高等教育出版社，2006：6.

间以条约这一法律形式表现出来的一种国际关系。[①] 而通常所说的外交关系，则是指国家互相在对方首都设立使馆并通过它们进行交往的关系。[②] 仅就这两类关系来说，其都是在19世纪中叶的中国才出现的新事物，如何能与其他关系混为一谈？当然，同样值得强调的是，笔者绝非对考辨史实及其背后牵连的政治文化框架这一做法本身有任何批评，而是强调从中西交往的内容与方式的区别切入可以来探讨一些新的东西。

面对上述情况，吴义雄与段怀清的研究是有新意的。前者通过“报刊”来考察中西关系，着重探讨“报刊”及其所塑造的舆论在19世纪20年代到40年代中西关系演变过程中的角色。[③] 后者通过19世纪的在华传教士和中国口岸文人，以及他们创办、参与、交谊的书馆、书院、报馆、翻译馆、同文馆等“组织机构”或“中西文人群落”来考察中西关系。[④] 具体而言，段怀清集中将19世纪的在华传教士和中国口岸文人，以及他们创办、参与、交谊的书馆、书院、报馆、翻译馆、同文馆等组织机构结合起来分析，在某种程度上也是将作为媒介的“人”放到物质的组织层面来讨论，即透过中西方文人借由新机构的跨文化交流互动，来看他们文化身份的自我认同与超越。[⑤] 他们的新意在于转变了问题的提法，将目光从中西交通的“内容”转到了“传播中介”上来。

与其说一种关系当然有别于其赖以成立的史实内容，毋宁说，在中外的交流互动当中，恰恰是中介的不同，改变了交往活动、塑造了中西之间的新关系。正如波斯特(Mark Poster)所言，当前的构型(configuration)必然是对早期发展阶段的总体化建构，即人们必定会在“现时”情境中看到“早期”的发展。[⑥] 现时的新媒介技术是如何改变社会交往与全球互动的，那么，早期的中西关系也就如何被不同的传播中介所牵动。于是，这也就进一步要求我们探究不同维度的中西关系到底在什么样的机制和中介方式下成为可能。美国学者贝奈特(Adrian A. Bennett)亦谈到19世纪中华帝国和西方世界之间的文化交流，他所关心的问题是，中国和西方的种种接触和在中国最终形成的改良及革命运动之间有什么联系？西方对中国近代转型的具体贡献又是什么？[⑦] 这是中外交通研究里很常见的问题意识，在此基础上，本文希望进一步追问，这些联系是如何发生的，中西之间不同方式的接触是否使得这些关系本身又存在着差异。

---

① 李育民. 晚清中外条约关系研究[M]. 北京：法律出版社，2018：2.

② 李育民. 晚清中外条约关系研究[M]. 北京：法律出版社，2018：26-27.

③ 吴义雄. 在华英文报刊与近代早期的中西关系[M]. 北京：社会科学文献出版社，2012：5.

④ 段怀清. 传教士与晚清口岸文人[M]. 广州：广东人民出版社，2007：24.

⑤ 段怀清. 传教士与晚清口岸文人[M]. 广州：广东人民出版社，2007：33.

⑥ POSTER M. The mode of information：poststructuralism and social context[M]. Chicago：University of Chicago Press，1990：6.

⑦ 贝奈特. 传教士新闻工作者在中国：林乐知和他的杂志(1860—1883)[M]. 金莹，译. 桂林：广西师范大学出版社，2014：1.

三、晚清上海的经验：新教传教士与西式出版机构

1840年或许是一个考察中西关系的“关键时刻”，除了鸦片战争，19世纪前后还有很多别的重要时刻，例如新大陆粮食作物的引进（16—17世纪）、移民西迁与苗族起义（18—19世纪）、平定中亚与清军变化（18世纪中叶）、马戛尔尼访华（18世纪末）、漕运体系的衰微（19世纪中叶）等，但战争和条约这样的强制方式所打开的是一段急剧变化的中西关系。如果说16世纪以前的中西关系只是“偶然的、纯商业性的交往”，至19世纪中叶以前，“中西之间才在经济、政治、军事、文化等方面有了广泛的接触和反复的较量”。[①] 或如黄一农的判断：“鸦片战争前，中西文明的接触只停留在沿海少数港口的单纯商业行为。”[②]那么鸦片战争之后，这种“接触”和“较量”则是在中西互动过程中，通过摸索渠道、寻求机制、建立规则来延续和过渡的。这从英国人代管中国海关一例中便可窥得究竟。例如有研究就驳斥了传统的认为1854年英、美、法三国驻上海领事趁小刀会起义之乱干涉中国海关行政以实现帝国主义侵略的观点，毕竟任凭清政府关税制度崩溃似乎才更符合列强的“强盗”逻辑。但事实上，英国的真正目的是要在通商口岸建立一种符合其利益的“法治”。清政府丧失的也不仅是海关主权，更重要的是“自身发展新的贸易管理方式的机制”[③]。

诚然，1840年作为近代分期的界线已受到诸多诟病[④]，但这里是强调它在法规机制上作为迈向新型中西关系的起步，不同于政治精英或全国民众对鸦片战争的认知。对传教士来讲，的确是在此之后，西式出版机构的正式引入方成为可能。第一次鸦片战争之后，广州体制（the Canton System）随之终结，条约体系下的通商口岸成为“百废待兴”的中间地带，中西之间的互动往来也缺乏稳固的机制。紧接着，1850年，拜上帝会首领洪秀全起义反清，建立太平天国。1853年，小刀会起义。1856年，第二次鸦片战争爆发。内外战事延烧到19世纪60年代。动荡的局势使得清政府在19世纪中叶触到了“道光萧条”的谷底。依照芮玛丽（Mary Clabaugh Wright）的讲法，19世纪50年代咸丰年间的衰败与19世纪60年代同治中兴之间的反差又是极其明显的。[⑤] 在她的解释框架下，受到最多关注的“洋务”举措其实只是“中兴”之法的一部分，所谓

---

① 萧致治，杨卫东．鸦片战争前中西关系纪事（1517—1840）[M]．武汉：湖北人民出版社，1986：2．

② 黄一农．两头蛇：明末清初的第一代天主教徒[M]．上海：上海古籍出版社，2015：470．

③ 王立诚．英国与近代中外贸易“法治”的建立[J]．历史研究，2001(2)：69-82，189-190．

④ 朱维铮．重读近代史[M]．上海：中西书局，2010：5-7．

⑤ 芮玛丽．同治中兴：中国保守主义的最后抵抗（1862—1874）[M]．房德邻，等译．北京：中国社会科学出版社，2002：9．

“中国保守主义的最后抵抗”便是清廷在儒家“经世”的思想脉络下恢复文官政府、改善吏治、广开言路、恢复经济、镇压叛乱，以及外交体制的近代化等。催生这些政府和政策层面举措的便是第二次鸦片战争，事实上诉求“修约”与“公使驻京”等机制也正是引起这次战争的部分重要原因。从恭亲王奕䜣等一班重臣的“综计天下大局”来看，在北京城破之际，清政府终归还是明白了当前局势：西方人“并不利我土地人民”，而是为了通商逐利而来。在这种“新认识”的基础上，清政府才一改国策，面对西方人，“外敦信睦”，并“隐示羁縻”，进而联合“夷狄”，以对抗“心腹之害”太平天国。[①] 嗣后，才有一系列以协商建立中西交往“机制”为中心的新政策。因此，在过渡到真正成形的条约体制之前，19 世纪中叶的两次鸦片战争之间，其实是开始创建一种新型中西关系的波荡期，而西方商人与传教士借由新机构的出版活动恰恰起到了居间调节的作用。

美国汉学家何伟亚(James Louis Hevia)为这种新型中西关系的创建过程找到一个精练的说法，即“19 世纪中国的帝国主义教程”。由此便不难想见，从“宗藩关系”的构想转到“师生关系”的观念震荡，尤其是考虑到儒学经典一直是朝贡体制的思想基础，而西方国家以一套国际法的逻辑试图将其替换掉，那么所谓的观念震荡就绝非夸张。严格说来，这里指的是“新帝国主义教程”，也就是“新的交通、通信和军事技术与欧洲的工业化、城市化和扩张的资本主义史无前例的结合”[②]。这样的教程包括“新的信息保存和档案管理”“大规模的绘制地图和土地勘测工作”“信息的聚集和地图的绘制”“翻译工程”“制造出一个高速的网络式界面”等，[③]甚至包括“条约体系”本身。正是通过这些中介行为(各种“教程”)，以英国为首的帝国列强实际上是把中国推进了“国际大家庭”。这些教程的实施当然有赖于组织机构的运作，要从事这样的研究工作，我们就得“把关注点转向一些新机构”[④]，例如洋行、工部局、公董局、宣教站、海关、邮政、铁路、电报、制造局，也包括在华实用知识传播会、同文书会、基督教青年会、商业银行、贸易商号、皇家亚细亚文会等，它们“都以自己的方式重构中国真实，并且把由此产生的新形式与全球网络联系起来”[⑤]。

---

① 奕䜣. 请设总理衙门等事酌拟章程六条折[M]//戴逸. 中国近代史通鉴(1840—1949)第三卷. 北京：红旗出版社，1997：299-301.

② 何伟亚. 英国的课业：19 世纪中国的帝国主义教程[M]. 刘天路，邓红风，译. 北京：社会科学文献出版社，2017：13.

③ 何伟亚. 英国的课业：19 世纪中国的帝国主义教程[M]. 刘天路，邓红风，译. 北京：社会科学文献出版社，2017：23.

④ 何伟亚. 英国的课业：19 世纪中国的帝国主义教程[M]. 刘天路，邓红风，译. 北京：社会科学文献出版社，2017：9.

⑤ 何伟亚. 英国的课业：19 世纪中国的帝国主义教程[M]. 刘天路，邓红风，译. 北京：社会科学文献出版社，2017：156.

正如德国历史学家奥斯特哈默(Jürgen Osterhammel)所言:"19 世纪的意义是超乎寻常的,甚至与 18 世纪相比也迥然两样。其表述的形式与机制大多源自 19 世纪自身的发明:博物馆,国家档案馆,国家图书馆,摄影,社会统计学,电影,等等。19 世纪是一个系统化记忆的时代。"[①]一方面,这些"新发明"实际上也指涉"新机构";另一方面,如果一定要为这些"新机构"在晚清帝国的版图上寻一个嚆矢,那便是由传教士主持或积极参与的新式出版机构,因为它们为后续中西交往中的"表述形式与机制"提供了必不可少的语言、文化、媒介、技术、人脉等基础的系统化条件。而这些新机构几乎都围绕着沿海口岸铺展开来,因此,"19 世纪的口岸"在这个意义上是新型中西关系的关键时刻与关键地点。所谓的"新型"也正是在这种寻求中西之间制度化交流的过程中逐步达成的,不再是从前"单兵作战"的修士或个别商人等的做法,也不再是非法的、非官方的或地下的活动了。

熊月之曾将西学东渐分为四个阶段,1843 年至 1860 年属于第二阶段。19 世纪中叶的"第二阶段"具有某种过渡性质:从民间自发交流到政府全面、有效介入之前的过渡。[②]仅以中国近代史上第一个不平等条约《南京条约》为例,中英双方政府在这方面的"交往"几乎可以说是牛头不对马嘴。首先,这是一个从谈判到签约只历三周的法律协定,中方代表无一人懂英文,而英方代表璞鼎查不懂中文,文本语言全靠只有初级外语水平的华人买办和外国传教士子女翻译,条约的内容小到书写格式和遣词造句,大到地名国名,基本法律概念,入城条约权利,中外官职与职级、职衔等,无不充斥着错译、误译、增译、漏译。[③] 所以,从"有条约"到"条约体系"的建成也是需要过渡时间的。事实上,在条约内容的具体操作上也确实如此,例如费正清(John King Fairbank)就发现,"当涉及内陆转口税时,条约规定此类税额'只可按估价则例若干,每两加税不过某分',可是由于缺乏情报资料,这种百分率最后在条约条款中仍付之阙如。不出所料,英国人根本不能杜绝在商埠以外对他们的货物随地课税。'自由贸易'还是无法强加给中华帝国。"[④]这一情况直到《南京条约》之后八年多也未见明显转变,彼时就有读者投书给《北华捷报》称,本以为第一次鸦片战争后可以带来商业贸易额的大幅提升,但事实远非如此。[⑤] 可见,在此背景之下的中外交往似乎心有余而力不足,中西在中央和地方、政府和民间、政治和经济等层面的互动显然是不在同一个频道上的,从国家层面的"条约"到地方上的运行铺展还欠缺一个合适、稳固的机制。更重要的是,"条约"本身就是一个西方事物,中国不仅对条约

---

① 奥斯特哈默. 世界的演变:19 世纪史[M]. 强朝晖,刘风,译. 北京:社会科学文献出版社,2016:18.

② 熊月之. 西学东渐与晚清社会[M]. 上海:上海人民出版社,1994:8.

③ 屈文生.《南京条约》的重译与研究[J]. 中国翻译,2014,35(3):41-48.

④ 费正清. 条约制度的形成[M]//费正清,刘广京. 剑桥中国晚清史:1800—1911 年(上卷). 中国社会科学院历史研究所编译室,译. 北京:中国社会科学出版社,1985:213.

⑤ No title[N]. The North-China Herald,1850-8-24(3).

背后的国际外交惯例缺乏认识,而且本应代表中方的晚清高级官员还成了某种扭曲错位的中介。根据邓嗣禹对亲历者《张喜日记》的研究,我们可以清楚地看到在南京的清政府高官对英国人是俱实以告、无所保留,反倒对道光皇帝刻意隐瞒、文过饰非。[①] 这让本就障碍重重的中西交往更添一道迷雾。

如此看来,清政府自身并非铁板一块,因此鸦片战争刚结束后政府官员的介入与后来如洋务运动时期清政府全面主动的介入是完全不同的,而 19 世纪中叶实际参与中西交往的大臣官员们心中所想的也只是帝国颜面,并将这些外交事务仅仅视为快速解决争端的"权宜之计"。毕竟,中国直到 1861 年才在外国列强的要求之下设立了正式的外交机构——总理衙门。但它事实上也不能算是一个正规的政府部门,并且它没有正式的官品和编制。坂野正高(Banno Masataka)在《总理衙门的起源》一书中展示了 1858 年到 1861 年间中国与四个西方国家就《北京条约》和《天津条约》的复杂协商过程,其中尤为重要的便是被作者称为"亲王理事会"(Council of Princes)的非官方组织。这一临时组织发展到 1860 年 9 月时,"主和派"恭亲王奕䜣被任命为全权钦差大臣,在他与英方代表的协商过程中才形成了某种非官方的秘书处,这就是坂野正高所理解的总理衙门的起源,它一直到 1901 年才被外务部取而代之。[②] 总之,这里对中西交往方式和渠道的回顾试图说明的是,19 世纪中叶的二三十年是中国门户洞开,却缺乏稳定机制调解中西关系的一段时间。而由新教传教士介入的西式出版机构,则是此间,也几乎是唯一的中西人士都可以依托的"新机构"。正是新式出版机构在 19 世纪中叶的通商口岸这一过渡性的时空体中扮演了联结中西的过渡性角色。

此时的西人进入中国不只是为了满足少数人的暂时性目的,19 世纪初以来,西方需要进一步谋求在华的商业、传教、政治利益。[③] 问题只是如何实现进一步全面、长期、稳定的中西交往。在"闭关禁教"的大环境下,中西往来的诉求与现实环境之间的张力越来越大。[④] 中西沟通所需的知识、文化、语言、制度、技术、情报、物质基础等方面的条件和机制都还有所欠缺。这一背景在客观上为西方商人与新教传教士的"合作"提供了契机,前者不仅为后者提供了来华交通工具,而且还以工作的方式提供了身份掩护,当然后者也为前者在中国各城市的打探提供了语言、医疗等知识与技术方面

---

① TENG S Y. Chang Hsi and the treaty of Nanking,1842[M]. Chicago:University of Chicago Press,1944:14.

② MASATAKA B. China and the West,1858—1861:the origins of the Tsungli Yamen[M]. Cambridge:Harvard University Press,1964.

③ 苏精. 马礼逊与中文印刷出版[M]. 台北:台湾学生书局,2000:6.

④ 在洪仁辉事件之后,两广总督李侍尧就奏定了所谓的"防范外夷五事",而在马礼逊抵华两年后(1809 年),两广总督百龄又奏准了"民夷交易章程",加强了对外国人在华居留的限制。参见王之春. 清朝柔远记[M]. 赵春晨,点校. 北京:中华书局,1989:110,160.

的协助。问题的一方面是这一切到底由怎样的因缘际会所促成，而另一方面，商人与传教士的合作也产生了一些社群化的后果，这样的合作延续到了五口通商之后，尤其是他们在口岸城市兴起各式各样的“新机构”之后。应该说，经由西式出版机构的新教传教士中介活动当然与此前经由官派远洋航海船队、倭寇、海盗、殖民军队、探险家、域外商人、到访使团、朝贡使节、耶稣会士等的中西交通大为不同。

但不能说因为主体不同，所以交往活动自然不同。摒弃正确的废话，这里真正的重点在于中西交通的条件与方式发生了变化。诚然，针对晚清上海新教传教士的中介活动这一论题，在当前的出版史研究和传教士研究中已有非常丰硕的成果，但从中介方式的角度来考察中西关系的研究却付之阙如。开放口岸通商后抵达沪上的外来人士中最主要的就是西方商人与传教士，而在 19 世纪 40 年代至 60 年代上海的新式出版机构中最重要的就是北华捷报馆与墨海书馆，它们分别代表了前面两股势力。而中国传统的官刻、私刻、坊刻①，乃至寺刻、院刻②，在沟通中西的领域中也都暂时失效，于是 19 世纪中叶的新式书馆与报刊就显得尤其重要。可是，既有出版史的研究往往以出版物与出版印刷活动为中心，报刊史领域对《北华捷报》的专门性研究又比较有限③，传教士研究则多从个人活动及知识贡献来作讨论，应该说，现有成果还不足以让我们了解这些新式出版机构作为一种中介方式为新教传教士在 19 世纪中西交往中所扮演的角色提供了怎样的条件与机制。

值得强调的是，如何将出版机构视作中介方式切入研究仍是个问题。“从出版机构切入”并不等于“出版史研究”。有学者认为，中国出版史就是“以中国历史上的出版活动为研究对象的一门专史”④。另有学者指出：“出版史的范围大致是历史上书籍传播过程与这一过程中出现的重要人物、重要事件以及影响和制约书籍传播的社会历史

① 叶德辉. 书林清话 书林余话[M]. 长沙：岳麓书社，1999.

② 万安伦，翟钦奇，周杨. 论宋代书院刻书的风貌、特色、价值与启示[J]. 出版发行研究，2019(11)：106-111.

③ 针对《北华捷报》，目前至少在中文学界还未看到相关研究专著，书籍方面主要以编译资料为主，参见上海社会科学院历史研究. 太平军在上海：《北华捷报》选译[M]. 上海：上海人民出版社，1983；温州市档案局.《北华捷报》温州史料编译(两卷)[M]. 北京：社会科学文献出版社，2018；上海市地方志办公室. 上海年鉴(1854)(全二册)[M]. 上海：上海书店，2019. 此外，以《北华捷报》为主题的学位论文也并不多，仅有的几篇都对报刊的立场问题尤为关注。基本上，既有学位论文是直接将该报上的报道文本拿来讨论军事、外交、学术生产等问题，对该报本身的展开脉络着墨不多。近年来，持续关注《北华捷报》的还有中国社会科学院近代史研究所的李珊，她的论文的贡献在于着重讨论了中国人在这份英文报刊上所发表的文章。除此之外，葛思恩、马光仁等学者在论文和专书章节中也对《北华捷报》的办报历史有过介绍。参见李珊.《北华捷报》上的中国投书人——国民革命时期民族主义的对外表达[J]. 近代史研究，2018(4)：26-43，160；李珊. 晚清时期《北华捷报》上的中国声音[J]. 近代史研究，2015(5)：97-116；葛思恩. 北华捷报集团的报刊——上海近代报刊史的最早一页[J]. 新闻研究资料，1989(4)：138-148，162；马光仁. 上海新闻史(1850—1949)：修订版[M]. 上海：复旦大学出版社，2014.

④ 肖东发，袁逸. 二十世纪中国出版史研究鸟瞰[J]. 北京大学学报(哲学社会科学版)，1999(2)：125-134，158.

环境。"[1]按照这一界说,出版机构所生产的书、报、刊与广播、电视、手机一样,不过是各种资讯设备的累加而已。[2] 所以笔者更倾向于德布雷(Régis Debray)对"中介化"(médiation)的理解。德布雷的中介(médium)不是一个或一系列物品,而是"一个位置和一个功能"[3]。"这个中介,或者说使两者发生关系的第三者,如果没有这个作为第三者的中介,这种关系就不会存在。"[4]换言之,从出版机构切入,就是试图将其放到中西关系赖以建立的一系列中介化实践当中。

此外,德布雷也将这里的关系称为"功能性关系"(functional correlations),而通过各种中介方式所形成的功能性关系又可以分为系统内(intrasystème)、系统间(intersystème)和跨系统(transsystèmes)三个领域。[5] 若是在德布雷的意义上将新式出版机构视为这样一种"中介",即可考察它如何聚集并"中介"各种中西关系,进而如何勾连起"跨系统"的中西互动,尤其是西人与中国文人的合作和交往,及其互动方式的潜在文化影响,乃至出版机构的知识生产对生活的嵌入,报馆、书馆、印刷所的运作机制、生产方式与周边城市的关系等,从中揭示 19 世纪中叶的新式出版机构在中西文化碰撞和中国社会现代转型中的位置及意义。

总体来看,将出版机构视作中西关系的中介至少意味着三点。首先,在此视角下,出版机构的历史所指的不止是出版活动及其历史情境,更关键的是它作为一个功能性位置所仰赖的诸种中介行为,以及中介行为所关涉的"双重身份"的媒介意涵。[6] 再者,不同出版机构的差异,主要不在于出版活动的体量、规模、质量、类型、风格、策略、历史条件等因素的差异,更为重要的是因为中介行为的不同而凸显出来的各具特性的功能性位置的差异,问题的焦点不在于指出是什么起到了中介的作用,或是什么最终

---

① 林穗芳.有关出版史研究的几个问题[J].出版史料,2003(2):102-112.

② 吉见俊哉.媒介文化论:给媒介学习者的 15 讲[M].苏硕斌,译.台北:群学出版有限公司,2009:2.

③ 德布雷.媒介学引论[M].刘文玲,译.北京:中国传媒大学出版社,2013:129.

④ 德布雷.媒介学引论[M].刘文玲,译.北京:中国传媒大学出版社,2013:122.

⑤ REGIS D. Qu'est-ce que la médiologie? [J/OL]. MARTIN I. trans. Le Monde Diplomatique,1999(8)[1999-08-01]. http://faculty.georgetown.edu/irvinem/theory/Debray—What_is_Mediology.html.

⑥ 德布雷的媒介/中介(médium)具有双重身份,即组织的物质层面(organized matter,OM)和物质的组织层面(materialized organization,MO)。在处理德布雷的"传递"(transmission)问题时,必须同时考虑这两个层面。OM 指的是具有传播工具性的一些物,既可以是具体可感的物质,也可以是抽象的事物。德布雷曾列举出 OM 的四个方面:一是符号模式(semiotic mode),如文本的、图像的、听觉的;二是扩散形式(form of distribution),如线性的、放射状的、互联的、网络的;三是物理载体(material base),如石块、羊皮纸、磁带、胶卷、光盘;四是流通方式(means of transportation),如基于道路、交通工具、基础设施、工业体系等的人和讯息的流通。而 MO 便是使这些 OM 运转起来的机制,例如工会、政党、俱乐部、出版社、学校、监狱、图书馆等机构的运转。若将两者结合起来就可以呈现出"传递"的真正面貌,这意味着为"统筹安排"加上某种"战略",为某种"实践"加上"技术"支撑。参见 REGIS D. Transmitting culture[M]. ERIC R,trans. New York:Columbia University Press,2004:12.

成为某种中介,而是充满不确定性和差异性的动态中介过程是如何成为可能的。一份报纸、一个机构、一类人物、一个团体、一个地方、一个国家等都可以是中介,但这是需要透过其作为中介位置的种种方式与机制来加以佐证的。最后,德布雷的媒介学(Médiologie)作为媒介史的可能性之一,在处理 19 世纪中西关系上的传递问题时,相较于以“人”为中心,从机构(institution)切入,并以其中介位置为中心恐怕也是一个更有针对性的做法。① 概言之,这样一种视角力图把传教士在华的一系列活动放到交往关系当中,更准确地说,是放到作为中介化实践的出版机构的运转当中来考察。

---

① 德布雷特意区分了 communication 和 transmission,前者指的是“说什么,对谁说,以什么方式,起到什么效果”,后者指的是“那些在运输传递过程中的东西会变成什么样,如何变化,通过哪儿变化,有什么变化”。就 communication 而言,“人”是非常关键的传播者和接收者,贯穿始终。就 transmission 而言,促发变化的中介行为是关键,而这一中介行为是需要“设备+机构”,也即 OM+MO 来启动的。因此,这里绝非忽视甚至轻视人物方面的研究,只是从研究视角上来看,与出版史、技术史、中外交通史等惯常以人物活动串联起一个故事的做法有所不同,媒介学是要把包括人物在内的诸多媒介共同放到一个中介行为的位置上,看它们如何铺展开来,而这种故事离不开机构的调解运作。参见德布雷. 媒介学引论[M]. 刘文玲,译. 北京:中国传媒大学出版社,2013:32.

“表情包”:对数字时代传播研究范式的思考
——以“帝吧出征”为例

◎ 张田*

摘要:本文以“帝吧出征”活动中“表情包”的相关研究作为个案研究,说明现有研究框架对此次活动的解释力有限。文章进一步用行动者网络理论重新看待“帝吧出征”中的“表情包”,提出研究应打破物/我二分的现代主义表征关系,将技术(非人化物)看作主动的“行动者”,并认识到媒介技术是人机融合的数字时代传播研究中不可忽视的维度。

关键词:“帝吧出征”;“表情包”;网络民族主义;行动者网络理论;媒介技术

“什么在嗞嗞响?”麦克卢汉在20世纪60年代问道。为了突出这噪音的剧烈,他特意将象声词“嗞嗞”(buzzing)拼写为“buzzzzzzzzzzzzzzzzzzzzzzzzzzzzzzzzzzzzzing”①。这声响来自从“摇篮到坟墓”暴君般监视着我们的电子媒介,也来自让我们织在一起的新媒介环境,以及酝酿着的社会变革。但显然,无论这声响是否要拖出一整页的“滋滋”,它似乎都被淹没在了日常的各种声响中,也未惊醒媒介研究者——麦氏已被冠上“技术决定论”的大帽被冷落在一旁。这也全非来自研究者的偏见,麦氏的话如同巫师的呓语,即使有着深刻洞见,又如何在研究中一一验证?

在当下人类和机械共同交织和融合的时代,如果重新阅读麦氏,便会发现那“滋滋”声别有意味——传播研究中最易被忽视的正是媒介技术本身。下文以“帝吧出征”活动中“表情包”研究存在的问题来论述这一问题:若仍秉持“人本位”(anthropocentric)的研究思路,忽略了媒介技术的参与,将其作为背景而不论其能动性,那么得到的结论将如同对那满页的“滋滋”声充耳不闻,削弱了研究的解释力。

一、“帝吧出征”活动中“表情包”相关研究存在的问题分析

“表情包”虽在日常生活中使用已久,但在研究领域中,关注“表情包”的转折期在

---

* 张田,复旦大学新闻学院2019级传播学博士生。

① MCLUHAN M. The medium is the massage[M]. California:Gingko Press,1967:12.

2016 年。[①] 这年年初的一场网络群体性活动让"表情包"成为焦点：2016 年 1 月 20 日，包括百度"李毅吧"（又称"帝吧"）、天涯、豆瓣、果壳、知乎等网络社区，以及 B 站、斗鱼、熊猫等直播平台在内的网友从晚 7 时开始，参与了一场被称为"帝吧出征"的活动。"出征"意指网友通过使用 VPN 等技术工具，在同一时间大量地聚集在境外社交媒体 Facebook 上，发帖表达自己反对"台湾独立"的立场。

"表情包"在"出征"活动中首次出现：参与"帝吧出征"的网友以网络中"二次元"的视频或图片为素材，配以文字，制成图文结合的"表情包"图像，并将它们如同文本内容一般，批量发送到上述社交媒体的台湾地区媒体和领导人个人主页的评论区中。[②] 这样的举动和规模在历来的网络群体性活动中闻所未闻。由此，这次活动也被称为"表情包大战"[③]。在 2016 年"出征元年"之后，以"帝吧出征"为"旗号"的类似网络群体性活动又延伸了几起。如在 2019 年 9 月 30 日晚，"帝吧"等网友宣称再次"出征"外网，开展"民间外交计划"，"为祖国庆生"[④]。

"帝吧出征"活动中的"表情包"也吸引了研究者的目光。如《国际新闻界》特别举办了"帝吧出征与网络民族主义研究"工作坊，并在 2016 年 11 月的期刊中推出了一组专题论文，特别对此进行了分析。时隔三年，针对 2019 年 6 月以来的香港修例风波，因"帝吧""饭圈"等网友在网络中与"表情包大战"的口号和行为"遥相呼应"[⑤]，这组论文重新获得关注[⑥]。

总体而言，相关研究者从两个角度对"帝吧出征"中的"表情包"进行了解读：一是在"网络民族主义"框架下，将"表情包"作为象征符号，研究其在政治参与动员、民族主

---

① 以中国知网中"表情包"词条下所搜索到的论文数量为例，相较于 2015 年的个位数的文献（共 7 篇，尽管在具体显示中发表日期囊括了其他年份的发表物，如 2016 年，但本文不去深究中国知网的统计机制，仅以一级显示信息为准），2016 年相关话题的文献为 104 篇，同比增长了近百倍。

② 有学者称由于蔡英文 Facebook 主页在活动开始前就关闭了"图片评论"功能，因此现今所看到的"表情包"图片大多是网友内部制作并分享到国内网站的零星碎片，这一点否认了"表情包"，如新闻报道所称的，在 Facebook 中大量传播的情况（杨国斌，2016）。但由于网友所涌向的并不只有蔡英文一人的主页，还有台湾地区媒体以及群组的讨论，"表情包"不仅作为活动中的一项，专门由部分参与者负责制作（刘国强，2016），还作为一种文本在活动中传播（如"共青团中央"官方微博于 2016 年 1 月 23 日 23 时 38 分享此次活动图片显示，在"帝吧大军根据地"的 Facebook 页面中有"表情包"出现），因此，"表情包"确实出现在了此次活动中，且至少在现有可搜索到的网络资料中显示有一定的传播规模。

③ 夏冬. 社交媒体上的图像转向：以 Facebook"表情包"大战为例[J]. 青年记者，2016(26)：90-91.

④ 参见帝吧官微，https://weibo. com/7010131150/I9wfoePp8? from=page_1005057010131150_profile&wvr=6&mod=weibotime&type=comment#_rnd1570322993539。

⑤ 网络民族主义专题：英雄的民族主义粉丝[EB/OL](2019-08-20)[2020-09-12]. https://mp. weixin. qq. com/s/dV3MNnZbGioqEpf9M8jIRA.

⑥ 2019 年 8 月 19 日至 8 月 28 日，《国际新闻界》微信公众号陆续推出 5 篇"网络民族主义专题"文章。其中 3 篇是 2016 年 11 月此期刊文章的重新发布，且阅者众多（比如其中一篇推送阅读量超 2 万，且有读者在评论中表示推送得很及时、当时的文章如今看来并不过时等）。

义情感表达、个人身份和话语构建方面的作用;二是以“图像转向”为契机,将“表情包”作为视觉修辞,把它放在这次“帝吧出征”活动的个案中,对它的传播效果和所代表的亚文化做了探讨。①

这两个角度有内在的共鸣之处:一是,两者都隐约注意到“表情包”出现在这样一个场合的不同寻常之处,或注意到它所蕴含的“某种预兆”②,并把这种“感触”问题化(problematize),用理论视野对这个问题进行观照;二是,两者都注重“表情包”的图像文本形式,将“表情包”作为表征(representation)来把握,并联系青年人的亚文化圈、象征性符号与视觉文化对其内涵做出分析。以《国际新闻界》举办的“帝吧出征与网络民族主义研究”工作坊为例,工作坊称主要以活动参与者(“小粉红”)作为研究对象,探讨对象的行为和思想逻辑(在“网络民族主义”框架下),③其中,“表情包”在“米姆”以及“图像驱动的民族主义”视野中得到阐发。④ 但学者过于急切地寻找表征图像与民族主义在历时性链条上发生的联系,以期勾画出线性的发展路径,从而忽略了“表情包”并非传统意义上静态的人造物(artefact),而是计算机参与生成的具有自我繁衍机制的程序,这一点在后文还会详述。

1.作为抗争资源的视觉图像

视觉图像在民族主义的相关研究中有自身的逻辑沿革。20 世纪初,鲁迅在日本仙台留学期间记录了自己观看国人被斩首的幻灯片的经历。他从画面中体验到施刑人的残暴和路人的无动于衷,本国国民成为一种“景观”性的存在。在这样的视觉冲击下,他感受到“一种威胁”。学者认为,在这个例子中,鲁迅对幻灯片这一视觉媒介的反应与欧洲知识分子如本雅明等对现代性的反应相似。因为视觉银幕的直观性超越了文字,带给人惊诧感,从而昭示了视觉的权威性。⑤

2004 年,美国一所大学的公开课所使用的图片材料激起了该校中国学生以及社会人士的愤慨。画面所绘的是清军战俘被日军斩首的情景,反对者以“感情伤害”为由对画面作为教学材料出现表示不满,甚至寄威胁性邮件给任课教师,但校方以“学术自

① 这一总结涵盖《国际传播界》杂志关于“表情包”图像和“帝吧出征”的国内研究文章,以及此次活动后(2016年)有关期刊和硕士论文。

② 夏冬.社交媒体上的图像转向:以 Facebook“表情包”大战为例[J].青年记者,2016(26):90-91.

③ 吴欣慰.《国际新闻界》举办“帝吧出征与网络民族主义研究”工作坊[J].国际新闻界,2016(8):174-176.

④ 周逵,苗伟山.竞争性的图像行动主义:中国网络民族主义的一种视觉传播视角[J].国际新闻界,2016(11):129-143;郭小安,杨绍婷.网络民族主义运动中的米姆式传播与共意动员[J].国际新闻界,2016(11):54-74.

⑤ REY C. Primitive passions: visuality, sexuality, ethnography, and contemporary Chinese cinema[M]. Columbia: Columbia University Press,1995.

由"为由驳回对这幅图片使用不当以及对任课教师的指控。[①] 针对类似由一则图画或视频为导火索酝酿出民族主义情绪的事件，有学者提出了"图像驱动的民族主义"(image-driven nationalism)的概念[②]，并认为，图片在互联网论坛和社交媒体中的上传、传播和动员，使网络民族主义由精英向民粹转变，由直接挑战政权合法性向协商的姿态转变，甚至被官方挪用或收编。

针对"帝吧出征"活动，有研究者结合互联网自身的互动性的演进(Web1.0 到 Web2.0)提出：对象征性视觉资源的争夺从原先的政府-公众二元主体演化为多元主体[③]，而且图像的形式也呈现出"网络亚文化""网络模因"的"新特征"[④]，代表了多元主体的"视觉偏好"。图像不仅是民族主义的驱动，还成为多元主体对话和关系形成、进行政治博弈的筹码。因此，有学者认为，这一案例的抗争又有了新的模式，即"图像竞争的民族主义"(image-contesting nationalism)。

由此可见，在电子传播环境下，图像制作和传播的便利使其作为流通文本得到极大的丰富。而图像在数量上的增加使一些视觉文化研究的关注点从视觉的复杂性、多义性，转移到将图像作为象征性符号的效果上：一方面，视觉冲击带来了"刺激-反应"模式；另一方面，抗争活动可以通过"视觉符号"而"表达"，通过图像"视觉再现"。因此，视觉的表征在经济学意义上带来了对视觉资源的争夺——研究中所用的"视觉抗争"一词也由此而来[⑤]。图像作为除文字外的新型话语资源，在网络抗争活动中发挥了动员作用[⑥]，并赋予了抗争活动"在更大社会情景中的视觉可见度"[⑦]，增加了查尔斯·蒂利所讲的抗争者的"剧目种类"[⑧]，使信息更有效便捷地传递。

值得注意的是，无论"民族主义"是被"激发"还是被"表现"，自始至终，"民族主义"如同是先验性的存在，没有因研究所举的各个事件的参与者和事件发生的条件等的动态改变而发生任何变化。而那些变量，即图像是如何被处理的呢？学者将图像作为抗

---

① ZT. 值得反省的麻省理工版画事件[EB/OL]. (2006-05-30)[2020-01-20]. https://www.douban.com/group/topic/1106589/.

② QIU, LINCHUAN J. Go Baobao! Image-driven nationalism, generation post－1980s, and Mainland Students in Hong Kong[J]. Positions-Asia critique, 2015(2): 145-165.

③ 周逵，苗伟山. 竞争性的图像行动主义：中国网络民族主义的一种视觉传播视角[J]. 国际新闻界, 2016(11): 129-143.

④ 把"亚文化"与"模因"放在一起作为新特征也值得商榷。"模因"可以说是一种传播特征，但"亚文化"似乎指向的是内容归属类型。

⑤ 刘涛. 视觉抗争：表演式抗争的剧目结构与符号矩阵[J]. 西北师范大学学报(社会科学版), 2016(7): 5-15.

⑥ 即邱林川语"图像驱动型民族主义"(image-driven nationalism)。

⑦ 周逵，苗伟山. 竞争性的图像行动主义：中国网络民族主义的一种视觉传播视角[J]. 国际新闻界, 2016(11): 129-143.

⑧ HARLOW S. It was a "Facebook revolution": exploring the meme-like spread of narratives during the Egyptian protests[J]. Revista de Comunicación, 2013(12): 59-82.

争参与者的情感投射和抗争活动的纪实,同时也将网络作为抗争活动开展的"第二地点",在研究视域中也用表征主义视角将他们"一体化",而没有将所有变量集合在一起来观察"民族主义"的概念本身在其中如何被再生产。

在研究中,我们似乎从未逃出过现代性的表征文化,总希望在网络空间中找到与现实对应的主体。不仅对"表情包"图像如此,相关研究对"帝吧出征"活动中所涉及的参与者研究也有着类似的偏见。实际上,在网络空间的复杂动态系统中精确地采集数据本身就有一定难度,数据的维度和数据量的收集偏差会直接导致阐释谬误。虽然"帝吧出征"已被定性为发生过的真实事件,但如果对它的来龙去脉进行细致梳理,我们会发现活动参与者的人口学信息模糊、参与方式交叉,活动发生的详细、完整过程等重要信息存在缺失。

2."自明"的事件披上了"不确定"的外衣

首先,关于参与者的年龄划分。根据研究者以及相关媒体评论认定,"帝吧出征"活动参与者多数为"90后",或还包括"00后",但至少在所有提及参与人数的文献中,并未显示实际数据的统计。这导致至少两个问题的出现:其一是网络信息具有匿名性,若关于年龄的数据仅是从网络后台中搜集而来,或通过参与者"自称"而获得,那么此项信息的真实性较难验证;其二是在研究中极易将其作为"不证自明"的背景信息而进行进一步的理论推演,由此产生问题。

其次,关于参与方式。虽然"帝吧出征"活动中各个网络视频及社交媒体平台均有不同程度的涉及,看似组成了一支庞大的"方阵",但理论上,存在网友在不同平台之间流动和多平台切换、同一网友用不同昵称发表言论的可能性——在不同平台中网友身份并不满足"1+1=2"的线性叠加关系,这也在研究中得到了印证①,因此具体的参与人数("号称数千网民"),以及是否"帝吧"成员便是活动的组织者、参与人数的主体究竟是谁也较难确定。

最后,无论是在媒体报道还是在相关研究文章中,关于"帝吧出征"这一活动的命名本身,以及"大战""征伐""开战""武器""战场"等词语,或叙事的角度选择,均延续"帝吧"参与者的自述,因此相关研究均是对活动的基础事实本身未加反思的再强化。由此可见这次活动在研究把握上的闪烁不定。无论是对"出征"发生过程中关键信息掌握不充分,还是无法跳脱出单一"出征"逻辑反观活动本身,都有可能对研究对象的切实解读产生一定妨碍。

---

① 王喆."今晚我们都是帝吧人":作为情感化游戏的网络民族主义[J].国际新闻界,2016(11):75-90.

由此，相关研究便形成了一个线性闭环（见图 1）。“帝吧出征”活动不充分的信息表述最后经过学者的研究得以强化。虽然研究者的目的在于呈现出活动参与者的面貌，但这并不能从人口学的角度得以实现。

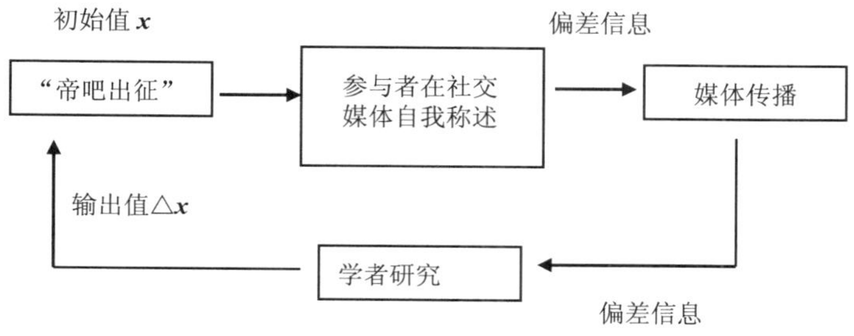

图 1 仿制“控制论”过程绘制而成的“帝吧出征”活动信息传播回路图

注：图中“帝吧出征”活动本身赋值为初始值 x，在参与者自述、媒体报道以及学者研究三重传播过程中加入了偏差信息，且由于没有纠偏系统，最终形成了对“帝吧出征”活动本身有所偏差的输出值$\triangle x$

如波斯特所说，电子媒介动摇了现代社会的稳定性，信息传播威胁到了民族国家疆域化的统治和资本主义-印刷媒介所守护的逻各斯中心主义。[①] “民族”曾被认为是本质化的社群团体，这种身份不会改变。但在网络空间中，个体的身份是流动和易变的，传统的“社群”失去了解释效力。这种数目巨大、异质多变，且互动关系复杂的群体，被学者称为“复杂系统”[②]，尤其是在信息环境中，人口学的介入只能得到模糊的统计结果；相反，若去掉具体的“人本位”视角，从复杂系统角度出发，可以考察参与者在群组中自发生出的“秩序”。这一点在考察为何“帝吧出征”活动会出现“反常”表现，即其表现出与传统“网络民族主义”研究框架不同的特征时会有重要影响。

3. 溢出“民族主义”框架的“游戏”

对于“帝吧出征”活动性质的界定，学者的态度是暧昧的。如主持“帝吧出征与网络民族主义研究”工作坊的学者杨国斌在引言中解释说：“本文……也无法完全用游戏的心态来看待它……《国际新闻界》组织这样一个专辑来讨论它，也说明事件的严肃性和重要性。”[③]这一辩词虽然为“帝吧出征”活动的研究正名，但也从侧面证实了它作为一场亚文化表演的戏谑感，为把握研究对象带来了不可避免的间隙。

---

① 波斯特. 第二媒介时代[M]. 范静哗，译. 南京：南京大学出版社，2000：29.

② SIMON H A. The architecture of complexity[J]. Proceedings of the American philosophical society. 1962，106(12)：467-482.

③ 杨国斌. 引言：英雄的民族主义粉丝[J]. 国际新闻界，2016(11)：25-32.

研究者发现,参与此次“帝吧出征”、被称为“小粉红”的年轻爱国粉丝们也许并没有那么“红”。在“出征”时,他们从起初与台湾网友的“对骂”转变为分享大陆美食、美景的生活化的“游戏”①(见图 2),而且“出征”后期的共赢局面取代了“出征”前所期待的零和博弈②,即“出征”并没有想象中的“金戈铁马”,反而是“春风化雨”。

图 2 “帝吧出征”时所用的“表情包”图像(图片来自谷歌)

亚当·斯密曾用棋盘和棋子来比喻社会和个体。一方面社会有自身的运行法则,另一方面个人也有自己的主动选择。两者合则安,不合则乱。后来,哈耶克重新阐释了这一段话,但他的着眼点不在于社会和个人之间整体和个体的区别,而在于分辨其中的运行秩序是自发的还是人为安排的。当群体中的个体相互协作时,一种自发的秩序便会生成,这种有序的结构“是许多人行动的产物,而不是人之设计的结果”③。从这一角度来说,“帝吧出征”活动中呈现的丰富性与复杂性也并不是刻意的安排,它正是参与到信息环境的行动者组织自我演化的结果。因此,在用“网络民族主义”框架来解释“小粉红”们的“出征”动因时要更加慎重,如贡布里希在讨论艺术形式时谈到的,

① 王洪喆,李思闽,吴靖. 从“迷妹”到“小粉红”:新媒介商业文化环境下的国族身份生产和动员机制研究[J]. 国际新闻界,2016(11):33-53.

② “出征”主体所传递的言辞中弥漫着“正向情感的‘爱’”,且双方在之后并未进行线下沟通(王洪喆,2016)。

③ HAYEK F. Law, legislation and liberty: rules and orders[M]. Chicago: The University of Chicago Press, 1973.

要警惕"整个阶级志趣"的概念。他认为"形式"(style)像面具一样,遮蔽了事实的真相。如果我们将某种特征总结出来,并将它划分为一种与以往不同的、"新"的种类,那么便成为布克哈特口中的"简化者"(terrible simplificateurs)所操纵的乌托邦尝试。因为人类是有很多层面的,"他们一方面屈从于社会压力,另一方面捍卫个人隐私"①。

此前已有研究指出,"网络民族主义"的框架只限用于集中的、规模性事件的分析。在网络空间的日常讨论中,"去民族主义"和"去历史化"的话语特征非常明显。② 但在以"帝吧出征"活动为例的分析中我们看到,即便是"网络民族主义"的研究框架也丧失了部分解释力。这些经验性的材料不仅打破了网络空间中事件/日常的划分,而且以多样化的表达形式来提示我们:在做研究时,是否可以选用合适的框架将参与者真实的"例外"表现也纳入视野之中?

二、"技术为眼":行动者网络理论视角的启示

通过以上分析,读者或许会对麦氏的言语有进一步认同:只将媒介技术作为背景来探讨我们人类的事,似乎不能正确地了解事实本身了。但麦氏并未向我们提供解决方案,即使我们听到了那"滋滋"的响声又如何呢?但至少先让我们承认这一点,以技术为着眼点,把它带回研究中重新来看"帝吧出征"活动会发生怎样的变化。我们以图 2的模型为例,在学术研究环节中加入纠偏机制。

纠偏机制的具体解决方案至少有两种:一种是对"帝吧出征"活动本身的信息进行重新梳理,这一思路是对"帝吧出征"活动真相的坚守。但这一思路对研究本身要求极其严格,除非在活动发生同时部署好观察角度来实时记录,否则就逃不出"二手资料"的怪圈,即绕开信息表征环境来提取"纯"信息。

如此一来,与其将信息环境作为背景(settings),不如将背景作为前景(foreground),认识到:在事后塑造我们对"帝吧出征"活动的认识上,计算机/互联网技术本身作为重要的"参与者"无法被忽略。我们并不持全知的视角来认知"帝吧出征",技术便是我们看待"帝吧出征"活动的透镜。现在需要将这柄隐形的透镜展示出来(showing seeing)③,明确我们通过技术作为中介的"看"的关系(见图 3)。但这是第一步,在整个"帝吧出征"活动过程中,技术都是以能动性的姿态参与其中的,并涌现出自

① GOMBRICH E H. The uses of images[M]. London: Phaidon Press, 2000: 261.

② 安珊珊,杨伯溆. 中文 BBS 论坛中涉日议题的网络民族主义呈现[J]. 青年研究, 2011(2): 48-60, 95.

③ MITCHELL W J T. What do pictures want? the lives and loves of images[M]. Chicago: University of Chicago Press, 2015: 337.

组织的秩序——不过在这之前,我们需要对技术作为“物”本身加以重新认识。

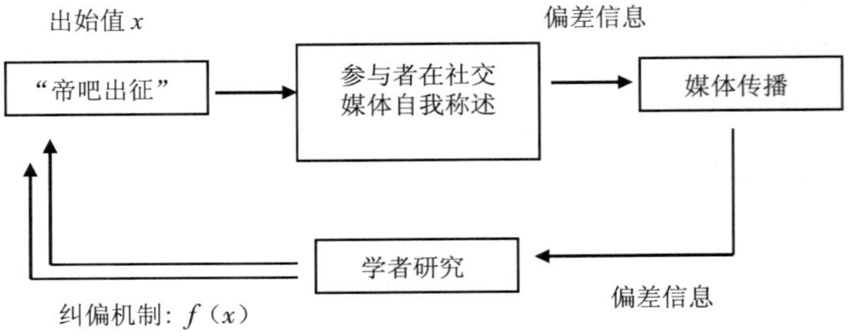

图3 仿制“控制论”过程绘制的“帝吧出征”活动信息传播回路图

注:对比图2,在研究环节加入了对表征信息采集环节的纠偏机制,将技术从默认的背景提到作为研究对象的前景中[作为函数 $f(x)$],来重新看待整个活动

1.“非人化转向”

传统的康德主义认知将人类的观照作为赋予事物生命的唯一光束。人类像是困在自己所创造的日常生活、文化、经验、政治等人造物中的囚徒,似乎所有的存在都需先经过“人文”眼光的筛选才有存在的合理性。而这个世界的多彩丰富却因为短视的“人文”眼光被过滤和遗弃,我们自己却浑然不知。近来西方以思辨实在论(Speculative Realism)为哲学支撑的“非人化转向”主张和拉图尔(Bruno Latour)等人提倡的行动者网络理论(Actor Network Theory,ANT)等思潮,都企图对以“人”自身为中心的主体一主动、客体一被动的二分关系做出批判。它们反对将人特殊化,并将人和动植物、机构、气候与生态系统、技术等一切“非人化”的系统视为平等而一致的,使社会和行动本身共同演进,而不是赋予社会因素以解释的权力。①

在拉图尔看来,世界是由人类(actor)和非人化的演绎者(actant)共同组织的复杂系统,它并不可以随意被标签化定论,也不可被自认为有主观性的演绎者(尤其是人类)随意改造。他提倡用互动性的物质关系替代物一我的二分关系,而且固有的“社会”实体演变为一个介于自然和社会之间的“准客体”(quasi-object)②。由此,任何社会革命与政治革命不仅是人类关系的改变,而且是非人化物之间关系的改变,而后者经常被研究者忽略,它需要我们像从前认识性别、种族、阶级关系一样去重新考量。

同理,就“表情包”来说,“图像”在我们的印象中似乎从来只是一个被动的观赏之

①② 郭俊立.巴黎学派的行动者网络理论及其哲学意蕴评析[J].自然辩证法研究,2007(2):104-108.

物。[1] 作为物(object),图像注定只能作为客体或对象(objective),去"表现""描述"与它相对的"主体"(subject)。事实上,图像同基因一样,有自己的"谱系"和"血统",在时间轴上不断复制自我,在空间中不断跨越文化播撒自我,并因社会-视觉性的变迁而具有历史性。[2] 这需要我们破除现代主义的表征去把握,调整对于"物"的认识。

2.行动者网络理论视角的启示

拉图尔在他的著作中引述过这样一个故事[3]:1812 年,俄国库图佐夫将军由于在拿破仑一世发动的对俄战争中表现突出,受到沙皇嘉奖——至少根据俄国和法国的情报,战争实况确实如此。然而在《战争与和平》中,托尔斯泰甚至怀疑这场战争没有真正发生过:因为库图佐夫将军本人非常抵制战争发生,故意拖延不去正面应敌,以至于在发起总攻时战士们都没有准备好。然而这场没有任何准备、决定和部署的战争却以对俄国最优的结果结束,至少在法国历史书中是如此书写的。库图佐夫将军不再纠结事实真相(the accomplished facts,已被写就的事实),便由它去了。但法国历史书上对这场战争的描述与任何从前的战争并无二致,"唯一可以做出的结论是他们的记叙并不是真实的"。

回溯各个国家重大时刻的历史记叙,也许拉图尔所引述的故事并不是个例。对于一项记叙情节完整、层级突出的静态文本,它的真实情况通常被丢弃在"字缝里面"。对于多变的网络群组如何形成,"表情包"图像如何参与到"民族主义"表达中,与其跟随社会学者对概念的圈定,不如追逐参与者自己的脚步,直接观察他们选择加入或瓦解一个群组的过程。[4] 在行动者网络理论的启发下,"帝吧出征"活动中的"表情包"图像可以用另一视角进行解读:

首先,由于社会事件通常由人与非人化的参与者共同构成,而且这些参与者并不是一成不变、固定在某个组织中的,他们在不断重组和变化,所以与其分析捉摸不定的参与者的意图,不如找出那些代表群体发声的"发言人"[5]。在对"帝吧出征"活动的研究中,我们可以试图不去以追寻特定的"出征者"群体为目标。如前文所述,这个群体

---

① MITCHELL. W J T. What do pictures want? the lives and loves of images. [M]. Chicago: University of Chicago Press. 2015:55.

② MITCHELL. W J T. What do pictures want? the lives and loves of images. [M]. Chicago: University of Chicago Press. 2015:93.

③ LATOUT B. The pasteurization of France[M]. Harvard: Harvard University Press, 1988:3.

④ LATOUR B. Reassembling the social: an introduction to Actor-Network-Theory (clarendon lectures in management studies) [M]. Oxford: Oxford University Press, 2005:29.

⑤ THOMAS P, KLOET J D, UOHUA Z. Will the real Weibo please stand up? Chinese online contention and actor-network theory[J]. Chinese journal of communication, 2014(7):1-18.

确实难以被精确地描述。

其次,我们在研究中或许过分关注行动者的动机,而行动往往并不是有意所为。行动像是多个能动者行动之下共同交织成的一个"结",它需要剥茧抽丝般被一层层展开,才能被认识清楚。而对于"帝吧出征"活动的目的,有参与者在活动前和活动后的陈述,以及在活动时的表现、事后官方的话语"定调"等重重话语的遮盖,难以轻易地"拨云见日",需要仔细甄别,加以分析。

最后,行动者网络理论建议赋予所有人与非人化的行动者(non-human actor)以能动性,这并不是说他们是决定力量,而是重点去考察他们"参与"的过程;"参与者"本身并不是一个既成的事实,而是所有关联者的组合。

这样一来,"表情包"图像可以被看作"帝吧出征"活动中"参与者"的行动结果之一,研究可以从更微观的角度来对"表情包"这个小宇宙(microcosm)中相关联的因素作一考察[②]。"表情包"图像将作为它内部关系交织的产物,或是多重复杂、异质关系交织的那一个瞬间,是储存在网络空间中的投射,而非单纯呈现在我们眼前的实在的图像。

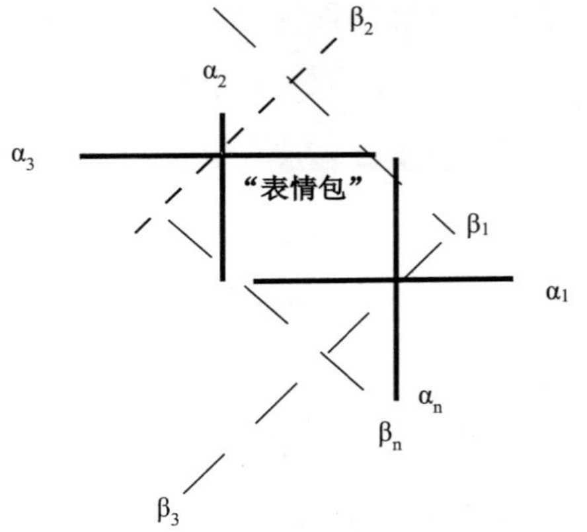

图 4 "表情包"图像在各个参与者行动下交织成一个"结"/(域)

注:行动者分不同层次,每一层次有多个组合。实线($\alpha_1 \cdots \alpha_n$)表示在某次研究中可以探讨的某一个层次上的参与者模式,而虚线($\beta_1 \cdots \beta_n$)表示其他多种层次的可能性。在实际情况中,组成这个"结"的参与者是非常密集的,图示只是简单的演示。但它至少可以表明:"表情包"是一个多维度的集成,而不是平面的、虚拟空间中的、对现实进行反映的图像,或"纸娃娃"(avatar)[①]

我们目前所看到的"表情包"只是"帝吧出征"事件贮留在互联网中的"表情包"图像碎片、媒体等社会机构的话语定性,以及对此次事件的大众想象。正如树脂只是含有无数烃类分子的液体在作用力参与下凝结而成的,它的凝结不仅有时间、空间的缩影,还有同质或异质的参与者在行动网络中的合力。"表情包"是这些参与者合力的结果,而不是导致活动呈现某个走向的原因。在行动者网络理论的视域下,我们试图重新看待"帝吧出征"活动以及"表情包"。

---

① 汤天轶.机械-中-身体:中日动漫亚文化的网络人类学理论研究[J].探索与争鸣,2016(10):132-136.

② 即使提到布迪厄在描述场域(field)时所用的词(microcosm),"场域"和"表情包"作为一个"结"的存在仍需要辨析。"场域"是机构化和历史化的存在,它需要维护自身的运行规则。笔者理解的"结"的发生过程与西蒙顿意义的"发明"(invention)相似,它的规则发生在参与者耦合之后,这个规则是一个新的创造(涌现),并不存在于过去;此外,它并不是一个具有权力分化属性的机构,而是一个参与者的行动过程(的瞬间凝固)。

3. 行动者网络理论视角中的“帝吧出征”再考察

梅罗维茨用“社会信息”(social information)这一概念打通了日常行为表现所透露出的信息与知识事实类的信息的边界①，从而将物理实体空间和电子媒介所塑造的信息空间相联系，并说明电子媒介的信息流通对传统固定于空间的社会角色和行为发生的改变。在一个长时段内探索社会行为的改变，不可避免地需要文献或数据作为支撑，即探索的过程势必是以连续的、历史性的文档为中心的(archive-centered)，它将原始资料，即事实的元数据(metadata)通过理性的分类和编排进行整理，再进行框架性的分析。

但在“帝吧出征”活动中，由于它短暂的聚众性以及多平台的切换，只有碎片化的、被转化为图像证据的信息残留。与其说它难以被系统化梳理，不如说它在本质上也未必期待着能被专业性的知识所分析。“帝吧出征”活动带有社会化的大众性。碎片连接的方式是异质行动者协作或交织下的网络，在梅罗维茨的“社会信息”概念基础上，“信息网络”(information network)的特性在这一案例中更加凸显，它不仅指信息的发生，还指其传递。其中，社交网络如无边界的河流一般，将碎片化的信息黏合聚拢在同一个流域中。

如图 5 所示，与“帝吧出征”相关的言论以社交媒体中的“标签”(hashtag)的形式被算法归类，一时间被纳入“实时热搜榜”，成为热点话题。这些话题“标签”的拟定具有“大众分类法”(folksonomy)的特性，它们是由网友所命名的知识类型，自由灵活，但也缺乏专业知识的系统、明确性。② 也正是这样语义上的模糊性，使得相关概念被全部囊括进去，在一定程度上实现了用一总体性名称“转译”所有相关主体行动的目的，即使这些主体并不了解对方，甚至并不懂得目标何在，但其仍能在同一名称下行动。因此，无论“帝吧出征”的标签下所指的内容具体包含什么，是“刷热度”的产物③，或是参与“出征”的网友在讨论，这一话题仍被“置顶”设置了。

图 5 新浪微博实时热门话题排行榜
(图片来自百度)

---

① MEYROWITZ J. No sense of place: the impact of electronic media on social behavior[M]. Oxford: Oxford University Press, 1985: 63.

② 王爽，徐行. 基于用户分类标签建立结构性的大众分类法[J]. 图书馆学研究，2011(5)：73-76.

③ 有相关文章指出，由于在“出征”时直播平台被封，有网友在新浪微博平台中“刷热度”。理论上，“刷热度”的方法是使用同一主题的“标签”发送内容，使得“标签”被社交媒体后台算法所识别，从而转变为实时的“热搜”话题。参见 http://www.toutiao.com/i6242126191973630466/。

"标签"的背后是涌动的言论发送。在社交媒体中,以转发键(retweet)、评论键(comment)为代表的分享行为伴随着界面中每一条接收到的信息。它是对于他人已创造的内容的分享,并可以配合使用"@"键直接"点名",提醒需要分享内容的人查看所分享的信息。[①] 这种信息传播的形式一方面绕开了专业机构,如新闻编辑室对信息的议程设置权,形成了"社会推荐"(social recommendation)的、由关系网或"朋友圈"所散播信息的方式[②];另一方面,分享信息也是维护关系交往的一种表现,阅读他人推荐的信息,并发表评论也是一种"对话",以显示对他人的倾听和重视[③]。

"转发"功能可以将当前页面所呈现的信息推送到另一个结点的页面,或当前页面的未来时段中[④],它区别于网络"超链接"。波斯特认为,超链接是由结点和链接构成的电子媒介的书写方式。[⑤] 它的阅读体验来自多个文本的互相印证或批判,从而加强或削弱一个观点,那么含有超链接的文本本身就是一个开放的集合。而转发是一种"裁决",所转发的内容如同罗兰·巴特曾描述我国20世纪70年代的政治语言的"语言砖块"般,是封闭的结构。"砖块"不需要引证或商量,只需要被抛出,在感染一个节点后,迅速爆炸和扩张,通过转发来同化其他结点,中间不用其他转化环节。因此,分享过程本身是一个多元参与者共同造成的现象,由于所传递信息的同质化,这些参与者往往被看作统一的行动者。

无论对所转发的内容同意与否,所转发的信息设置了思考的议程,即使有建设性的意见,也被转发所带来的"讨论"活动本身所淹没。最高人民法院和最高人民检察院曾经把"转发次数"列为网络诽谤信息判定的标准之一。[⑥] 这一判定标准将节点分享的内容作为节点自己的意见对待。正如德勒兹的"病毒"比喻,原信息上携带的所有"基因"都会原封不动被传递,这样的"控制"手法不同于"规训"需要封闭和教化,而是通过节点互相感染的。

图6为一则新浪微博言论,这一则言论将"历史书"上的事件串联起来,并新添上"帝吧出征"活动,表明发言者将"帝吧出征"置于与几次历史事件同等重要的地位,认

---

① 参见 http://www.webopedia.com/TERM/R/Retweet.html。

② HERMIDA A, FLETCHER F, KORELL D, et al. Share, like, recommend decoding the social media news consumer[J]. Journalism studies, 2012, 13(5-6): 815-824.

③ HYERIM A, JI-HONG P. The structural effects of sharing function on Twitter networks: focusing on the retweet function[J]. Information science, 2015(3): 354-365.

④ 若转发并提及("@")他人,即联结了其他结点;若只转发到个人页面,则信息会出现在个人页面的未来时间段(刷新页面后会显示出来)。

⑤ POSTER M. Information please: culture and politics in the age of digital machines[M]. Durham: Duke University Press, 2006: 133.

⑥ 周祎含,董燃燃.简评两高关于网络诽谤的司法解释[J].才智.2013(11):209-210.

为“出征者”正在“虚拟空间”中创造历史①。“历史书”提到的这几个事件都涉及多方参与主体，并呈现出多元的解读。而在以“思想文化运动”为“转发键”的编排下，在这个版本的“历史书”中，“帝吧出征”活动就成为历史中的“标签”或书的“章节”。

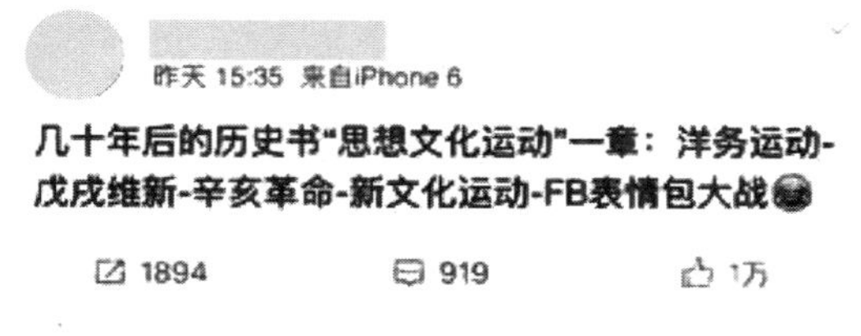

图 6　新浪微博中一条微博言论截图(图片来自百度)

转发键在这里扮演的是行动者网络理论中的转译者(mediator)的角色，它并不导致某种结果的产生，而是“促使”行动(making do)②，使得“出征”参与者联结为网络，并分享相关联的认知。本在公众视线外上演的小众的“出征”“游戏”经过社交媒体微博、直播平台等的转换与转发，成为显性的大众化的“知识”，为多数网友所认识③，再由传统媒体加以强化，使之成为一项带有政治意义的“事件”，并在学者的理论视野下被“规范化”。

拉图尔曾在不同场合强调：“从来不存在‘社会’这回事”④，社会是无数行动者交织的网络。“帝吧出征”中的“表情包”图像在 Facebook 页面中形成了一定的规模，如同无数水分子逐渐汇聚成整条河流，它并不是铁板一块的事实。网络的信息流也在一定程度上设置了大众媒体的议程，并影响到接触网络信息的人群的认知⑤。“民族主义”标签与“帝吧出征”相关联，活动的性质被盖棺定论。

4. 技术作为行动者的参与：“表情包”生成器

法国哲学家莱维(Pierre Lévy)认为，网络是“群智”(collective intelligence)最好的例证。网络空间向所有人类开放，诞生在这里的“文化人造物”都来自于“底层”⑥。但在“帝吧出征”活动中我们看到，“群智”的范围应该还要扩大到一切非人化物(non-hu-

① 李红梅. 如何理解中国的民族主义？帝吧出征事件分析[J]. 国际新闻界，2016(11)：91-113.

② LATOUR B. Reassembling the social：an introduction to Actor-Network-Theory (Clarendon Lectures in Management Studies)[M]. Oxford：Oxford University Press，2005：217.

③ LATOUR B. The pasteurization of France[M]. Harvard：Harvard University Press，1993：159.

④ LATOUR B. The pasteurization of France[M]. Harvard：Harvard University Press，1993.

⑤ HARLOW S. It was a “Facebook revolution”：exploring the meme-like spread of narratives during the Egyptian protests[J]. Revista de comunicación，2013(12)：59-82.

⑥ POSTER M. Information please：culture and politics in the age of digital machines[M]. Durham：Duke University Press，2006：66.

man)参与者的加入。

比如“暴漫”系列“表情包”图像的开放性创作,使得它的经典形象被不同的创作者不断更新,好的作品经过投票保留下来,从而组建成一个具有“活水源头”的形象库①(见图 7)。

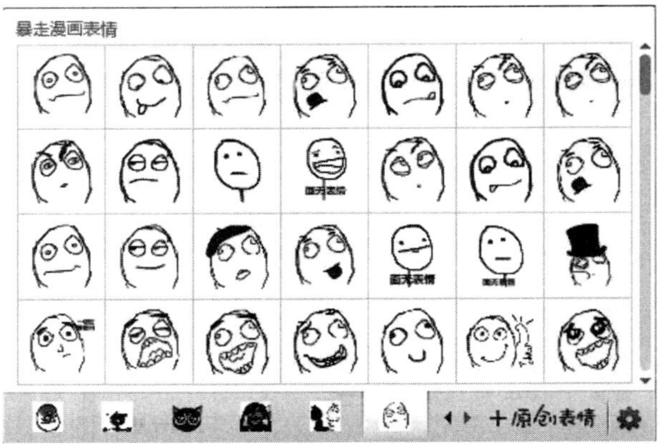

图 7 “暴漫”系列“表情包”图像库(图片来自网络)

形象库的建成使二次创作和“批量生产”成为可能。图 8 是一款用于生成“帝吧出征”活动中所使用的“表情包”的软件。由于同一系列库存“表情包”图像的存储,图像可以再与文字相结合,在程序的指引下自动生成“标准化”的“表情包”图像,之后被“复制”到聊天对话框或社交网络的评论区域内作为文本使用。在“批量生产”时代,“表情包”图像生成的行动者既包括制作原始图片的创作者,也包括选择“表情包”图像类别、布局和文字的制作者。此外,“表情包生成”的应用程序和计算机电脑数据库全程参与。

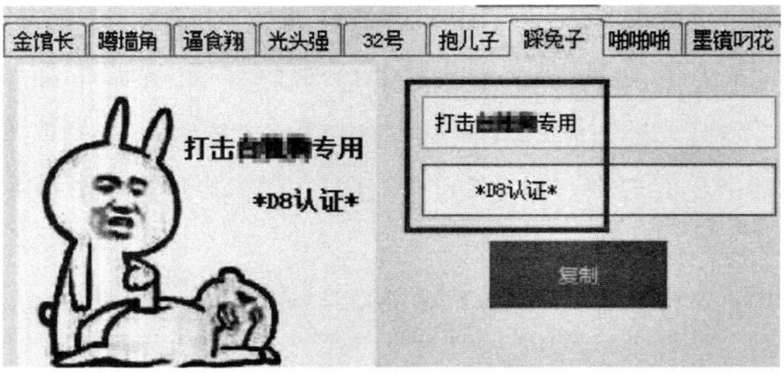

图 8 “表情包”图像制作软件步骤演示图②

---

① 严威川. 古有小明 今有“暴走”王尼玛[J]. 电脑爱好者,2012(20):50-51.

② 腾牛网. DIY 表情制作软件(FB 表情包大战专用)2.0 免费版[EB/OL](2016-01-21)[2020-01-01]. http://www.qqtn.com/down/102769.html.

电脑应用程序形成标准化的生成模式后，重复性和机械性便不可避免。由图 9 可见，每一个“表情包”图像都有固定的表现形式与画面元素结构，而且一些元素会在不同画面中反复出现。比如，左图和右图安插在不同性别人物脸部的同样一幅表情，两个人物同一个“左手举起”的动作，图像人物处于中心、背景留白、文字在图像下方出现的布局安排等。这些统一的、变异性很小的“表情包”成为自繁衍的模因(meme)。

图 9 “帝吧出征”所使用的“表情包”图像(图片来自网络)

阿多诺在分析流行音乐时，认为“模仿”是流行音乐标准化的原因。他从市场逻辑分析了“模仿”：一方面，要在市场中竞争，优胜的元素成为被模仿的“标准”；另一方面，为落入特定的音乐类别，适合受众收听，这些已被标准化的因素就成为金科玉律，被加以制度化。[①] 这里，阿多诺将审美因素的变化和形成放在网络关系中考察，具体来说，是以市场或他所说的“文化工业”(cultural industry)作为观察域，解析其中涉及的音乐制作、传播技术和听众的期待等流通网络中的多个行动主体。

在“表情包”图像或者说模因的生存规律中，“模仿”是一种天性，它本质上是复制者，传递着一组文化和思想，或一个模仿的过程。[②] 就像基因通过精子和卵子在个体之间传递一般，思想“从一个脑子调到另一个脑子”。具体说来，首先，可以不断复制和传播使“表情包”在网络中流通；其次，每个参与传播的节点都可以对它进行再次创作和加工；最后，大量的样本会在传播中优胜劣汰，留下最“经典”的“表情包”图像版本作为这一流行符号的终极代表。在参与传播的过程中，行动者也内化了模因所传达的价值观。

---

① ADORNO T. On pop music[EB/OL]. (2005-07-23)[2020-02-20]. http://libcom.org/library/on—pop—music—theodor—adorno—george—simpson.

② DAWKINS R. The selfish gene[M]. Oxford:Oxford University Press,1990.

结　论

“什么在嗞嗞响?”麦克卢汉的呼喊并非杞人忧天。本文以“帝吧出征”活动中“表情包”的相关研究为个案进行研究,以说明传统研究框架的解释力有限,并提出在人类和机械共同交织和融合的时代,媒介技术是我们研究中不可忽视的维度。如法国理论家维希留所讲,电脑屏幕中上演的一切,都是技术融合时代的一个隐喻。① 就“帝吧出征”活动个案来说,在多元化行动者的参与以及转发的力量之下,行动者所携带的异质、碎片的话语交织成一张想象中密不透风的“民族主义”网。现代主义的“表征”文化用于研究中,尤其要对有新媒体参与的、参与者有极大匿名性,且后期有官方介入进行定性的、涉及多种主体的“事件”进行反思。② 将技术作为非人化物的行动的观察,是为了破除物/我二分的认识论,尤其是对图像的认识,它的意涵应远超人们对于它是对现实的表征的认识。

当然,本文以个案分析为研究方法,并未对网络群体活动议题的理论脉络有系统性的阐释和比较。因此就这一问题,今后的研究可以就网络群体活动研究理论预设进行探讨,从而在理论层面开展对话。另外,“帝吧出征”本身是互联网环境中的一个复杂系统的案例,本文并未从复杂系统理论角度给出深入分析,下一步研究可以结合田野研究以及数据搜集,对其生成、结构和动态表现等特征进行梳理。

---

① FRIEDBERG A. Virilio's screen: the work of metaphor in the age of technological convergence[J]. Journal of visual culture, 2004, 3(2): 183-193. 要留心维希留在这里的用词是“隐喻”(metaphor),而非“表现”(representation)。

② 在文中,笔者坚持称“帝吧出征”为一次“活动”,是因为“事件”(event)本身具有现代主义的时空上的固定性,而“活动”(activity)本身一方面强调了参与者的能动性,另一方面也具有规模上的灵活性。

知识的偏向：媒介视角下的新闻

◎ 余晓敏*

摘要：本文以媒介学为视角，探究从图文圈到数字圈，不同中央媒介如何“中介”新闻的知识偏向及其所处的媒介圈。报刊“中介”的新闻相较书籍知识而言，时间敏感、覆盖广泛、贴近现实生活，参与构造普遍联系、稳步运动、具有现实感的现代体验。数字圈的浮现促逼新闻与新的中央媒介融合，当代新闻变革呼应了数字圈的知识状况和生存状况，即知识网络化，信息和数据的重要性上升，人的生存性活动常常经由智能终端展开。新闻随媒介革命诞生和发展的历程，揭示了媒介与人类知识领域和生存领域的关联变动。

关键词：新闻；知识；媒介圈；媒介学

前　言

在《大辞海》语词卷中，“知识”的第一条定义是“人们在改造世界的实践中所获得的认识和经验的总和”；第二条定义是“有关学术文化的，如知识分子”。现代新闻大概难以算得上第二条定义所指的狭义“知识”，而“知识”的第一条定义几乎囊括了实践中经思维所得的一切，这样无所不包的定义只能告诉我们，现代新闻属于广义上的知识，而无法告诉我们在何种意义上将新闻视为一种知识，以及这种认识能够揭示什么。

现代新闻是一种与现代性具有多重关联的知识类型，每一具体关联都可能提供一种对知识进行把握的尺度。根据张伟伟的梳理，从知识视角诠释新闻业，源自19世纪杜威和帕克对新闻业规范性问题的思考。他们将新闻放置在公众和公共生活的关系中，来探讨新闻业应当为公众提供何种知识。杜威将新闻视为“一种组织化知识”，以作“调和或舒缓社会分化之弊的本源手段”。帕克认为新闻是一种“熟识知识”，它的价值在于能够激发读者的复述、对话和讨论，乃至形成民主不可或缺的公共意见。从20

---

* 余晓敏，复旦大学新闻学院2019级博士生。

世纪50年代至20世纪90年代,媒介社会学针对新闻业的操作性问题("如何建构现实")以及合法性问题("何以建构现实"),分别从宏观(政治经济学)、中观(新闻生产社会学)和微观(文化研究)三个维度对新闻知识的性质和功能进行考察,从知识视角对新闻业的操作性和合法性问题做出解答。①

实际上,对于新闻来说,知识视角下可探讨的问题远远超出以公共生活的民主为核心划出的规范性、操作性、合法性的范畴。《大辞海》哲学卷对"知识"的阐释,还强调了它的交流性和传递性,"知识(精神性的东西)借助于一定的语言形式,或物化为某种劳动产品的形式,可以交流和传递给下一代"。交流和传递必然借助媒介。本文以"媒介"作为把握新闻这一知识类型的尺度。

伊尼斯认为,每一种传播媒介都具有某种时空偏向,使知识的性质、知识的垄断或寡头的积累程度和人类文明也相应地有所偏向。例如,石头倚重时间,是沉重的媒介,是威望的基础;莎草纸倚重空间,是轻便的书写媒介。当埃及文明从倚重石头向倚重莎草纸转移,"思想变得轻快了","文字、思想与活动的世俗化随之产生",埃及文明从绝对王权转向比较民主的组织机构。② "传播中的种种发明,迫使知识垄断或知识寡头重新组合。"③

德布雷认为"媒介会思考"④,"不同的机器领域就有不同的精神领域和不同的思想性质的状态"⑤。德布雷将媒介(médio)的重点界定为中介行为(médiation)⑥,并指出"没有中介的信息是不存在的",信息与中介其实是一个整体⑦。信息或者任何知识必经中介才能呈现,中介体现为从语言符号规则、存储记录、流通发行、传播模式到社会机器等方面的一系列规定性。任何一个知识环境都由一个中央媒介构成⑧,即德布雷所称的"媒介圈"(médiasphère)。"这个范畴决定了一定类型的控制性信仰,具有特殊的时间性(或者说同天文时间同有的关系)和团体组建的某个方式(这种组建方式不

---

① 参见张伟伟."实践知识"与"表象知识":作为"知识"的新闻与媒介社会学的研究演进[J].新闻记者,2018(9).关于媒介社会学对新闻知识性质的研究,张伟伟指出,宏观维度以罗伯特·哈克特、赵月枝的《维系民主?西方政治与新闻客观性》等政经研究为代表;中观维度以 Tuchman G 的 *Making News:A Study in the Construction of Reality*(1978)、Gans J H 的 *Deciding What's News:A Study of CBS Evening News, NBC Nightly News, Newsweek, and Time*(1979)、Fishman M 的 *Manufacturing the news*(1980)等新闻生产社会学研究为代表;微观维度以 Zelizer B 的 *Covering the Body:the Kennedy Assassination, the Media, and the Shaping of Collective Memory*(1992)等文化研究为代表。

② 伊尼斯.帝国与传播[M].何道宽,译.北京:中国人民大学出版社,2003:5,13.

③ 伊尼斯.传播的偏向[M].何道宽,译.北京:中国人民大学出版社,2003:2.

④ 德布雷.普通媒介学教程[M].陈卫星,王杨,译.北京:清华大学出版社,2004:348.

⑤ 德布雷.普通媒介学教程[M].陈卫星,王杨,译.北京:清华大学出版社,2004:264.

⑥ 德布雷.媒介学引论[M].刘文玲,译.北京:中国传媒大学出版社,2014:10.

⑦ 德布雷.媒介学引论[M].刘文玲,译.北京:中国传媒大学出版社,2014:36.

⑧ 德布雷.普通媒介学教程[M].陈卫星,王杨,译.北京:清华大学出版社,2004:263.

仅仅是简单的地域性重组)。"[1]德布雷以"媒介圈"概念将人类历史从原始记忆圈(mnémosphère)(无文字记忆技术时期)以后至统一数字、声音、图像和文本文字编码之前这段时期分为话语圈(logosphère)、图文圈(graphosphère)、视频圈(vidéosphère)[2],并指出新的媒介圈会使感知改变,概念也随之改变,知识世界进而发生变化[3]。

伊尼斯揭示了媒介偏向与知识、文明偏向的同构性[4],德布雷则说明了媒介如何通过"中介行为"使与之相应的"媒介圈"产生偏向。现代新闻的起源和发展都深受媒介技术变革的影响。以"媒介"作为把握新闻这一知识类型的尺度,可揭示中央媒介如何"中介"新闻及其所处的媒介圈,使新闻具有怎样的知识偏向,这样一种知识如何参与构成人类的精神领域和生存状态,以及在中央媒介变动的当下,新闻、人类精神领域和生存领域如何关联变动。

一、报刊新闻的知识偏向

现代新闻诞生于图文圈,即由印刷术开启的时代[5],最初以报刊为中央媒介。在很长一段时间里,甚至在广播、电视普及之后,报刊仍然作为新闻的重要媒介形塑其知识形态。

本尼迪克特·安德森认为,报纸作为依托于印刷术的两种代表性文体之一(另一种是小说),客观上推动了对"民族"这种"世俗的、水平的、横向的"共同体的想象。报纸上的事件虽然发生于天南海北,彼此互不关联,但是却具有时历上的一致性。报纸上的日期标志着"同质的、空洞的时间随着时钟滴答作响地稳定前进","在那时间内部,'世界'强健地向前奔驰而去"[6]。这种时间体验恰恰是民族这一理念的准确类比,"因为民族也是被设想成一个在历史中稳定地向下(或向上)运动的坚实的共同体"[7]。此外,由于报纸作为"书籍的一种'极端的形式',一种大规模出售,但只有短暂流行的书",在消费上是极易作废的,它就创造了一个"超乎寻常的群众仪式——分秒不差的

---

① 德布雷.媒介学引论[M].刘文玲,译.北京:中国传媒大学出版社,2014:45.

② 德布雷.媒介学引论[M].刘文玲,译.北京:中国传媒大学出版社,2014:45-47.

③ 德布雷.普通媒介学教程[M].陈卫星,王杨,译.北京:清华大学出版社,2004:273.

④ 同构在抽象代数中指的是一个保持结构的双射。在此用于说明有什么样的媒介就有什么样的知识和文明,媒介结构与知识、文明结构(这里的结构是在性质偏向的意义上谈论的,并非实体结构)具有对应性。

⑤ 德布雷.媒介学引论[M].刘文玲,译.北京:中国传媒大学出版社,2014:47.

⑥ 安德森.想象的共同体:民族主义的起源与散布[M].吴叡人,译.上海:上海人民出版社,2005:33.

⑦ 安德森.想象的共同体:民族主义的起源与散布[M].吴叡人,译.上海:上海人民出版社,2005:27.

同时消费('想象')"[①]。于是,它暗示了他者的同时存在,使人们"持续地确信那个想象的世界就植根于日常生活中,清晰可见"[②],从而形塑了人们对匿名的共同体的信心。

尽管安德森没有聚焦于新闻,也没有专门探讨新闻是一种什么样的知识,更没有刻意进行一项媒介学研究,但是我们仍然可以从字里行间对上述主题加以把握。这些主题旧时代在宗教典籍中得到表述,而19世纪在新闻(和小说)中得到刻画。新闻是与旧时代的文化权威——宗教教义——截然对立的知识类型。宗教教义属于"神圣的、层级的、与时间终始的同时性"旧世界[③],具备从上至下、内在一致的解释上的权威;新闻则倾向世俗生活,内容多样化,形式碎片化,难以形成内在一致的逻辑,但是却能在事实上串联起现实生活的时间和空间。教义以典籍(书)为载体,而新闻以报纸为载体。在出版发行上,报纸的发行规模、更新速率远高于书籍。"书是长期思考的成果,具有稳定的影响"[④],报纸则即时更新,短暂流行。于是,新闻以"信息方式"[⑤]呈现,且被以很快的速度消费。从受众群体来看,宗教典籍的受众群体是少数知识精英,而报纸(新闻)的受众群体则是由"新教和印刷资本主义的结盟,通过廉价的普及版书籍而迅速创造出的为数众多的新的阅读群众"[⑥]。

中国近代报刊则与西方都市化进程中诞生的报刊有所不同,一则体现在报刊这一"新媒体"的生成过程,二则在于当时的知识阶层如何解读和看待报刊知识。

中国士大夫阶层历来看重读书明理,而近代报刊则向书发起了挑战,也向千年以来的知识体系,概而言之,即"圣贤之道"发起了挑战。在形式上,早期传教士刊物与书的界线尚显模糊,但定期出版的特征确立了其"刊"的身份。在内容上,《东西洋考》《遐迩贯珍》《六合丛谈》等传教士报刊包罗万象,既包括各地新闻,又涉及地理、历史、风土人情、奇闻逸事等,不仅体现出迥异于经史子集的世俗化、通俗化、现实化、世界化倾向,还体现出西方输出知识体系和价值观,试图打通中西隔阂,将中国接入世界体系的野心。在晚清报刊的推动下,"新闻"由不登大雅之堂的街谈巷议,成为与地理、历史等经典知识具有同等地位的新型知识。晚清刊物的出现和制度化的过程,推动了近代中

---

① 安德森.想象的共同体:民族主义的起源与散布[M].吴叡人,译.上海:上海人民出版社,2005:34.
② 安德森.想象的共同体:民族主义的起源与散布[M].吴叡人,译.上海:上海人民出版社,2005:35.
③ 吴叡人.认同的重量:《想象的共同体》导读[M]//安德森.想象的共同体:民族主义的起源与散布.吴叡人,译.上海:上海人民出版社,2005:9.
④ 伊尼斯.传播的偏向[M].何道宽,译.北京:中国人民大学出版社,2003:64.
⑤ 波斯特.信息方式:后结构主义与社会语境[M].范静哗,译.北京:商务印书馆,2000.
⑥ 安德森.想象的共同体:民族主义的起源与散布[M].吴叡人,译.上海:上海人民出版社,2005:49.

国知识体系的变迁①。因此,近代中国的报刊新闻代表了反映现实变化、超越传统经世思想、联结中国与世界发展大趋势的知识类型。

由此可见,在不同的社会历史情境下,报刊新闻所代表的知识体系不完全相同,产生的社会影响也有所差异。然而,我们同时又能从中归纳出某些共同偏向,并且大胆推测,在现代性进程中,真正具有重大意义的不是作为具体报道内容的"新闻",而是与媒介不可分割地共存着的"新闻"。

伯纳德·贝雷尔森(Bernard Berelson)关于公众对新闻报的态度的实证研究也印证了媒介本身的重要意义。研究显示,大部分读者并不像他们宣称的那样在意报纸上的新闻:有人直接宣称他并不是真的关心发生了什么,只是为了获得谈资;有人表示读什么不重要,重要的是阅读本身,而报纸因其便宜、便携成为当时最易得的阅读材料;有人认为读报是吃饭或者上班途中的伴随性活动;有人习惯了每天定时阅读报纸,将其作为一种生活仪式;还有人表示,不能读报让他们感到生活充满了不确定感,仿佛与世隔绝,犹如鱼离开了水一样难受。② 因此,报纸更重要的意义或许在于为日常生活提供组织,并通过将个体与外界相连而使他们能在动荡的都市生活和世界局势中找到一定程度的安全感和确定感。

综上所述,报刊"中介"的新闻,受其媒介的出版、发行等特征影响,成为一种时间敏感、覆盖广泛(包括社会阶层、地理区间两个方面)、与现实世俗生活具有亲合性的知识类型,构造出普遍联系、稳步运动、具有现实感的现代体验。报纸的便携性和新闻的碎片化呈现方式更使其得以渗透到日常生活中,使读报成为现代的生活习惯。

与典籍知识相比,报刊新闻与生活世界之间形成了相当程度的互嵌关系。在技术、资本主义和都市化的共同推动下,世界各区域、各领域的联系越来越紧密,任何一点局部变化都有可能对各地人民的日常生活产生巨大扰动,共同世界③的重要性大大提升。传统的知识类型,如黄历、民俗,虽然在过去曾经对生活世界有所指引,但由于不能实时反映现实的变化,已经不适用于新的历史情境。新闻无异于应运而生的知识类型。

二、数字圈的浮现与当代知识状况

时至今日,包括报刊、广播、电视在内的大众媒体无论在新闻业还是在社会生活

---

① 黄旦. 媒介变革视野中的近代中国知识转型[J]. 中国社会科学,2019(1):137-158,207.

② BERELSON B. What "missing the newspaper "means[M]//LAZARFELD P F. Communication research, 1948—1949. New York:Harper & Brothers,1949:111-128.

③ 舒茨根据意义脉络的不同,将生活世界划分为前人世界、共同世界(同时代人的世界)、周遭世界(面对面的世界)、后人世界。参见舒茨. 社会世界的意义构成[M]. 游淙祺,译. 北京:商务印书馆,2012.

中,都已经失去或者正在失去中央媒介的地位,媒介圈也随之变化。虽然视频圈(音像)描述的视觉转向、个人主义、信息高于知识等①,对理解当下的现实依旧适用,但数字媒介已经逐渐开启视频圈之后的新媒介圈——数字圈(智能终端)。“一个媒介域正是一个整体决定部分的结构”②,新闻的现状需在新媒介圈的整体中加以把握。

媒介圈的变动意味着人与世界的接合方式发生质变。当下的数字圈建基于移动互联网,以智能终端为中央媒介。移动互联网开辟了新的实践空间。大众传播模式下的被动性经验被赛博空间的互动性经验取代。互动性包含人与人的互动和人与媒介机器的互动两个维度。严格来说,这两个维度是不可分割的,人与人的互动总是经由媒介机器的中介,但是为了叙述上的方便,本文对这两个维度分别予以介绍。

从人与人的互动来看,大众传播模式是一对多的撒播,互联网传播模式则是任意节点之间的相互联动。移动互联网开启了全民参与、全民传播的时代,推动了传播活动和人类知识状况的去专业化和多中心化。社交媒体成为当代最重要的传播载体之一。社交媒体间既生产大量难以归类的信息,也生产新闻,“无数个微信群是大量无法确认、辨析的节点”,虽然“无法被清晰地指认”,但是“它生产真相,生产新闻”,“也构成了全球新闻生产网络中的重要节点”③,且社交平台的业余新闻生产不断激发参与和讨论,“与‘我们的’日常生活互相嵌入、不可分割”④。例如,“新冠”疫情爆发至今,微信等社交媒体上的相关探讨在深度和广度上都令人惊叹,话题涉及人与动物的关系、道德伦理、危机管理、政治制度、公共卫生、停产之下的企业和劳动者困境等。这样广泛参与、海量涌现、层层叠叠勾连而出的互动是互联网环境独有的。“维基”⑤是当代信息生产的代表性模式,依靠大众进行的知识生产,虽然偶尔存在信息错漏、单薄等问题,但从整体来看,它在文章质量、准确率和纠错能力、更新速率等方面还是经受住了检验⑥。网络社区、短视频、直播平台等不仅在内容上,还在空间、时间、媒介实践等方面使公共与私人、生活与理论之间的边界不断消解。此前完全属于私人生活、毫无公共性可言的吃喝玩乐被视觉化地曝光,以前看来自然而然、稀松平常的事物被赋予了新的意义,甚至包括某种程度的职业感和讨论价值。

总体来看,职业信息生产传播活动与业余信息生产传播活动之间的界线正在变得

---

① 德布雷. 媒介学引论[M]. 刘文玲,译. 北京:中国传媒大学出版社,2014:52.

② 德布雷. 普通媒介学教程[M]. 陈卫星,王杨,译. 北京:清华大学出版社,2004:280.

③ 孙玮. 微信:中国人的“在世存有”[J]. 学术月刊,2015(12):5-18.

④ 孙玮. 微信:中国人的“在世存有”[J]. 学术月刊,2015(12):5-18.

⑤ 维基指一种共同创作环境的网站,每个人都可以任意修改网站上的页面数据。见桑斯坦. 信息乌托邦:众人如何生产知识[M]. 毕竞悦,译. 北京:法律出版社,2008:2.

⑥ 桑斯坦. 信息乌托邦:众人如何生产知识[M]. 毕竞悦,译. 北京:法律出版社,2008:152-153.

模糊。任何组织和个人，都可以通过互联网直接与用户展开组织化或弹性化、碎片化的对话沟通。由某一话题引发的信息生产能在短时间内多点开花、多点串联、由点及面，复合出多重意义、多重现实。当下的传播环境正在使知识经历最重要的变化，"知识现在就是一张没有形状的大网"①。同时，由于每一时间单位的信息激增，时间也加速了。

在数字圈中，人与媒介机器的互动通过智能终端的交互界面进行。智能终端不仅把报刊、广播、电视等媒介都变成了自己的"内容"，还实现了不同媒介间的彼此勾连、相互转化。此外，移动互联网和手机等智能终端使移动传播成为常态。移动传播创造的"移动场景中充满了即刻的互动"，"移动"不仅意味着可以"从一个物理场景移动到另一个物理场景"，还意味着"在物理场景、大众媒介场景、社交平台等多个场景的频繁穿梭，形成了多重场景并置、交叉、融合的状态"②。随着人与手机等移动智能终端越来越不可分割，"赛博人成为传播主体，媒介便不再是外在于人的一个工具或者机构，而是转为身体本身。身体成为一个界面"③。梅洛-庞蒂揭示了身体在人之存在的构成中的基础性地位——"我用我的身体观察外部事物"，身体"是最初的习惯，决定其他所有习惯的习惯，其他所有的习惯是通过最初的习惯被理解的"④。尽管目前为止，移动智能设备还没有嵌入身体以改变人的生理存在，但是无可否认，智能手机的使用已经逐渐沉淀到我们的习惯里，我们与世界的关联也越来越建立在身体与手机"结合"的基础上。"位置"在传播活动中的重要性凸显便是例证。"位置"关涉的是行动展开的空间，也是移动的身体。微信、美团、支付宝、滴滴打车等 App 都具备定位功能，它们通过对用户进行实时定位，并通过大数据分析接管了衣食住行的组织安排。随着虚拟现实技术（VR）、增强现实技术（AR）、人工智能、可穿戴设备等智能技术的进一步发展，传播将更为深入地渗透到身体维度。"人的实体会越来越多地被数据化，数据从不同维度映射着人的'虚拟实体'，数据也可以用来对个体的某个身体'元件'进行描摹与复制。"⑤身体成为虚拟和现实的汇聚处，消解了现实空间和虚拟空间的截然二分。

综上所述，在图文圈、视频圈中，大众媒介外在于人，大众传播是主客二分、单向的一对多传播；在数字圈中，移动互联网和智能终端不仅改变传播模式——将其变为点对点、广泛互联的对话式交往，而且嵌入人的身体，嵌入人的生存性行动（或者说人的

---

① 温伯格. 知识的边界[M]. 胡泳，高美，译. 太原：山西人民出版社，2014：186.

② 孙玮. 微信：中国人的"在世存有"[J]. 学术月刊，2015(12)：5-18.

③ 孙玮. 赛博人：后人类时代的媒介融合[J]. 新闻记者，2018(6)：4-11.

④ 庞蒂. 知觉现象学[M]. 姜志辉，译. 北京：商务印书馆，2001：127.

⑤ 彭兰. 智能时代人的数字化生存——可分离的"虚拟实体"、"数字化元件"与不会消失的"具身性"[J]. 新闻记者，2019(12)：4-12.

生存经由智能终端展开),成为人的存在的构成者。新媒介将人类社会系统中的各种关系击碎、重组,生活世界的时空体验也被重构:移动传播成为常态,人们的日常生活在多重场景中展开;时间被加速,时间缝隙被碎片化的媒介实践所渗透,虚拟空间与现实空间的互动交织还使时间不再只由现实世界的节奏所决定,而是因媒介实践而变动不居。当代知识状况也因媒介革命而发生重大变化。一是体现为知识网络化,呈现出动态联动、去专业化和多中心化的特征,原有的边界——专业与业余、理论与生活、公共与私人——瓦解或者液态化,知识权威的确切性、稀有性一再遭受冲击;二是表现为计算机的发展以及人与智能终端的不可分割,使大量数据得以被生产、收集、分析,继而反作用于人的数字化生存,数据在社会经济生活中的重要性日益凸显。

三、数字圈的新闻变革

随着新媒介圈的浮现和当代知识状况的变化,新闻更难以捍卫自身的权威和边界,传统新闻与生活世界之间的亲合性也不再是一种突出的比较优势,因为生活世界也一直持续不断地被媒介形塑,而与移动互联网共生的大多数知识类型几乎天生就更契合数字圈的生活世界。

新闻的专业壁垒并不强大,但是以一整套行业规章制度为保障的客观性原则一度被接受,并支撑起新闻机构的权威。但为什么现在局面会发生变化?戴维·温伯格从媒介的角度给出了一种解释:"客观性作为一种公共价值而兴起,主要还是为了解决纸质媒介传递知识的局限性","客观平衡解决了长形式论证所面临的局限:纸是一种不太方便的、不和别处相连的媒介,因此,为了让读者理解主题,包罗万象就变得非常重要"①。而在网上,读者会被邀请到文章之外,甚至被邀请阅读与其矛盾的观点。网络化的知识"不再是一个'停止点'的体系,而像是一个充满诱惑的网络"②。"当知识变得网络化之后,房间里最聪明的那个……是房间本身:是容纳了其中所有的人与思想,并把他们与外界相连的这个网。"③人们逐渐开始怀疑,是不是"世界太'交织'(inter-wingly)了",以致"和一篇'客观'的新闻报道,以及沿着一条狭长的路去思考的方式比起来,这种交织的网络更加准确地反映了我们的世界"。④

在纸媒时代,每一份报刊都是一个封闭体系,读者的阅读被限制着,需要依靠这个

---

① 温伯格.知识的边界[M].胡泳,高美,译.太原:山西人民出版社,2014:177.
② 温伯格.知识的边界[M].胡泳,高美,译.太原:山西人民出版社,2014:177-179.
③ 温伯格.知识的边界[M].胡泳,高美,译.太原:山西人民出版社,2014:序言 11-12.
④ 温伯格.知识的边界[M].胡泳,高美,译.太原:山西人民出版社,2014:181.

封闭体系的平衡、全面来确保获得可靠认知。这种媒介环境或许也更易于让人相信真理和真相的确凿唯一。因此，人们可能更依赖和信任权威媒体。而在网络时代，人们通过超链接或自主搜索，在不同网站、客户端、搜索引擎，在新闻和其他各类信息之间来回穿梭。重要的是网络本身，虽然网络是由一个个节点构成的，但是很难指望人们像从前那样，在同一节点上长期停留，并对其产生高度信任、依赖和期待。似乎没有哪个节点是无法取代的，也似乎没有哪个节点能绝对地代表客观、全面、确凿无疑。新闻机构不像从前一样能轻易维系权威地位，除了激烈的同行竞争，其他知识类型也在挤压传统新闻的生存空间。①

正是这种不稳定性使再专业化的努力被相应地激发起来，新闻也开始寻求与新的中央媒介融合，以深入数字圈的生活世界。

有学者指出，新闻再专业化的契机是数据新闻。② 这一契机同样来自媒介革命。德布雷认为，今天的信息相对于知识具有比较优势。③ 其实，如果进一步细分，更为重要的是数据。不仅是因为即时的资讯和数据在知识体系、经济运行和整个社会生活中扮演了日益重要的角色，以及数字圈提供了数据被源源不断地生产和加以利用的技术条件，还因为“时间问题在到处变得越来越至关重要”的当下，“格式的袖珍、浓缩和微型化在今天是开辟渗透通道的强制性后勤手段”④。而数据新闻往往通过动态图表等可视化手段，将丰富的信息浓缩，将事件化为可被迅速领会的形象。数据新闻代表了新闻对世界的把握方式的一次变革。它以数据作为原材料，基于数据分析和爬梳，通过对社会科学方法，尤其是统计方法和逻辑的运用来实现求真。⑤ 数据的认知方式或可被视为客观性原则在新传播环境中的一次挣扎。

根据吴小坤、纪晓玉、全凌辉的研究，得益于与企事业单位的合作或政府的支持，一些媒体集团的数据新闻创新部门呈现出良好的发展势头，“数据咨询报告和课题研究正在逐渐成为南都大数据研究院的工作重心，也是真正能实现营收的部分”；DT 财经在公司里还不是盈利部门，但是数据咨询、数据培训、数据营销、数据产品等方面的

---

① 各级政府部门的“两微一端”和“丁香园”等专业领域的微信公众号都会组织化地发布资讯或转发专业新闻机构生产的新闻，微博、微信、慕课、短视频、直播个体用户灵活地生产公共事务、时尚、生活、科技等各方面的传播内容，这既能作为新闻的延续和补充，也会与传统新闻争夺用户注意力，甚至在某些功能上替代传统新闻。

② 张超，闪雪萌，刘娟. 从去专业化到再专业化：数据新闻对数据科学的应用与趋势[J]. 中国出版，2019(9)：25-28.

③ 德布雷. 媒介学引论[M]. 刘文玲，译. 北京：中国传媒大学出版社，2014：50. 本文在论及知识偏向、知识环境时，在广义上是用“知识”的概念，即将信息、数据都视为知识的类型，而德布雷是在狭义上使用“知识”，他所说的“知识”至少具有系统化这一特征。

④ 德布雷. 普通媒介学教程[M]. 陈卫星，王杨，译. 北京：清华大学出版社，2004：278.

⑤ 李艳红. 在开放与保守策略间游移：“不确定性”逻辑下的新闻创新——对三家新闻组织采纳数据新闻的研究[J]. 新闻与传播研究，2017(9)：40-60，126-127.

营收增速相当可观;澎湃新闻的数据新闻创新不以商业化拓展为主要目标,但是也把发展数据新闻作为提升整体品牌的手段。① 然而,发展数据新闻还存在投入产出比是否理想、专业新闻机构从事数据服务是否会偏离公共新闻的初衷等问题。此外,正如赫伯特·席勒 30 年前所说,当商业价值越来越与信息绑定在一起,引发贯穿经济基础和社会过程的变化,以致工程、科学、行政部门、工业及企业的扩张都表现出对信息的高度依赖时,大型企业也会加入这一领域当中。② 国内两大互联网巨头阿里巴巴集团和腾讯集团既拥有雄厚的资本,又已经在互联网商业实践中积累了绝大多数组织难以望其项背的用户数据。阿里巴巴集团的阿里研究院以电子商务、智能化产业、数字生活服务等领域的数据积累和研究见长,腾讯旗下的企鹅智酷则在网络消费、网络娱乐、社交媒体和小程序使用行为等方面有深厚基础。新闻机构在数据领域面临来自科技公司的强有力竞争。

在深入数字圈的生活世界方面,新闻媒体主要有两方面的措施。一是通过开通微信公众号、微博号、抖音号等方式,借助其他平台的互动传播环境,或自行开发客户端,使受众通过留言、分享等方式参与新闻的再生产与再传播,并将其作为日常生活的一部分。二是将新闻与人的生存性活动相结合。以浙江省湖州市安吉新闻集团自主研发的"爱安吉"客户端为例,其业务内容涉及家政、维修、社区服务、社保查询、医院挂号等便民服务,三务公开(村务、党务、财务)、消费维权、司法咨询、警务公开等政务服务,美食推荐、当地旅游、同城网购、房产查询等生活服务,单车扫码、汽车票/火车票/飞机票预订、掌上公交、实时路况等交通服务。"爱安吉"还设置了可供兑换积分和用于消费的"云豆子",各部门工作人员的餐补可通过"云豆子"计量,并在平台上的商家使用。而地方新闻、国内新闻则以电视、广播、报纸、短视频等表现形式,被整合到生活服务的脉络中。

这些改革措施使新闻也变成没有固定形状的网络,不再只由少数的确定主体垄断生产,而是在转发、对话、争辩、延伸讨论中不断生成,并且脱离了传统的相对固定的生产、传播脉络,而与经由媒介中介的生存性行动相互交织。

结论和思考

本文无意于对媒介技术与知识的发展轨迹进行绝对化的断言——这项工作超出

① 吴小坤,纪晓玉,全凌辉.数据新闻市场价值与商业模式侧描:基于国内 7 家数据新闻媒体负责人的访谈[J].当代传播,2019(5):14-19.

② SCHILLE H. Culture, Inc.: the corporate takeover of public expression[M]. Oxford: Oxford University Press, 1989: 71-73.

任何研究者的能力范畴，也并非宣称技术是影响知识形态和社会生活的首要或唯一要素。本文的目的在于为理解新闻及其变迁提供一种路径，并发掘媒介学的理论资源，以此理解媒介技术与人类知识、人类生存环境和生存状态的关系。

媒介变革不断触动知识的把握方式、呈现方式与内在信念。相较典籍"中介"出的知识而言，报刊"中介"的新闻是一种时间敏感、覆盖广泛、与现实世俗生活具有亲合性的知识。报刊新闻与图文圈其他技术（电报、铁路等）共同构造出普遍联系、稳步运动、具有现实感的现代体验。当中央媒介转变为智能终端，数字圈日渐浮现，生活世界由被报刊等媒介从外部介入和组织，转变为与智能终端逐渐融合，经由智能终端展开，甚至可能日渐以数据的方式进行。即时的信息和数据成为至关重要的知识形态。全民传播使专业与业余、理论与生活、公共与私人的边界不断液态化，知识的网络化也日益凸显，网络自身超越了一切知识权威。传统新闻的权威和边界因此受到了侵蚀，变革的需求也被激发起来。当代新闻在再专业化和深入数字圈的生活世界两个方向上变革，呼应了数字圈的知识状况和生存状况。

数字圈还远未成型，数字技术的发展仍在高速进行。例如，近年来，虚拟现实等全息手段的技术进展和应用都颇受关注。2018 年，世界报业和新闻出版协会设立 VR 新闻报道奖（VR Journalism Prize），BBC、ABC、中国网新闻中心等新闻机构也于近些年开始陆续探索虚拟现实新闻实践。虽然虚拟现实技术在用户体验上仍待提升，应用上也没有真正到达普及的程度，但是，我们已经可以预见它从观念和实践层面对"真实""客观"的再度冲击。此外，地点幻觉、似真性所致的新的时空体验，混合了技术元素的"身体"及其经验方式，也已得到理论层面的讨论。① 数字技术的变革还将不断推动新闻以及人类感知方式的变化。

媒介学提倡"我们要向外，我们要走出去看"②。新闻的问题不能只从它的内部找答案，"一个'社会转变'理论就不能以自身内容有效为名，同其传递的物质条件及形式分离"③。此外，"向外"还有另一重含义——新闻不只代表其自身。恰如安德森的《想象的共同体》所示，19 世纪，新闻得以崭露头角；而在新闻中，19 世纪也得到经典化的揭示。新闻至今也仍然是人类社会中非常重要的一种知识类型。媒介与知识的变迁牵引着更广范畴（包括时空体验、交往方式、经济生活、文化形态等）的错综复杂的互动与变化。

---

① 张昱辰. 后数字时代的沉浸式新闻：虚拟现实新闻的本质、特征与挑战[J]. 国外社会科学前沿，2019(6)：76-82，84.

② 德布雷. 普通媒介学教程[M]. 陈卫星，王杨，译. 北京：清华大学出版社，2014：268.

③ 德布雷. 普通媒介学教程[M]. 陈卫星，王杨，译. 北京：清华大学出版社，2014：349.

第三部分
“切问近思半月谈”沙龙

“切问近思半月谈”学术沙龙荟萃：对话

施瀚涛：作为媒介的上海双年展

——当代艺术的公共性面向(2019 年 4 月 10 日)

主讲嘉宾：

施瀚涛，2018 年上海双年展项目总协调，芝加哥艺术学院“艺术管理与政策研究”硕士，长期从事艺术展览及公共文化活动的策划和组织工作，主要策展包括“走神”(连州，2005)、“别扭的焦虑”(纽约，2008)、“欢迎来到鸟头的世界”(连州，2010)、“上海祭忆 1980s”(兰州，2012；上海，2013)、“听我说”(上海，2017)、“上海之像 1990s”(上海，2017)等，编撰有《身体·性别·摄影》《摄影的多元化空间》等著作，其他文字散见于《摄影·社会·空间》《中国摄影》《书城》《艺术当代》等著作与刊物。

对谈嘉宾：

顾铮，复旦大学新闻学院教授，复旦大学信息与传播研究中心研究员，复旦大学视觉文化研究中心副主任。1998 年毕业于日本大阪府立大学人类文化研究科比较文化研究专业，获学术博士学位。2017—2018 年度哈佛燕京访问学者。曾获得中国摄影金像奖(理论评论)(2001)及第一届沙飞摄影奖学术奖(2007)。主要著作有《城市表情——20 世纪都市影像》(2003)、《世界摄影史》(2005)、《现代性的第六张面孔——当代视觉文化研究》(2007)、《遮挡与穿透——当代中国摄影景观》(2008)、《当代摄影文化地图》(2016)等。曾策划“城市·重视”“上海之上”“中国风景”等展览。曾担任第 56 届(2013 年)世界新闻摄影比赛(荷赛)终审评委。

讨论参与者：

孙玮，复旦大学信息与传播研究中心副主任、新闻学院教授；陆晔，复旦大学信息与传播研究中心副主任、新闻学院教授；徐佳，复旦大学新闻学院副教授。

施瀚涛:我是2018年第12届上海双年展的项目总协调,之前十几年一直在艺术机构做艺术活动组织策划方面的工作,有机会与大家分享,我觉得是一件特别好的事情。我们的题目是“作为媒介的上海双年展——当代艺术的公共性面向”。假若我们把上海双年展作为一个媒介看,它到底是在哪个点上和媒介联系起来的?“当代艺术的公共性”是一个很好的切入点,就是说艺术展览、艺术家的创作,包括艺术项目和各种各样的艺术实践,都带有一种公共性的面向。它包含着人跟人之间的连接和关系,可以从各个层面去理解和解读,把艺术的公共性和媒介联系起来。

上海双年展是从1996年开始的,是亚洲最早的双年展之一。19世纪末期,威尼斯有了第一次双年展,之后逐渐发展起来。现在,很多城市都有双年展,特别是亚洲地区的上海双年展、深圳双年展,是现在比较活跃的双年展,还有日本的横滨、爱知双年展,韩国的釜山、光州双年展。20世纪90年代以后,双年展和三年展成为一种现象,上海双年展就是在20世纪90年代的双年展浪潮中出现的。

这一届上海双年展我们邀请了一位墨西哥的学者、艺术史家夸特莫克·梅迪纳(Cuauhtémoc Medina),他和另外三位策展人为我们提炼了本次展览的主题“Proregress”。这个词是美国诗人E. E. 卡明斯在诗歌语言实验中创造出来的(*W* [*Viva*]第十九节,1931),结合了“前进”(progress)和“后退”(regress)之意,代表某一种状态。主策展人说,他去查找过,自从1931年诗人创造出这个词之后,没有艺术家、诗人和学者再用过这个词,这个词就好像被遗忘在抽屉里的一把钥匙。找到这把钥匙,就可以解读很多东西,包括社会历史、个人的生命经历等。它是一种状态,这种状态既没有往前,也没有往后,或者说既包含着往前也包含着往后。这个词在一定程度上也跟现代性以及对现代性的反思有关。副标题是“在历史矛盾性中的艺术”,便是在这种状况下,考察艺术家是怎么工作的,或者他们比较新的作品有哪些。梅迪纳和另外三位分策展人组织了来自26个国家的67位艺术家,在PSA上海当代艺术博物馆做了这个展览。

接下来我会具体介绍其中的几个作品,与此同时,我也会不断回顾关于艺术公共性的讨论,以及由公共性所带来的媒介化问题。下面我先举一个例子,本次双年展有一个特别的艺术团队叫作“法证建筑”(Forensic Architecture,简称FA)。FA由建筑师、艺术家、电影人、记者、软件开发工程师、科学家、律师以及其他各领域和学科的众多合作者组成,是伦敦大学金史密斯学院的一家研究事务所,创办者是伊尧·魏兹曼教授,创立时间是2010年。FA致力于新取证技术的开发与传播,并代表国际检察官、民间社会团体以及政治和环境司法组织展开深入的建筑和媒介研究。他们从建筑学的专业视野出发,没有去做具体的建筑设计或者城市规划,而是把建筑作为一种工具,用这种工具去做一些跟社会事件有关的调查。他们这一次参展的作品名为《阿约钦纳帕项目》,反映的是 2014 年 9 月 26 日晚,墨西哥西部阿约钦纳帕师范学校的 43 名学生失踪的事件。当时,这群参与纪念 1968 年墨西哥学生运动的学生遇到了各种各样的障碍,有 6 人当场被杀害,有 43 人失踪了。这 43 个失踪学生的下落到现在都没有定论,不知道他们身处何地,是生是死。

FA 受一些非营利组织的委托去做一些研究工作,他们把社交媒体、大众媒体上的报道以及各种各样的法律证据、法庭上的证词、警察局的档案资料全部整理起来,做一个梳理。他们做了一个巨大的海报,海报下面有一个时间线,只要顺着这个时间线就可以看到这些学生在某个时间点在哪个位置。这上面有各种各样颜色的线,它们分别来自学生的证词、警察的证词或是黑帮的证词等。该事件发生之后,墨西哥国内有众多讨论,所以 FA 就试图把所有的讨论整理起来,连接起来。

除了海报以外,FA 还做了一个视频作品,使用了类似新闻片的制作手法。他们整理了相关信息放到三维的地图上,试图把学生行进的过程以及在哪个位置受到了怎样的攻击等标注在地图上,包括最激烈的冲突发生的位置。这个作品总体上看像建筑模型,能看到汽车,包括联邦警察的、州警察的、黑帮的等。关于谁是这一事件的始作俑者,究竟是黑帮、军队还是警察,当时有各种各样的争论。FA 的这件作品非常直观地把这个事件用建筑学工具还原出来了。这就是一个典型的 Socially Engaged Art(社会介入艺术)。FA 其实还做过很多项目,比如叙利亚的一个监狱。这个监狱曾经关押了很多抗议者,因为进去以后所有人的眼睛都被蒙起来了,所以没有人知道监狱里面到底是什么情况。后来,FA 邀请了声音工程师,他们找到了四位从里面出来的幸存者,通过模拟各种各样的声音,把这个空间重新建构出来。这个作品跟墨西哥学生失踪事件是类似的。总策展人梅迪纳曾经写过一篇关于 Investigative Aesthetics(调查性的美学)的文章。大家可以感觉一下,这样的作品跟我们过去所了解的艺术作品、绘画雕塑等有很大的区别。

的确,该作品的展陈形式也不是传统的艺术方式。而且他们做的每个项目都是跟不同领域的人合作的,所谓的艺术的跨界也好,或者所谓的介入,它的介入是跟其他专业人士一起介入的。所以这里就体现出了公共性,即对公众所关心的,甚至与公众利益攸关的话题进行讨论。是不是艺术跟人的公共性只有当代艺术里才有呢?我后来回想了一下,又想到了其他的一些事情。波提切利有一幅画《耶稣诞生》——最经典的文艺复兴时期的绘画。波提切利接受了美第奇家族的委托去画了这幅画,他的委托人或是被整合在作品里。艺术这个东西跟人跟社会之间的关系到底是怎样的?假如回到文艺复兴时期,那个阶段已经存在艺术的公共性了。文艺复兴时期的大商人弗朗西斯科·达梯尼(Francesco Datini)说过这样一句话,他说委托一位画家在祭坛上或者教堂里创作绘画或者雕塑作品,是委托人拯救自己灵魂的方式,能使自己暂时摆脱炼狱的苦难。所以,请人在教堂里画祭坛画体现了人的需求,也体现了宗教的思维方式、行为方式等。所以,假如有绘画或者说艺术的公共性的话,我觉得从文艺复兴的时候就可以看到。

当然,尽管艺术的公共性、跟社会的关系一直存在,但是它在不同的时代有不同的形态。那么,在我们今天的上海双年展或者是今天的当代美术馆,甚至是在当代艺术创作中,"公共性"这个概念是什么时候出现的?我认为是始于卢浮宫向公众开放。有一本名为《博物馆怀疑论》的书,作者是美国当代著名的艺术理论家大卫·卡里尔。美术馆也有一种变形的能力,阐述各种各样的故事,其意义会慢慢地叠加进去,或者是发生变化。这本书的作者想阐述的就是艺术的公共性是从卢浮宫开始的。他在书里面引用了这么一段话,大意是说卢浮宫本来是一个法国贵族的宫殿,后来开始对外开放,把原来宫殿里所谓的皇家的私人物品变成了公众可以参观的对象。王朝的奢侈品被摆放在向公众开放的博物馆里,就变成了民族的资产,有爱国主义的价值,也是公众启蒙的工具。假如说文艺复兴时期的艺术创作是以宗教为基础展开的,那么到了博物馆和美术馆时代,其基础发生了根本转变。

我们继续来看此次上海双年展的其他作品。其中一个作品是一个巨大的装置,悬挂下来的是亚克力板,一共有 22 米高,正适合上海当代艺术博物馆的一个天井的空间。这里面放的是什么呢?是像文本一样的东西。这位艺术家名为博路斯帕·哈尔帕(Voluspa Jarpa),是一位智利的艺术家。这个作品名为《纪念碑》,纪念碑自然而然就跟历史有关系。它里面的内容其实是美国情报机构 FBI 和 CIA 刚刚解密的档案,也就是 20 世纪 60 年代的档案。这些档案里面保存了大量当时美国政府怎样干涉南美洲国家内政的信息。作为一位智利的艺术家,她试图去了解自己国家的历史,了解美国在其中到底扮演了怎样的角色。但是,她发现解密的档案里其实有很多东西都被涂抹掉了,大量的信息是缺失的,所以这个历史是不完整的,是看不清的。她把一个看不清的东西悬挂起来,让这段历史看上去是精彩的,尽管我们无法看到准确和完整的历史。

还有件作品也是一个"调查美学"的作品。艺术家安德烈·弗雷泽(Andrea Fraser)创作了一个作品叫《2016:博物馆、金钱与政治》。他在 UCLA 教书,属于 Institutional Critique 这个领域的,从 20 世纪 90 年代开始做这种艺术形态的作品。他这一次的作品是一张海报,加上桌子上放的三本书。他采用直接的信息收集的方式,对美国的 128 个美术馆和博物馆做了调查,调查了美术馆委员会成员的政治倾向。假如他们是共和党，就用红点来标注；假如他们是民主党，就用蓝点来标注。他用这种方式对美国的博物馆机制，或者说美术馆跟政治之间的关系做对比。

从我举的这两个例子中，大家可以看到当代艺术家所关心的公共性、所从事的实践活动的社会问题意识到底在哪里，是怎样表达出来的。一定程度上来说，这其实跟我们今天的很多媒体的工作已经非常接近了。上海双年展的主策展人说：“当代文化表现为一处复杂的反思的场域，当代艺术是一个奇异的改良产物。这些原材料是社会的残渣和宏观冲突，就是大型冲突力量的碎片。当代艺术用这些碎片来重新构建出一系列的艺术品。但是这些艺术把广泛的社会斗争焦虑转化为主体经验，令我们对当代生活中的种种底部力量宽容以待。”通过这段话我们可以明确地看到，策展人有非常清晰的认识。他认识到在当代艺术或者说双年展中，他应该扮演怎样的角色，应该如何去回应社会或者和社会有关的历史政治话题。

我想说，公共性或者艺术实践，或者我们把上海双年展作为一个媒介去考虑的时候，其实同时考虑的可能还有其他的这些面向。我最近看到一个研讨会，谈的是关于欧洲的公共文化设施正在被私有化，里面提到公共正在经历着被破坏的过程，公共的资产、产品和服务被破坏或者被抛弃后，会不会到私人手里？当然这里面的问题非常复杂。

我暂时就讲到这里，更多的时间留给顾老师，然后大家有什么问题的话也可以再聊，谢谢大家。

顾铮：我跟施瀚涛老师比较熟。我跟上海双年展产生联系是在2000年，是发表在《读书》杂志上的一篇名为《落空的上海精神》的文章。这篇文章在当时是有一些反响的。因为这篇文章其实是我对上海双年展的批判性的思考。那届双年展的主题叫“海上上海”，但我认为“海上上海”这个命题是在回避和当下上海的关系，这是不是上海双年展的根本性问题？用“双年展”这块招牌来打造一个国际化城市所必需的一些东西、一些配置，但是回避对上海以及中国的问题的讨论。

当代艺术，其实从某种意义上来说，我的理解是，更多的是对一些社会问题的介入，通过这种介入来讨论、激发关于艺术的公共性问题、美术馆自身的问题等。北京双年展坚持传统媒介，用传统的绘画坚持到现在，就是要对抗上海双年展这样的以当代艺术为幌子的双年展。对比一下上海双年展和北京双年展的话，我们会发现其中有些事情还是比较有趣的。

到今天为止，上海双年展是回避对“本地”的态度的。我觉得“本地”其实是应该更开放意义上的“本地”，不仅仅局限为上海的“本地”。上海的“本土化”应该是包括中国在内的本土化。现在上海双年展其实面临一个问题，就是完全由这些国际策展人来组织,然后把中国艺术家边缘化。甚至在一段时间里,中国艺术家能不能进入上海双年展都是不可知的。更有一些当代艺术家已经完全不在意上海双年展了。当代艺术和当下上海发生关系的机会被去除了。现在说双年展其实说的是艺术制度,据不完全统计,双年展在世界上已经有250个,最近一个刚刚出现的是夏威夷火奴鲁鲁(檀香山)双年展。火奴鲁鲁双年展旨在把夏威夷本地的艺术家推向全世界。

各地的双年展可以有不同的定位和宗旨,上海双年展最大的问题可能是本土的艺术家没有太多机会。上海双年展只是陶醉在国际化里。我觉得双年展其实是当代社会和城市的一个新的配套项目,图书馆、美术馆、动物园是城市现代性的第一拨标配。现在,"一个城市有没有双年展"这个城市现代性标准成为它是否国际化的指标,双年展成为国际大都市的一个标配。我们面临的问题其实是公共性到底在不在、有没有的问题。也就是说,在一个特定的国家和地区,如果没有像样的公共生活这一前提,即使举办双年展,其公共性还是打了折扣的。这样的公共性只能体现在从遥不可及的地方来的这些艺术家对他们本国的许多问题的细腻的批判上,但是这些艺术家到我们中国来,给我们带来的是对他们自己国家的反思,这会对我们国家的艺术家产生什么样的效应呢?

还有一个问题是双年展的"奇观化"。正如我在《落空的上海精神》中说的,把当代艺术体制化了以后,最大的问题是回避了对本土问题和本土现实的关注和观照。现在看来,这么做明显是成功的,所以说双年展我就不去看了。还有一个问题,"禹步"这个标题我觉得很有灵性,它回到了汉字文化的语境里,其实现在有的地方有可能进一步退两步。这个题目我觉得是上海双年展最成功的一件事情,但是有多少人能理解这个题目背后所蕴含的深意呢?

施瀚涛:当时译名其实也想过很多,"Proregress"最直接的意思肯定是进退,我们甚至想到在中国传统典籍里面也有关于哲学辩证进退这种关系的说法。本次展览正好有这件作品,一个阿根廷的艺术家做的《前进一步,后退两步》,这个艺术家从不同国家的语言中选一句话,然后用纸箱搭出一个像迷宫一样的装置。小朋友在里面可以走来走去。材料本身也有意义,纸箱是当代商品全球化、商品经济最典型的一个物件,流通最广、被舍弃得最快。

顾铮:当然上海双年展的确也有在地化的努力,包括请邱志杰等做了"中山公园计划"这样的展示,但这个努力本身能够触及什么样的在地的问题,仍是需要质疑的。

施瀚涛:比如说有一个作品是来自委内瑞拉的艺术家亚历山大·阿波斯托尔(Alexander Apostol)的《剧中人》,艺术家一共拍了100多张肖像作品,每一幅作品是由不同的人扮演的,而这些角色是艺术家设定的。我问他有没有针对性,他说没有,但是假如你对拉丁美洲国家,特别是对他们的军政结构政体过去半个多世纪的历史有所了解的话,也许可以找到对应的人。

他给每一个人都设置了一个身份,比如说什么的宣传部长,他们的身份中都有一个定语,如被迫失去土地的农民、投靠外国的资本家、失踪的记者、不懂审美的选美皇后等。这显然是一个关于身份的讨论。另外,他邀请一些来自世界各地的变性人,自己的性别身份或者说个人的身份是很模糊的这样一群人,拍摄了关于拉丁美洲当代社会人物形象的作品。每一幅作品都蛮好看的,照片几乎都是等人大的。他有意把照片拍得非常面具化,让人感觉就像一副扑克牌,他所谓的身份概念强化感特别强烈。

这一次假如说有网红作品的话,西班牙艺术家克里斯蒂娜・卢卡斯(Cristina Lucas)的作品可以算是一个网红作品。她做了一个水滴形状的空间,每隔 4 分钟放一个钟表,一共摆放了 360 个钟表,加在一起正好 24 小时。艺术家试图去创造一个能够容纳一整天时间的空间,能听到嘀嘀嗒嗒时间流逝的声音。

还有个作品值得一提,作者是迈克尔・拉克威茨(Michael Rakowitz),他 1973 年生于纽约,现生活工作于芝加哥,在“解决问题”和“制造麻烦”之间进行创作。他是一个伊拉克裔的美国人。2003 年美国入侵伊拉克以后,伊拉克国家博物馆受损严重,他就把伊拉克国家博物馆的那些被掠夺的、遗失的、被破坏的文物重新用回收材料复制出来。这些回收材料都是他从伊拉克收集的一些包装纸、包装盒。尽管不是那么精致,但他用的手法不是很还原的现实主义手法,他把那些被掠夺的作品全部重新做出来了!

与此同时,他在小展厅里面放了一首背景音乐,是伊拉克国家博物馆馆长的乐队唱的。伊拉克国家博物馆的馆长是一个摇滚迷,他有自己的乐队,唱美国摇滚乐曲,又有着穆斯林音乐的那种味道。展厅后面一侧的镜框里是艺术家画的一系列关于馆长的生平的画。所以这件作品其实包括三部分,一部分是馆长的乐队唱的歌,一部分是艺术家画的馆长的生平,还有一部分就是艺术家手工做的这些小雕塑。通过这个作品,我们可以看到馆长在萨达姆政权下怎样生活,包括后来他举家搬迁到纽约,在纽约州立大学的人类学系做教授,有人给他寄子弹等一系列故事,所以这是一个非常有力量的、蛮复杂的作品。

陆晔:我想补充,我觉得这次的展览特别全球化。我自己比较喜欢的一个作品是两个影像的组合,一个是通过全世界最大的射电天文望远镜能够看到的空中的景象,另外一个是天文望远镜所在地危地马拉的某一个丛林的影像,这是一个我们很不熟悉、离我们很遥远的地方,是亚马孙丛林濒危保护动物的最后一个栖息地。这个作品把人类对外太空的向往和我们所处星球的危险状况并置在一起,有科幻的含义在里面

(科幻作家特德·姜参与其中),是多个不同文化来源的团队的作品。我觉得这个作品很打动我,但是你必须要熟悉背后的故事才能有所感悟。另外一个作品是《黎明之城》,关注的是1968年,一个法国哲学家在印度的东南部创立的所谓的替代性社区。作品包含了装置、图片、文献、声音材料,内容特别丰富,也是一个多文化来源的作品。这种作品就很打动我。顾老师说的批评我非常赞同,但是我觉得还有一些可以讨论的余地。

孙玮:我也是艺术爱好者。第一,我完全站在顾老师一边,但是我今年没去看双年展,所以不是对施老师进行评判。我有一个例子是半个月以前我参加"上海城市空间艺术季",主办方想将其办成上海的第二个双年展,所以其举办年份是和双年展错开的。我是该活动的专家委员会的一员,我给他们提的意见的第一条就是公共艺术肯定要介入当前问题,和顾老师的意见完全一样。也就是说,他们提供的讨论方案没有介入现实问题,没有介入当代上海,上海就是一个虚幻的符号而已。第二,我想补充顾老师讲的,有没有有影响力的中国艺术家。刚才施老师那句话特别好,有没有主体性经验,不在于你是不是中国人,是不是上海本地人,而在于是否表达了上海本地或者是中国本地的借由艺术介入公共生活的这种主体性经验。我觉得这要打一个大大的问号。

我一直在想,我们讲新闻传播和当代公共艺术有什么共同点,我觉得有没有关联不在于用不用新媒体,它们的共同点就在于公共性,艺术要介入新闻传播,要介入现实生活,渗透到老百姓的日常生活中,要对日常生活产生巨大的影响。无论是对抗权力,还是审美等都要产生影响。我看过以前的上海双年展,感觉这个影响力是非常有限的。所以我反思是上海双年展做得不够好,还是我们的艺术素养是有重大缺陷的。我在20世纪80年代初到复旦大学读书之前,看了非常多的艺术史的书。像我们很大年纪才出国,看见那些作品的时候真的是浑身发抖,冲击力很大,因为之前你是在文字当中看到的,在图片当中看到的。

顾铮:如果要我用两个词来概括现在的当代艺术的话,可能就是玄学和巫术。真正好的艺术,真的是古典的东西,还是能够穿越时空的。虽然我们也知道,比如说文艺复兴也有好多东西都没留下来,只要现在留下来的都很金贵了。

孙玮:我当时看"上海城市空间艺术季",也有好多这种装置艺术的作品,艺术家们又到上海来找一个点,然后作品基本上是重复的,就变成了一个全球化的展览,只有全球化,没有地方化。第二个,当代艺术在欧美是继承了传统艺术的,而我们前面既没有中国的传统艺术,也没有西方古典的传统艺术的一些基本积累。还有一个,我也比较担忧对日常生活的渗透。大家去打卡,因为这些都非常适合拍照发朋友圈,看完了就过去了,作品对于日常生活产生的影响令人质疑。我是喜欢当代先锋艺术的,但是用这样的方式,在中国的影响力怎么体现出来?其实我反思的不是施老师的策展,而是我们中国的教育,不只是大学教育,对艺术的基本常识及其与日常生活关联的认知,都是令人担忧的。举一个例子,梅洛-庞蒂的东西很多学生说很难读,实际上它和艺术联系紧密,他经常用当代艺术的一些浅显的例子来说明他的理论。我说看不懂梅洛-庞蒂的理论,就去看看他如何讲印象派,你就能够明白他在说什么。可是学生说印象派我就更不知道了。所以当代艺术在中国怎样才能有公共性,我觉得肯定和西方的传统——其当代艺术是从古典艺术发展而来的——完全不一样。

徐佳:我看展时也常常有一种挫败的感觉。你看当代艺术作品,看了 200 个作品,其实有 199 个都适用于顾老师那两个词。但是可能有一个是充满灵感的,或者是特别给你启发的。我觉得,孙老师我很冒昧地说,在我的理解中,没法把当代艺术和经典艺术去做这样一个比较。

孙玮:我不是做比较,我是说理解当代艺术要有那样的古典艺术的基础。在当代西方,一般受过高等教育的普通公民都了解古典艺术的传统。但是,中国当代艺术这样进来,前面既没有中国的传统艺术,也没有西方的古典艺术。不是做比较,是说这一块我们是没有的。

徐佳:刚才孙老师提到当代艺术和新闻传播之间到底有什么共性,这也是我一直在想的问题。我倒觉得可能至少有两个共性。第一个就是我们的新闻传播学尤其是传播学关注媒介,当代艺术也特别关注媒介。我举个例子,隋建国老师原来是一个传统的雕塑家,后来成为当代艺术家,他发现过去像罗丹学习的那种雕塑艺术所在意的是作品本身,而不是作品背后的人。他 2016 年前后的系列作品《肉身成道》,就是思考泥巴这种材质,用我们的话讲就是“作为媒介的泥巴”。这个系列作品完全用泥来完成,大大小小的几堆泥承载着艺术家也就是人的掌印指纹,记述着同时赋能着人的情感,泥与人之间形成了一种关系。如果我们用的是泥这样的媒介,就塑造了泥可以塑造,而石膏、金属等媒介不能塑造的作品,即“媒介即讯息”。

孙玮:当代艺术用的是什么媒介?这其实已经经过了巨大的转换。它变成了另外一个东西。用不同媒介呈现出来的东西不一样,媒介变了,那个意义其实也已经发生变化了。

徐佳:是的。就像罗兰·巴特说的,读者诞生而作者已经死掉了。我是搞传播学的,我从隋建国的作品里看到媒介的意义,另一个人可能读到另外的意义,作品作为一种文本是开放的。第二个共性是我们传播学探讨的时空问题,尤其是卡斯特以后,时间空间皆正义,当代艺术也在探讨时空问题。比方说隋建国的另一个作品——《时间球》。从 2006 年 12 月 25 日开始,他每天将一枚很长的针在一个蓝色的油漆桶里蘸一下,如果他不在工作室,就请助理帮他去蘸一下,他计划将这个动作延续到他生命的最后一天。这个动作本身是对无形时间的一个记录,随着时间的推移,这枚针慢慢变胖了,成球了,无形的东西变得有形化了,并且还改变了他工作室的空间格局,比方说最早只需要一个很小的空间,慢慢就要用机械辅助了,要请助手合力搬动这个越来越重的球了。未来他可能还要换一个更大的工作室来容纳这个越来越大的时间球。很多艺术家在实验性地探讨并呈现时空互动关系。当然,时空里面有生命。

施瀚涛:刚才孙老师提到打卡现象,当代艺术的作品给人的感觉是很高大上的,都是精英主义的东西,和普通人还不够贴近。另外一个问题,就是当代艺术太低级了,和popular的东西混在一起,包括现在很多美术馆,特别是有些民营美术馆,就是盯着网红展做。艺术总归就是社会的一个文化表征,就是再现,它只是用一种文化的形态呈现出来。你想阻挡,或者你一定要去改变它,也很难做到。另外,作为一个具体的在美术馆里面工作的人,或者作为一个具体的文化工作者,甚至艺术家,你可以对不同的现象有不同的反馈。双年展的时候有网红来直播,一边走一边讲,有好多人在网上回应,这毕竟让更多的人知道了双年展。这两种观点,在一定程度上其实都站得住脚。作为一个具体的文化工作者,比如说当时我们非常有幸请到陆老师,大家一起来做"你的地方"项目,精英也好,打卡也好,在可能的情况下,在一些缝隙里,是否可以做一点东西。

刚才徐老师说当代艺术和媒介,我觉得蛮有趣的,有一句话说现代艺术就好像是小说,是内向型的,而当代艺术是新闻,它是事件性的,是外向型的。我的理解就是当代艺术像新闻,艺术这个东西到今天不一定需要一个非常清晰的定义,它正在发展过程当中。当代艺术像新闻,或者新闻里面跟当代艺术有交叉的媒材使用方法。大家都在自己的领域里做一些本地的东西,至于你叫它艺术还是新闻,建筑也好,新闻也好,纪录片也好,当代艺术也好,都不那么要紧。

孙玮:我完全赞成。刚才那个作品,你也可以把它叫作新闻,无所谓。所以在媒介剧烈转换的当前,新闻的边界越来越模糊。不是专业新闻机构,就像律师,也可以做调查新闻。我觉得,艺术与新闻的互相渗透已经成为一种普遍的社会现象,也可以看作新媒体发展引发的一种趋势。

陆晔:因为时间关系我们不得不在这里打住。说到双年展在缝隙里做的公众参与的"你的地方",我想给大家讲一个小故事。这些参与者都是普通老百姓,其中有一个嘉定的普通小白领,他自己做了一个关于嘉定城市的调查,后来我跟他讲,我觉得你的图片做得大些会更好看。他说老师我已经花了2000块了,我真的没有那么多的钱和业余时间来做作品。但是他们的作品,特别粗糙的作品,和那些国际艺术家的作品一起走进了大烟囱(PSA),我自己觉得蛮自豪的。所以,每个活动当中可能都有一些不同的面向，虽然还达不到孙老师和顾老师所希望的那样大的在地参与力度，但毕竟也撬开了一些小的缝隙。

顾铮：希望老百姓的艺术创作不要沾染上当代艺术玄学和巫术的幻想，朴实地表达想要表达的东西，老老实实地做出作品，我觉得这样的作品可能比当代艺术家做出来的东西更动人。

“切问近思半月谈”学术沙龙荟萃:掇英荟萃

唐克扬:作为媒体的空间与建筑(2019 年 3 月 6 日)

唐克扬,哈佛大学博士,南方科技大学教授,著名建筑师、艺术策展人。第 12 届威尼斯双年展中国馆策展人,故宫博物院“典藏文明之光”策展人,曾与德国德累斯顿国家收藏馆合作举办展览“活的中国园林”。代表作有《从废园到燕园》(三联书店)、《美术馆十讲》(商务印书馆)、《十城画记》(商务印书馆)、《设计学院的故事》(北京大学出版社)、《长安的传奇》(同济大学出版社)、《洛阳在最后的时光里》(广西师范大学出版社)等。

媒体与建筑的关系并非空穴来风。我曾问过许多艺术家,什么叫作“新媒体”?我们是否可能办一个具体语境中的展览来准确地阐释这个概念?结果,我发现艺术家很难解释清楚这样的理论问题。似乎只要是不能用传统艺术载体解释的新事物,对他们而言都多少带着点“新媒体”的含义。

今天的题目叫“作为媒体的空间与建筑”。显然,建筑是立体而丰富的,需要一个有取向的载体去宣传、发布它所承载的事实与内容,那么空间与建筑本身是否可以被看成一种媒体呢?

对于空间,作为建筑理论的研究者,我是有话要说的。空间与建筑并不是一回事,20 世纪社会学最重要的一个关键词就是“空间”,但空间似乎没有被谁准确地、断然地阐释过。老子曾言:“凿户牖以为室,当其无,有室之用。”对于中国人来说,空间是一个姑且用之却未有定论的关键词。

2013 年底落成的广州“金钱大厦”是一个著名的建筑,曾多次上过“中国最丑建筑”的榜单,但我觉得这个建筑还不算太恶俗,但为什么有些象形的建筑会成为千夫所指的对象?为什么这个建筑会成为一个“媒体事件”呢?作为一种看得见且组成了我们生存环境的符号,建筑是如何生发出它的“意义”的?空间中的人又如何通过这种介质感受他们身外的城市与世界?作为一个现实的物质存在,个体的建筑对由人和城市组成的世界有什么能动的影响?

除了在文化的领域独立地讨论,建筑还有一个独有的“场”(field/site/context)。那么问题来了,建筑应该是媒体的内容,还是媒体本身?一些人认为媒体就是文字、图像,总之,是非物质性的成分占了大多数,但是我们今天看得越来越清楚,我们不是必须阅读一种有顺序关系的文本,甚至也不再需要面对一种简单的图像,比如一个展览中有可能同时存在多个屏幕,你的朋友一天发给你好多篇毫无逻辑关系的故事。建筑是一种具体的空间结构,城市是实体化复数层面的意义世界,在某种意义上,它们就是媒体,构成你认识世界和社会的具体路径。

既然如此,不同的建筑就构成了多样化的媒体,难怪我们有个习惯的说法——“上层建筑”。古代希腊的帕特农神庙,还有山西的悬空寺,是前现代的建筑,分别诉诸不同的世界结构图景。帕特农神庙脚下的雅典卫城(Acropolis),是一个“上方”的城市,宣告了一种形象的意义模型。悬空寺,没有背面,只有一张正面的脸孔,有一条路从峭壁上穿过。这种险峻的构造,显然都和其宗教意义有关,让人感觉到肉身和环境之间具体的、有方向性的关系,这就构成了一个广义的文本。

有着金字塔般构造的 Choga Zanbil 是伊朗的建筑,是一种特殊的塔庙(ziggurat),其意义在于通往顶端的那条通道,是“天台之路”,整个建筑的存在不过是为了使这条路变得可能。现代建筑可能是无休止地追求 GDP 增长的集聚效应,但这座特殊的建筑,不过是让履行仪式的人在台阶上行走,和对天(sky)的崇拜有关。电影《启示录》告诉我们,心属于上界,而肉体属于尘世。古代人非常重视建筑的这种超越性的含义,这一功能被具象成向着顶端的攀升,人却被排除在建筑之外。

那么,现代建筑师为什么要讨论媒体呢?现在的城市,似乎已经越来越不依赖于实体化的构造,或者人和人面对面的沟通。我们城市的许多建筑,似乎不是设计出来的,而是“打印”出来的。有一本书,叫作《印刷媒体时代的建筑》(*Mario Carpo*:*Architecture in the Age of Print Media*,MIT 2001),类似的书作者还写过 *The Alphabet and the Algorithm*。我做了一个建筑和媒体关系的历史演进图解:从现场(on-site)、手迹(manuscript)、口传(oral)、印刷(printing)、摄影(photography),直至数字媒体(digital)。一开始建筑师施工靠吆喝;后来出现了建筑图,它使一种特定构造路径的复制和传播变得可能;现在则有了将抽象的符码直接转换为物质现实的可能性。直到近代以前,建筑师还是靠口诀来工作的,只有印刷时代才使建筑和城市可以大量复制,将建造的命令准确地传递给下一个人。更不用说,形象和结构产生了更深刻的互相依赖关系。除了蓝图拷贝的机器,还出现了建筑摄影师,他不仅可以复制建筑图,而且还能传递感受——这样的空间摄影传达了人对建筑特定的感受和需求。如何解释今天的数字媒体与早期摄影的差别呢？数字媒体不再依赖一个底本，没有一个“原型”，不存在“像与不像”的问题。

一个被极大地改变的媒体社会可以产生新的社会结构和建筑形态。

古希腊建筑和20世纪初的复古建筑设计有很多表面的相似性。但是，雅典的建筑不能被准确复制，而20世纪初纽约的这种冒牌的“新古典主义”建筑是可以以空前规模大量复制的，它虽有某种规则和语法，但真正的、唯一的原型并不存在。只有这样，建筑才能像流水线那样成规模地制造出来。有一个建筑师叫赖特，他设计过著名的“流水别墅”。赖特在他的展览中引用了一张纽约摩天大楼林立的照片，照片下标注着“人在哪儿”几个字。现代大城市里不再存在欧洲的小镇风景，更多的是从复制到复制，从传达到传达，人与人之间的关系通过抽象的符码来维系。现在建筑本身就是一种媒介，它的媒体作用不是靠人际沟通发挥的，而是靠没有个性(generic)的过程传达的。

那么，我们怎样看待媒体时代的建筑教育？十年前，我们出版了一本书——《设计学院的故事》(北京大学出版社，2011)，我们怎样思考在这个没有真正老师的时代的教与学的关系？我最早去美国的时候是去号称学术修道院的芝加哥大学，而哈佛大学设计学院即使在建筑特色上也与它非常不同。这个像体育馆一般的空间里没有房间的概念，任何人都很容易暴露在别人不经意的一瞥中，所以每个人都处于狂热的工作状态中，得不到休息。建筑自身如何形成对于世界的经验？建筑和人之间，乃至它推动的人与人之间的关系因此有什么样的变化？除一种断然的“顶层设计”外，还有人与人之间的能动作用的问题。

有关空间的感官经验和物质性之间关系的问题也是“媒体”的“媒”和“体”的关系。弗吉尼亚·伍尔芙的小说《墙上的斑点》(*Marks on the Wall*)探讨的正是这样的问题。有一天，她睡觉的时候，看到墙上的一个点，然后她想了一个晚上……在不同的文艺理论的学习模型中，我们发现阅读会受到许多因素的影响，建筑或者空间的“阅读”也是同样的。当我们看到文字的时候，我们会看到字形，但你还可以把它当作一幅画。墙上的斑点，按照伍尔芙的看法，有很多种可能：(1)事物本身即如此，墙上有一个污点；(2)事物变化的结果，比如墙坏了，露出一个洞；(3)空间里的一个物体的影子投射到墙上，它不是事物本身的变化。在变化的空间中理解意义和在一个静态的空间中理解意义是不一样的。最后她发现，这个斑点竟然是一只暂时没有爬动的蜗牛，不属于以上三类的任何一类。因此，空间作为媒体的含义是非常复杂的，需要去具体地研究。越来越多的现代建筑师考虑的不是建筑的造型，而是空间让人产生的观感，就像解剖一篇在特定语境中被接受的短文一样，我们需要去细读建筑与人之间的具体关系——并不是许多人认为的那样，建筑只是一个中性的东西。

建筑与空间是不一样的。空间是建筑的产物，更接近“媒体”的含义。间接的建筑(oblique architecture)将包含视觉(visuals)、概念(concepts)和游戏(game plays)等经验。它指向的是我们和信息的关系，并不仅仅是获取、使用、表达信息这么简单。这样看来，媒体也不是中间的过程，而是一个笼罩性的机制。大多数时候，空间确立了“我”与“非我”之间的边界，但是有时又把它们合为一体。但我们更喜欢 AR(增强现实)，而不喜欢 VR(虚拟现实)，我们认为媒体不应该是制造幻觉的方式。建筑的有趣之处在于它原本是一个空场，可以时时刻刻地搬演和讨论。

当下，我们面临的一个问题是，我们赖以阅读空间的传统是不确定的，但是我们面对的经验又是确定的。在这种矛盾中，我们如何考虑空间作为一种媒体所产生的积极功用？建筑可以作为一种思考方法，至少是一种思考路径。除了我们熟悉的文本经验，我们现在开始思考的可以被称为“城景”，其关乎我们如何在图像之中感知到城市。这是一种特殊的，和流行文化不尽相同的图像。这样的建筑中可能没有孤立的“字词”或者“构图元素”，空间赋予人一种整体的经验，一个全局性的、结构性的世界图景。这也是建筑师通过训练所习得的能力。同时，好的建筑师又应该是出色的媒体工作者，他的作品是可以讲故事的，它和人之间，它的使用者和使用者之间能产生互动的关系。

怎样在建筑中看到新的意义诞生的界面？怎样在平面的媒体中增加更丰富的意义结构与层次？我们回溯媒体与建筑的历史性关系，是因为今天它们共同成为社会变革的重要载体。“作为媒体的空间与建筑”或者“具有超强建构能力的(新)媒体”——希望这种提法能给大家带来一些不一样的思考。

王昀、孙哲:重新发现城市

——“你的地方”的参与式传播实践(2019 年 4 月 24 日)

王昀,澎湃新闻“市政厅”栏目主编,毕业于复旦大学新闻学院。2010 年起,先后任《东方早报》评论编辑、《东方早报·上海经济评论》记者/编辑,长期关注社会经济、文化艺术、信息技术和地理规划等各个层面的城市研究和实践,并结合微观的城市社区特征,制作新闻产品,发起在地行动,并自下而上地推动城乡治理变革。

孙哲,上海财经大学人文学院经济社会学系助理研究员,社会学博士,毕业于法国高等师范学校(ENS Paris-Saclay)社会经济历史动态制度研究所(I. D. H. E. S),上海交通大学国际与公共事务学院博士后。主要研究领域为社区治理与住房市场。

王昀:今天和大家分享一下我们 2018 年底到 2019 年初,以第 12 届上海双年展城市项目形式呈现的“你的地方”的参与式传播实践。

我是澎湃新闻“市政厅”栏目的主编。澎湃新闻“市政厅”强调专业性和市民性,观照城市的多重维度——文化、社会、空间、公共政策等。在“你的地方”中,我们想发现和呈现的是“作为个体镜子的城市”——城市里沉淀的、与宣传片和影视剧里不同的层面。

2018 年 11 月 12 日,我们与一些作者好友举行了“圈地大会”,从《上海市行号路图录》的 1939 年初版、1947 年第 2 版中,每位参与者挑选自己感兴趣的地方,进而形成地方库。人们可以认领库中的地方,以个案分析的方式,探寻上海数十年来的变迁。通过考察与梳理城市中的公共生活空间,“你的地方”试图为城市寻求更理想的未来。这些地方之间以及地方的人之间,形成了各种层次的互文。

我们获得了一系列基于具体地方的项目成果,举例如下。

Made in Beijing Dong Lu 关注的是北京东路作为电子零件一条街的生产性。该项目征集了十位参与者,给每位参与者发放 100 块钱,让他们用这些钱在北京东路买零件做成各种作品,最后在展览上呈现。关于顺昌路,成果名为《顺昌路使用手册》,创作者以各种媒介形式,包括文字、图像、演出、装置等,呈现了这条路上老商户的状态。在《占领丰记码头》中,小组成员采用了环境戏剧的形式,在丰记码头重现了当年的街

道活动，也让人看到原来的日常生活已经消逝了。2019 年正是南市区被撤销的第 20 年，《南舍难离》由年轻人发起，采用口述、展示旧物的方式，对生养自己的地方进行追溯，并用小册子来呈现。

《大学路》的创作者画了地图，采访了店主，记录了店主的故事。在项目进行时，大学路二楼以上的商铺都收到消防整改通知，于是创作者用消防整改单贴成了一条路，试图探讨城市是自发生长的，还是被规定的。《星梦剧院》把粉丝文化放到艺术馆的场景中，呈现了上海的复杂性：老的城市文化场馆有一套逻辑，但“女团”这个空降的、新时代的亚文化又在此蓬勃生长。《苍蝇小馆》则包含多重感官要素，有视觉的、味觉的(展品包括餐馆菜肴的冻状制品)，混合了现实。《弱的地方》做了一个装置来表现街道中介于公共与隐秘之间的灰色空间。

总之，这些案例体现出“参与式传播”的特点。我们积极发动各类人群参与项目，主动表述自己的地方或是把这个地方在表述中变为自己的。而参与式传播的节点，比如“圈地”的种子选手、观察员老师和参与者的采访对象，也再次传播了这件事。在展览现场，也出现了“网红式被观看”，许多人将现场照片和视频传播到朋友圈，形成了转发热潮。在这个案例中，我们能看到，城市本身既是研究对象，也是工具；城市既是展场，也是媒介。

孙哲：刚刚王老师提到的“participatory communication”(参与式传播)很有意思。在“你的地方”这个项目中，我们可以看到从“传播事件”到“制造事件”的变化。事件的生产与媒体报道是一体的，并不是先有事件，再有传播。这种参与式传播也是人们与城市建立关联的一种新的形式。

怎么去发现城市？我把这个问题理解为通过重新建立人与城市的关联来审视城市。在“你的地方”项目中，我做了“虚实之间：音乐谷的空间叙事”工作坊。这个工作坊主要是在书店中邀请在地的各个不同类别的群体进行社会对话，通过对话中产生的虚构和非虚构内容，对这个地块既有的地图进行重新绘制。通过这种基于空间的参与式对话，不同类型的在地群体把一个客观地图内化成了“主观地图”，重新与所在的场所发生联结。

我做这个参与式工作坊主要基于三个要点。第一个要点是“驯养”，让人们从空间的视角变成地方的视角。“驯养”是《小王子》当中的一个核心概念，是指和一个对象相处，变得熟悉，建立不可复制的、独特的联结关系。地产品牌和连锁店是空间的视角，这种雷同的、没有时间感的空间吞没了地方特性。地方是基于人的，有个性、有记忆的场所。我们要有能力把外在的“空间”转化成与自己有关的“地方”，这个过程可以称为“驯养”。

第二个要点是公共性(publicness)或者说公共空间(public sphere)。公共空间是一个多元参与的、自下而上的、能够产生公共讨论的场所。比如巴黎著名的花神咖啡馆，其成名不在于萨特和波伏娃在那里谈恋爱，而是这些哲学家们在咖啡馆里对公共议题进行公开的讲座与辩论。这说明公共空间的指向是一种文化生产，而不是包括文化消费在内的各种消费目的。在我做的项目中，"澎湃"和"上海当代美术馆"作为公共媒体和博物馆，都是公共性的体现，整个工作坊也是不收费的。能够开展活动的书店，正是当今公共空间的现实载体。

第三个要点是叙事，也就是文化生产的一种结果形式。基于空间的叙事，就是人们对于空间的感知、回忆与想象。空间叙事的能力，是一种空间参与的赋权。在叙事中，人们对于建构怎样的空间有了建言的可能，不然的话，空间故事只剩下地产开发等同质化的类型。共同的空间叙事，也是一个城市包容的过程。共同叙事能够打破"本地人""外地人"这种空间身份的边界，使所有参与者都能基于"在地"的实践进入共同的故事中。

在这个工作坊案例中，"驯养""公共空间""叙事"是重新发现城市的路径。一个理想的状态是：生活在城市中的人们，能够在公共空间中通过叙事，将外在的物理空间驯养成内在的、有归属感的地方。这产生了一种"流动的主体性"，是一个不断实践的动态过程。在这个过程中，都市人能够勇敢地看到并拥抱城市日新月异的变化，而不是刻舟求剑，寻找在城市发展中难以复现的本地或者故乡。

Jean-Christophe Plantin:微信:从平台到基础设施

——考察科技巨头的全球化视角(2019 年 9 月 19 日)

Jean-Christophe Plantin,伦敦政治经济学院媒体与传播系助理教授,研究领域涉及数字平台的政治、知识基础设施的演变以及数字主权的崛起。

今天的演讲主要是基于我跟我的合作者 Gabriele de Seta 博士已发表的论文 *WeChat as Infrastructure: The Techno-Nationalist Shaping of Chinese Digital Platforms*。我们把对微信的经验研究放入长期以来正在搭建的一个用于观察科技巨头的理论框架中,即我们应当将互联网巨头视为平台还是基础设施。平台研究和基础设施研究是研究技术的两种不同框架,在我们的传统概念中,科技巨头的工作往往被视为“数字平台”,这些公司通过对他们所搭建的平台进行管理来赚取利润。对平台的研究更注重于技术是如何被建构起来的以及技术如何发展,而忽略了作为产品的技术如何在更大的范围内进行运作。目前,这些科技巨头正从平台方转变为社会的数字基础设施。如果我们仅仅将科技巨头视作平台是不完整的,这恰恰也是基础设施研究的意义所在,即考察作为基础设施的科技巨头如何在当下的社会中进行运作,产生了怎样的后果。今天,我想要展示一下作为平台的微信是如何向作为基础设施的微信转变的,以及科技巨头们越来越热衷于投身到数据库、服务器网络等实体的基础设施建设的背后用意究竟何在。

平台研究已成为当下多个学科关注的焦点,有学者认为平台既可以起到中介作用,也能刺激创新;在权力关系上,平台虽然表面看上去中立,但实际上通过各种隐藏的渠道对用户进行潜在的影响,形塑着用户的行为。但如果我们仅仅将诸如 Facebook 这样的企业视作平台,那我们可能就会忽略这些科技巨头近期所发生的变化。当下 Facebook 频繁地与其他主体合作,进行诸如大数据处理、互联网推广、与卫星相连接等跨界活动,这些活动都展现着 Facebook 不同于平台的另一面,即作为基础设施的互联网科技巨头。从社会科学角度下定义,基础设施是为社会在大范围内提供服务的、具有不可替代性的实体。基础设施和平台是用于描述互联网的两种框架,我们目前注重描述作为平台的 Facebook 具有什么样的特征,但当下更重要的是关注 Facebook 应当作为什么样的基础设施被安置在社会之中。例如,Facebook 当下正与一些贫困地区的电信运营商合作,免费为当地用户接入一个只含有 Facebook 的小型互联网。这反映出科技巨头正从一个全球化的平台部分地转向具有地方性的基础设施,在此过程中,科技巨头与当地政府等权力掌握者合作,嵌入当地的生活之中。Facebook的这种扩张可以视作一种平台帝国主义,是20世纪文化帝国主义概念的演进。

当我们把视角转向微信,这一在中国占主导地位的社交网络又与Facebook这样的西方社交媒体不同。微信扎根在手机互联网和Web2.0时代,在这个动态联结的时代,相比功能较为单一的西方社交媒体,微信是一个高度中心化的平台。随着微信的用户不断增加,越来越多的功能通过小程序、二维码等手段集成进微信这个通讯应用中。这使得微信的平台生态是高度中心化的,微信本身成为一个母巢应用(Nested App),通过小程序与公众号等手段在自己的平台上集成了大量的第三方功能。在此基础上,微信也正在向数字基础设施转变。作为一款通讯应用,微信还集成了电子钱包、语音通讯、社交媒体等功能,这些功能为人们的生活和交往提供数字化服务,从而成为一种新的社会生活基础。例如,微信名片的出现取代了过去传统的纸质名片,成为陌生人之间了解对方的全新手段。微信正重塑着当下的社会互动方式,建构起一个全新而强大的数字基础设施,并以此使得传统的社会交往数字化。

使用范围与不可替代性是评价一个基础设施的两个维度,如果将这两者代入微信的使用中,我们会发现,在当下中国,几乎所有的组织都使用微信来管理其成员。之前我们看到有的村政府贴了一张传单:向残疾人免费提供旅游的机会,这需要一部智能手机和一个微信账号才能处理。这证明了当地社区层面的社会组织已经与微信共生——为了获得当地政府提供的福利,人们必须使用微信。这使得作为基础设施的微信既开放又封闭,一方面它不断地扩充着各种功能,具有开放性的一面;另一方面它又把不使用微信的人排除在服务之外。微信正成为人们进行社会交往的准入门槛(gateway),当它成为社会生活的一种基础设施时,这样的排除和门槛显然会在为部分人带来便利的同时,对另一部分人的生活造成负面影响。

当然我们应当明白,基础设施和平台并无严格意义上的边界,并不存在绝对意义上的平台科技公司或是基础设施科技公司,所有的科技巨头都是两者的混合。我们更应该关注的是一家科技巨头如何定义自己,如何在公开的话语中呈现自己,将自己称为平台还是基础设施,以及其背后包含着怎样的动机和目的。

Nikki Usher：美国传统新闻编辑室如何像初创公司般运作

（2018 年 10 月 22 日）

Nikki Usher，美国乔治·华盛顿大学媒介与公共事务学院副教授、伊利诺伊大学厄巴纳-香槟分校传媒学院客座副教授。她的研究专注于不断变化的数字环境中的新闻制作，融合了媒体社会学和政治传播学。她的第一本书《〈纽约时报〉是怎么做新闻的》是有关互联网时代美国最重要报纸的第一部研究专著，并获得了美国新闻与大众传播教育学会颁发的全国图书奖 Tankard 奖。她的第二本书《互动新闻：黑客、数据与代码》着眼于编程和数据新闻业的兴起，再次入围 Tankard 奖终评，这也使 Usher 成为第一位两次入围该奖项终评的学者。

我们以《纽约时报》为个案，以“新闻业创新”为关键词，从编辑革新（editorial innovation）、产品革新（product innovation）、宣传拓展革新（out-reach innovation）和软件革新（software innovation）四重革新形式，来讲述美国的传统媒体是如何面对数字媒介环境所带来的挑战与机遇的。

当前，美国的传统媒体正在成为“初创公司”，从多个方面展开更高标准、更优质的革新实验。《纽约时报》成立于 1851 年，《华盛顿邮报》成立于 1877 年，这些具有悠久历史传统的新闻组织如何适应现代、后现代以及数字环境就成为关键之问。我的两本著作，《〈纽约时报〉是怎么做新闻的》（*Making News at The New York Times*）和《互动新闻：黑客、数据与代码》（*Interactive Journalism：Hackers，Data and Code*）从不同的角度试图对这一问题作出回应。第一本书是对《纽约时报》做了长达 10 年的研究的成果，以长期在《纽约时报》新闻编辑室做的大量参与式观察和访谈作为一手材料；第二本书则考察了世界上不同地方的 13 个精英编辑室，试图去理解数据新闻业的崛起、黑客新闻业和开源代码是如何影响新闻的。

一、编辑革新

自从互联网出现后，《纽约时报》就对多平台运作产生了兴趣。《纽约时报》曾与美国探索频道、美国国家地理等媒体合作，但都收效甚微。《纽约时报》还发布了高级版的播客,名为"The Daily"。这款产品提示我们声音媒介,特别是在线声音媒介在未来具有的潜能,播客文化目前正处在巅峰时期。"The Daily"播客页面的介绍中写道:"这就是新闻如何被听见的方式。"同时,《纽约时报》还尝试纪录片的创作和拍摄,并允许主观性呈现在故事的讲述中。《纽约时报》重新反思网络视频的制作与生产,并开始讲述其平常不太讲述的故事。这看起来似乎并不新颖,但重新反思如何将过去的形式重新运用到当下的语境中,也是一个值得思考的问题。

1. 线上"投票直播"

在过去的几周中,《纽约时报》上线了一个栏目叫作"投票直播",这是与锡耶纳学院合作进行的,对全国数十家最具竞争力的众议院和参议院竞选以电话的形式进行民意调查,民意调查结果会在每次通话后实时更新。同时,他们还绘制了实时变动的投票地图,以准确和解释的价值取胜。未来,数据新闻会给新闻带来更多的透明性吗?数据新闻的商业应用值得关注,数据新闻业的确是一种能够赢利的实践。数据新闻业让你始终保持在线,因为它需要花费更多的时间来维护,将时间货币化是在数字技术环境中赢利的方式。商业上或许是成功的,但我对数据新闻的民主作用则保持怀疑态度。

2. 每周日的"恋爱专栏"

与此同时,《纽约时报》也出现了更多轻松与软性的内容。比如,《纽约时报》在每周日的报纸上开设了"恋爱专栏",每次提供一篇一千字左右的爱情故事,并且把它做成了播客,这些充满趣味性的恋爱故事受到了广泛好评;《纽约时报》还做起了非常传统的"生意":发布本地人的结婚启事,读者们都很喜欢这些内容;每周日开设"儿童专版",让具有数字化经验的儿童从小养成阅读新闻的习惯;《纽约时报》还继续连载长篇小说,每周日发表一章节小说。这些传统的小说文本不仅富有趣味性,而且都是能够赢利的。

二、人工智能、机器学习、软件革新

我发现一个有趣的事情,当我在中国提到人工智能时,人们谈论的大多是虚拟主机和虚拟广播,而在美国人们谈论更多的是数据,自动的数据。《纽约时报》目前与哥伦比亚大学的一位教授以及多位数据科学的博士合作,共同开发《纽约时报》的人工智能与机器学习的系统。机器学习方面的第一个研发成果就是个性化的新闻订阅、新闻电子邮件,机器可以根据用户的阅读习惯来推送用户最关心的每日十大新闻。同时,读者还可以在自己的新闻界面中选择想看的新闻类别。

在《纽约时报》的“Watching”版块，编辑们为美国近年上映的电视剧添加了标签，人们可以根据标签选择自己想看的电视剧。比如，你可以同时勾选“搞笑”和“戏剧”标签，网站平台也会自动记忆你的选择与偏好，并为你推荐更多类似的电视剧。这些并不是传统的新闻编辑所生产的内容，他们只是在后台提供了代码，代码让这一切成为可能。同时，《纽约时报》还开发了聊天室功能，用户可以和虚拟的聊天室主持人聊天，对方是即时反应的，这种非传统的方式能让新用户迅速喜欢上《纽约时报》所提供的内容。

下一个值得应用 AI 的领域是调查性新闻报道，因为有大量数据等待被应用和挖掘。当前，《纽约时报》正在开发一套文字分析系统，将任意一篇新闻报道放入其中，系统就会自动分析出这篇报道的倾向和态度，进而告诉读者这篇文章的新闻价值及其重要程度。这些新技术为调查性新闻报道展示了文本、档案的力量。《华盛顿邮报》也在做类似的工作，这为未来的调查性新闻提供了新的可能。

人工智能和机器学习在新闻媒体中的应用能激发我们思考如下问题：哪些新闻值得被翻译？哪些新闻适合推荐给哪些人群？哪些记录是值得深度调查的？哪些行为是我们应该尝试去影响的？报纸如何发行，不同的商店如何派送？哪些新闻应该在什么时间通过社交媒体推送？

在软件革新方面，《纽约时报》制作了一个站点地图（site map）。这张地图涵盖了《纽约时报》自 1851 年成立至今的所有新闻报道数据库，以及 2005 年开始制作视频报道以来的所有视频案例库。这一站点地图既可以供数据公司和搜索引擎使用，也向普通读者开放。“可搜索”成为数字化语境下《纽约时报》软件革新的核心特点。

三、宣传拓展革新

我要讲述的下一个革新内容是宣传拓展革新。第一个例子是，《纽约时报》在 YouTube 上推出了他们的电视广告，标题为“真相是艰难的”（The Truth is Hard）。在广告中，《纽约时报》打出了这样的口号：“如果你想与真相相伴，请选择《纽约时报》。”第二个例子是，《纽约时报》在网站和客户端中采取了更为积极的用户反馈机制。例如，一些用户反馈他们不喜欢在网站首页看到记者的署名行（bylines），于是署名行就在下一次改版中被删去了。

还有一个非常有趣的宣传拓展革新是，《纽约时报》开始尝试回到城市的社区之中，从而提升其品牌形象、公众关注度和用户忠诚度。最近，《纽约时报》在其报道的各个地点组织线下活动,比如"*The Times* in Person"(人物中的《纽约时报》)。《纽约时报》还策划了一个有趣的活动,叫作"NYT Live"(《纽约时报》直播),邀请记者和各行各业的名人进行对话,一些选题是严肃的,一些则是轻松的,这些直播甚至还进入了城市酒吧中。学生也可以成为"NYT Live"活动的一员,他们来到《纽约时报》的线下直播间并提出自己关心的问题。

在国际拓展方面,《纽约时报》准备在澳洲开展更大规模的业务,而英国《卫报》在此之前已经抢占了先机。由于澳大利亚承袭了西方的民主体制和文化,这里已经成为近年来欧美媒体争夺的重点地区。或许可以预测,澳大利亚将成为许多西方媒体进行国际拓展和全球发展的中心节点。

四、产品革新

产品革新的"产品",我指的是体验内容的方式,但这种方式和内容本身无关。比如,《纽约时报》最近和音乐 App "Spotify"进行捆绑销售,如果你购买了《纽约时报》,你就能获得 Spotify 的会员使用权。更有意思的是,《纽约时报》还建立了"红酒俱乐部"(Wine Club),用户花费 60 美元即可得到《纽约时报》的印刷版和上乘的红酒。《纽约时报》还有"电影俱乐部",加入的会员可以得到最新的电影推荐,还可以获得和《纽约时报》的专业电影评论家一起看电影的机会。通过"Cooking"(烹饪)App,用户每个月只需花费 5.5 美元就能获得实时更新、操作简便的家庭食谱。《纽约时报》的品牌工作室(Brand Studio)还可以为当地的商店提供广告营销宣传计划,他们能比一般公司做得更好。

《纽约时报》和《华盛顿邮报》的竞争日趋激烈,但其着力点不同,《华盛顿邮报》花费了更多的精力在软件开发和售卖上,而《纽约时报》则着力进行编辑内容革新和产品革新,为全世界提供最好的内容。两家媒体究竟哪家能胜出,我想我也没有答案。但我希望今天我的分享能启发大家用不同的方式去思考新闻业的未来。

我在《纽约时报》的主题变化之中,看到了一种新的不同种类的新闻规范性价值观正在浮现。比如企业化的思维,用户参与性渐渐成为新闻生产的一部分;从产品的角度理解现今的媒介政治经济机制;数据、人工智能、人机互动等在新闻生产中的作用等。新闻业正在经历种种创新,我也想知道这些创新是否代表着某些正在形成的、新的新闻职业规范。我会关注新闻生产的文化,以及哪些因素参与塑造了这样的文化。

当前新闻业快速的变化为研究者带来了一系列新的问题,我们可以说新闻的政治经济学研究正在经历某种范式的转移，所有制结构发生了变化，新闻业内部的赢利模式也发生了变化。那么这些变化如何影响新闻生产的文化？我们也看到用户的权利在变大，这又如何挑战了记者的工作方式？我们还会问所谓的“边界”问题，如今什么样的专业知识和技能可以定义记者？比如说有的记者可以做全景视频，这不是每个人都能做到的。

吴蔚:走向城市

——中国当代艺术的空间实践(2019 年 10 月 31 日)

吴蔚,艺评人、出版人、策展人,现任《艺术当代》《公共艺术》杂志副主编,关注及研究在地实践、跨文化语境下的艺术语言及美学变迁。曾与许多艺术家合作开展创造性工作,包括对谈、表演、讲座、写作和研讨会项目。曾策划“Next Festival 独立项目:中国当代影像展”“年轻的肖像”“李景湖:一天”“贾蔼力:早安,世界!”“上海惊奇”“漆澜:且共从容”“步履不停:1995—2019 年中国当代艺术的城市叙事”等当代艺术展览,并为诸多艺术出版物及艺术媒体撰写当代艺术评论。

很荣幸有机会在复旦大学新闻学院与大家交流。我的本职工作是艺术期刊的编辑,也算是媒体人,但我的学术和职业生涯不是从新闻专业出发的,而是从做艺术工作开始的,所以今天我主要从城市、艺术和文化传播的角度与大家分享。

最近,我在上海多伦现代美术馆策划了一个展览,主题是“步履不停:1995—2019 年中国当代艺术的城市叙事”(2019 年 10 月 18 日到 12 月 15 日)。在这个展览中,我们主要探讨的是 20 世纪 90 年代中期以来与城市空间发生交集的中国当代艺术。为什么从 20 世纪 90 年代中期开始呢? 我想先谈一谈前面的事。

20 世纪 80 年代,艺术界针对当时的文化思潮所做出的具体反应是开展了“85 美术运动”,也叫“85 美术新潮”。这是中国艺术界第一次比较自觉地对艺术进行反思和变革,艺术家开始走出自我封闭的状态,主动和社会展开交流。因为 1985 年比较密集地发生了一些重要的艺术事件,比如 4 月的“黄山会议”,所以用“85 美术运动”来命名在中国发生的这场重要的艺术变革。美术史学家高名潞指出,它既是一场本土性的视觉革命,又是一场庞杂的思想史运动,它的非主流性、民间性和批判性使它在中国整个 20 世纪 80 年代的现代化启蒙运动中扮演着无法替代的角色。事实上,“85 美术运动”与当时的文学界、音乐界、电影界都有不同程度的交集,以及一致的文化诉求。

这个诉求是什么呢? 在艺术界,它表现为对官方的美学标准的质疑,对既有体制束缚的反抗,对单一的、工具论的意识形态的批判,崇尚回归艺术本体的语言实践和先锋实践,争取个人表达的权利。也是从这个时候开始,个体艺术家的身份开始显现,并逐渐受到肯定和重视。艺术媒体开始频繁地介绍西方艺术,这一时期出现了各种艺术流派、艺术团体，以及大大小小的座谈会，可谓“百花齐放，百家争鸣”。但与此同时，这时期的艺术也因为缺乏与本土历史和社会实践的深刻联系，而在 90 年代的艺术转型中面临更大的挑战。

“85 美术运动”的成果之一就是 1989 年的“89 现代艺术大展”。这个展览汇集了 186 位艺术家的 293 件作品，第一次在官方的展览中展出录像、装置，甚至行为艺术，比如肖鲁的《对话》、吴山专的《卖虾》、李山的《洗脚》。黄永砯将《中国绘画史》和《现代绘画简史》在洗衣机里搅拌了两分钟，在现场展示了搅拌之后的纸浆。

也是在这个时期，当代艺术和官方主流艺术经历了对抗、对话、分野的过程。可以说，每一次当代艺术展览都是通过不断追问艺术、拓展边界来重塑艺术的历史和文化价值。而展览无论是作为空间、作品还是事件，都让视觉艺术领域的传统惯例发生了改变。进入 20 世纪 90 年代后，中国艺术发生了一系列根本性的变化，开始面对新的问题，一是商业化对艺术观念和价值的冲击；二是本土化的问题，比如中国当代艺术如何立足于中国的现实经验。

当代艺术的展览场地也发生了变化，从美术馆转向私人的住宅、公寓、地下室、仓库等空间，也开始走向城市公共空间。当代艺术转向对媒体话语和公共话语的渴望，当时的艺术家采用各种方法，希望自己的作品得到关注。非实体空间的展览也出现了，比如 1996 年的传真展，通过传真的方式跟国外的艺术家进行交流。学界认为这主要源于体制和文化环境对当代艺术的限制，正如策展人冯博一所说，非展览空间是一个自然而然的选择，这背后其实涉及艺术如何传播和被接受的问题。

下面，我将以“步履不停：1995—2019 年中国当代艺术的城市叙事”这个展览为例，结合作品具体谈谈当代艺术家对城市空间和社会问题的思考与表达。

回到开始的问题，为什么是 1995 年？或者说 20 世纪 90 年代中期。

首先，从策展的角度来说，我需要为展览找一个时间坐标，这个坐标要与艺术家的创作相呼应，有更明确的指向和观照。其次，作为对“85 美术运动”的一个周期性回应，1995 年不失为一个恰当的时间节点。这个节点既为“85 美术运动”及“89 现代艺术大展”的影响留有空间和距离，又开启了当代艺术本土化实践的新阶段，并为 21 世纪以来的全球化做了铺垫。再次，从中国城市的发展来看，1995 年是中国城镇化建设的转折点，从 20 世纪 70 年代末期的快速增长，进入到加速增长阶段，中国呈现出城市化的社会趋势，面临更具体的城市化问题。这些问题自然也成为当代艺术家思考和关切的对象。1994 年，外资开始进入中国。1996 年，上海美术馆举办了首届上海双年展，全球化对中国艺术的影响逐渐显现。

基于以上考虑，“步履不停：1995—2019 年中国当代艺术的城市叙事”展现了当代艺术家如何应对纷繁芜杂的世界,如何理解、跨越界限,如何把握人与空间的关系。在构思展览时,我关心的问题是:如何定义艺术家在公共领域中的角色?艺术作品如何与我们的现实世界产生共鸣?由艺术引发的想象如何在经验的作用下展开?艺术怎样在更大的公众背景下呈现、传播,并产生意义和价值?

展览由馆内展览、特别项目以及户外特定场域作品三部分构成,通过在公共空间的艺术实践,美术馆也转变为促进情感交流的场所,从而引导人们重新思考文化身份认同的问题。

我将馆内展览分为三个部分。位于一层的"街道"模拟了城市街头的场景,作品多与艺术家直接介入公共空间的行为相关。二层的"人海"将艺术家勾勒人群形象与活动的影像作品聚集于此,构成一个可供观众自由穿梭的影像空间,突出人对城市的塑造作用,强调公共空间不是一个概念化的固定结构。三层的"相会"旨在讨论公共空间的形成过程,是各种领域、关系和对话生成的过程。在此过程中,当代艺术实践在不同的参与者之间建立起沟通的桥梁。从"街头"的冷峻,到"人海"的荒诞,再到"相会"的联结,展览空间由暗至明,展览结构由紧到松,展览基调也由冷转暖,贯穿始终的是城市、个体、社会和时代之间的力量博弈。

简单说一下部分作品,例如:宋冬在《一壶开水》中提着热水在胡同里走过,浇下一串轨迹;在《对话与拆》系列里,张大力用行为和涂鸦介入中国现代城市改建的现场;1995 年,庄辉去三峡,用洛阳铲在地上挖洞,拍照记录,创作了作品《东经 109.88° 北纬 31.09°》,2008 年,他回到现场,那些孔洞已被淹没在百米深的水下;也是在 1995 年,尹秀珍从成都府南河提取了 10 立方米被污染的河水,将其冻成冰块,做了"洗河"的行为,其中最有意义的部分是公众的好奇、参与和互动;徐坦的《科云的词》通过色彩呈现了人们常用的词语背后的集体无意识状况;冯晨的《自行车》探究了人的思维定式、表象思维以及外界环境等因素对人的影响;林科的《对不起 Derek Paul Boyle 先生》通过对数字空间的干预,诙谐地表现了网络空间中人的行为方式和情绪状态;梁硕的《梁闻道小屋》充分展现了艺术的媒介功能和沟通属性。

展览所在的多伦路是一个历史文化街区,这条路还保留着近代丰富的建筑样式。这里曾经是中国新文化运动最活跃的区域之一,如今在此地居住的大多是老人。我们委托艺术家进行了特定场域创作:美术馆外墙上是毕蓉蓉的《纹样 X Ⅶ——生命之花》,寓意生机与朝气;在多伦路上,李景湖的《遗址》用废弃建筑材料搭成跳房子的游戏空间;肖江在临近多伦路的一段围墙上创作壁画《太阳底下》,与社区的日常空间、日常生活建立联系。

1999 年,上海艺术家做了一个有意思的展览——"超市展",前面是超市,后面是展厅，艺术家让观众先消费，再看展。2004年，艺术家们又做了“快递展”，将40多件作品打包在一个行李箱里，以“快递”的方式为观众送展上门。2016年，艺术家徐震在上海愚园路开了“徐震超市”，里面所有的商品都只有包装。可以说，艺术家一直在寻找和公众发生关系、进行交流的方式。我们在展览中也设置了一面留言墙，问大家“你生命中的转折点是什么”，开展第二天，墙上的留言就写满了。我希望美术馆成为鼓励人们探索生活和信仰，并引发更多思考的地方，人们可以了解彼此也认识自己。

今天，艺术空间的生产、呈现已经被媒介化了，我们必须考虑手机等新媒体的介入。艺术也被大数据所裹挟。此外，时间的维度很重要。1999年的“超市展”，媒体的评价很负面；但是2004年的“快递展”，媒体开始主动参与；今年（2019年）上海双年展“你的地方”项目中，媒体成为艺术的一部分。毋庸置疑，当代艺术的现场就是问题丛生的现场，媒介和科技带来了更多的议题，所有新鲜的、未知的东西都能创造新的空间。我们或许不用急着去定义新闻、艺术和媒介，而是先看看创造性在哪里，建立了哪些新的对话和联系。

Dominique Cardon:新型信息环路

——用数字方法研究数字公共空间(2019 年 12 月 16 日)

Dominique Cardon,巴黎政治大学社会学教授,现任"巴黎学派"领军人物拉图尔创立的媒体实验室的主任。他致力于公共空间转型和新技术使用研究,发表了多篇论文,探讨新技术在全球范围内的地位、替代性媒介以及数字世界中自下而上的创新过程。他最近的研究重点是分析算法在数字信息分类中的作用。他的研究旨在以敏感的方式阐明科学技术社会学,以应对当代社会世界的转变。目前,他正在研究日常生活中机器学习技术泛化的社会影响。

我先介绍我所在的媒体实验室。我们对媒体实验室的定义是:"媒体实验室是必不可少的工具,相当于大学的图书馆、硬科学学科的大型设备、海洋学家的船。"实验室的成员来自不同的学科领域,有计算机科学的研究者,有数字方法和软件设计者,也有社会科学的研究者,有时候他们会集合在一起数天,共同完成一项任务。媒体实验室的使命是设计更多的数字研究工具,以帮助更多社会科学研究者展开对数字网络的研究,使处理更大量的文章和数据库成为可能。

在研究中,我们尝试结合数据和个人经验,结合量化和质化的研究方法。我们生产数字知识,将其进行图绘和可视化,但个人的经验以及参与式的描述与设计对我们的实验室是很重要的。社会科学的研究者发现了新知识后,我们需要和普通人、普通市民讨论这些知识,我们也要有特定的方法。我们生产了一些地图图像,我们也会询问观众对地图的印象。

媒体实验室近期完成的一项研究名为"新型信息环路"。研究团队从假新闻实践出发,用大量的数据样本,展现不同类别的媒体之间假新闻流通与传递的图示。自从英国脱欧和特朗普获选之后,"disinformation"(虚假信息)成为一个话题,有一些行动者在 Facebook 上生产一些虚假信息,人们常常被这些信息误导。由于数字媒介的广泛应用,公共领域的性质发生了变化,传统的公共领域由报纸、广播、电视等大众媒体创造,观众是被动的,信息传递方式是单一的。现在的情况则发生了根本性的变化,信息流动的方式改变了,造成了一些混乱,人们不知道信息从哪里来,不知道谁制造了这些信息。人们往往不关心信息的质量、不关心新闻的源头,只是分享信息,人们相信朋友们在社交媒体上分享的内容。这是在法国普遍存在的事情。

数字公共空间有两个显著的特点:一是少量的信息获得了最大的可见性,而其他大量的信息没有得到关注,如法国《世界报》的Twitter账户有776万粉丝,而另一家媒体*Egalite et Réconciliation*只有3.12万粉丝;二是公共媒体的信息和私人的谈话是分离的,塔尔德在1901年的著作《舆论与大众》中也指出了这一点,即在20世纪初大众媒体出现的时候,我们有两种信息传播的垂直模式,一种是人们阅读报纸获得信息,另一种是通过对话的人群,和亲友的讨论来获得信息,在这一语境当中人们不是被动地接收信息,而是主动地去讨论信息。

“新型信息环路”这项研究将信息分为三个层次,组成一个梯形构架:顶层是主流媒体网站的新闻报道链接,体现的是权威性;第二层是Twitter上的链接分享,有时候会带有评论,这是一种更小型的对话,但也有很大的影响力;底层是Facebook中的信息分享,展现的是私人的对话,这是朋友之间的讨论圈子,类似微信朋友圈的私人传播,这和Twitter的公众传播是不同的。

我们研究对比了美国和法国的“信息环路”模式。在美国,“信息环路”主要体现为“水平的张力”,左派和右派媒体中呈现出极化态势,但左派媒体的信息环路和传统媒体时代基本保持一致,虚假信息较少,而右派媒体当中三个层次的信息则来回流动,出现了多个可以相互替代的事实。在法国,我们研究了400家媒体,并将其分为主流媒体、地方媒体、边缘媒体、党派媒体这几类,和美国不同的是,法国的“信息环路”呈现为“垂直的张力”,即最底层的私人传播与上面两层“脱钩”,主流媒体和Twitter中的信息保持稳定,但是在Facebook等私人的圈群传播中则存在着大量的虚假信息。

在另外一项研究中,我们运用自然语言处理工具分析了5万篇关于“黄马甲运动”的报道,运用数字化方法将其和传统的文本研究区别开来。我们从“黄马甲运动”的研究出发,生产了一些可视化图像,可以发现中央媒体和地方媒体、左派媒体和右派媒体关注的焦点不同。为了呈现这些区别,我们绘制了一系列新型地图。从图中可以清晰地看到,中央媒体关注的中心议题是运动的价值、政治党派、马克龙、Facebook的角色,而地方媒体则高度关注政策和受伤情况、巴黎内外的抗争活动,以及迂回的堵塞行动。

至于数字方法的创新性和意义,我们有不同的实验室,我们开始更多地使用数字工具,我们也做关于“黄马甲运动”的传统研究,比如关于公众舆论的研究,我们尝试连接量化和质化两种不同的研究方法。让我们感兴趣的是,创造新的工具和方法。在传统的社会学研究中,我们没有运用机器学习方法的成果,而现在法国社会科学界出现了更多新型研究。

第四部分
传播实践前沿调研报告

双网交融、渗入日常

——南京、长沙、成都、温州、惠州五城市公共传播调查*

◎ 谢静**

摘要：本文以政务新媒体和专业媒体的新媒体产品为主要考察对象，分析政务传播与新闻传播的结构特点、运作特征及其相互关系，以总结当前城市公共传播的基本状况。本文主要基于南京、长沙、成都、温州、惠州五个城市的访谈调查和文献资料。这五个城市的公共传播网络形态比较类似，其政务传播大多建基于专业传播机构，相互间高度关联；且二者都积极地创造新连接，努力地渗入城市公共生活的日常维度和细微层面，构造了更为绵密的公共传播网络。本文将这些城市新媒体所参与塑造的城市公共传播网络概括为"双网交融、渗入日常"。具体而言，本文在简要介绍五城市总体概况的基础上，重点关注这些城市公共传播网络的整体形态特征及变化，深入分析形塑网络、产生变化的主要动因，最后针对变化的一些深层次问题展开讨论，并提出对策建议。

关键词：政务新媒体；媒体转型；媒体角色；媒体功能；城市治理

新媒体在城市公共生活中的作用日益凸显，逐步改变了城市公共传播体系的形态结构和运行方式。公共信息的生产机制和内容分布，以及公共机构、专业媒体、社会组织、商业企业与普通公众之间的交往关系、互动方式、时空距离，均在新媒体技术的作用下发生了不同程度的变化。本调查旨在研究新媒体如何改变城市公共传播体系。具体而言，本调查希望了解，新媒体实践在整体上形塑了怎样的公共传播网络，其动因何在，可能带来怎样的影响以及有何经验对策。

影响公共生活的新媒体形式多样、主体多元，其中两种类型格外突出：一是由各级政府机构、公共组织主办的政务新媒体（包括微博、微信、客户端以及在"今日头条"之

* 本文为上海高校高峰高原学科建设项目之子项目"10城市可沟通状况研究"的部分成果。复旦大学新闻学院李淼参与了本文最初的资料整理和初稿写作；汪婷、汪玲、黄显、王震宇、高雨等参与了部分城市的调研和资料整理。特此感谢！

** 谢静，复旦大学信息与传播研究中心研究员，复旦大学新闻学院教授。

类新媒体平台上开设的账号),比如以城市命名的官方发布平台;二是传统媒体的新媒体产品,包括网站、客户端、微博、微信等。政务新媒体因其官方定位和首发优势,所发布信息具有无可替代的重要性和权威性,是新增的公共信息的主要来源;传统媒体作为专业新闻信息生产机构,积累了丰富经验和较高声望,其新媒体产品亦具有不可忽视的影响力。这两类新媒体所形成的政务传播网络和专业传播网络,是当前公共传播体系的核心构成;各网络自身的结构特征和运作方式,以及网络之间的互动关系,在很大程度上形塑了城市的公共传播网络形态结构与运作过程。因此,本调查以政务新媒体和专业媒体的新媒体产品(简称专业新媒体)为主要考察对象,借以观察政务传播与新闻传播的结构特点、运作特征及其相互关系,大体描摹当前城市公共传播的基本状况。

本报告主要基于南京、长沙、成都、温州、惠州五个城市(以下简称五城市)的访谈调查和文献资料。复旦大学新闻学院10余位师生在2016—2017年间对国内10多个城市的公共传播状况进行了集中调查。根据调研,笔者认为,这五个城市的公共传播网络形态比较类似,其政务传播大多建基于专业传播机构,相互之间高度关联;政务新媒体和专业新媒体都积极地创造新连接,努力地渗入城市公共生活的日常维度和细微层面,构造了更为绵密的公共传播网络。为此,我们将这些城市新媒体所参与塑造的城市公共传播网络概括为"双网交融、渗入日常"。当然,并非每一个城市在两类新媒体方面的实践都具有下文将要讨论的所有特征,在一些特定做法上,城市之间的差距十分明显。此处的归类和概括乃基于总体和宏观的特征,在具体分析中还将进行区别、辨析。

本文将在简要介绍五城市总体概况的基础上,重点关注这些城市公共传播网络的整体形态特征及变化,进而深入分析形塑网络、产生变化的主要动因。传播网络变化的原因很多,本文基于调查材料,聚焦于新媒体自身实践,并且将新媒体实践看作这种变化的重要动因。最后,本文还将针对这种变化的一些深层次问题展开讨论,并提出对策建议。

第一部分　城市公共传播基本状况

城市公共传播网络构造,受到既有传播环境的影响。在具体阐述五城市传播网络的创新特征之前,本部分先简要描述各城市的发展概况、政务传播管理体制以及传统媒体机构特征等基本状况,作为公共传播的环境与背景,以为参照。

一、城市发展概况

城市发展状况涉及城市区位条件、经济社会发展水平、城市精神文化等多方面，是公共传播系统运行的总体环境。本类别中的五城市均为全国知名的历史文化名城，文化资源丰厚；地处国家战略发展的重要区域（如“一带一路”经济带，珠三角、长三角经济区等）；城市 GDP 排名均位列全国 Top100，处于城市经济、社会发展上升期。同时，这些城市的官方话语都将创意、创新作为城市发展的核心理念，对包括新媒体在内的文化创意产业采取了各种形式的扶持政策。

作为中国四大古都之一，南京历史文化积淀深厚，素有“六朝古都”“十朝都会”的美誉，同时战略地位显要，是“一带一路”与长江经济带交汇的节点城市。根据《南京市 2017 年国民经济和社会发展统计公报》，南京 2017 年全年地区生产总值为14,030.15亿元（年末常住人口 850 万人）。① 在 2015 年全国投资吸引力城市排名中，南京紧随北上广深，位列全国第五。依托科技文化等优势，2009 年南京成为国家创新型试点城市，并于 2015 年开始实施面向全球的“创意南京”城市品牌传播计划。

长沙拥有丰富的影视、动漫及演艺等娱乐产业资源，“文化湘军”在国内外有着较大影响。2017 年 11 月 1 日，长沙加入联合国教科文组织“全球创意城市网络”，成为亚洲首个获评世界“媒体艺术之都”称号的城市。长沙经济发展水平持续上升，根据《长沙市 2019 年国民经济和社会发展统计公报》，长沙 2019 年全年实现地区生产总值11,574.22亿元（年末全市总人口839.45万人）。② 在不断强化的“快乐长沙”城市氛围中，市民幸福感知度较高，自 2008 年起长沙连续数年被评为“最具幸福感城市”，2016年长沙获评“全国最具幸福感城市”首位。

作为古蜀文明发祥地，成都是一座拥有 3000 余年历史的文化名城。地处巴蜀之地，成都自古就是中原与羌藏地区进行商贸、文化交流的交汇点，如今是服务“一带一路”“向西向南”发展战略的开放门户，战略地位显要。成都作为西南地区唯一的特大城市，2019 年全市实现地区生产总值17,012.65亿元（常住人口1658.10万人）。③ 成都大力扶持文化创意产业，现已形成以电子信息产业为核心，涵盖设计、动漫、影音、游

---

① 南京市统计局. 南京市 2017 年国民经济和社会发展统计公报[EB/OL]. (2020-04-03)[2020-07-03]. http://jxw.nanjing.gov.cn/njsjjhxxhwyh/201908/t20190813_1624800.html.

② 长沙市统计局. 长沙市 2019 年国民经济和社会发展统计公报[EB/OL]. (2020-03-19)[2020-07-03]. http://www.tjcn.org/tjgb/18hn/36224.html.

③ 成都市统计局. 2019 年成都市国民经济和社会发展统计公报[EB/OL]. (2020-03-28)[2020-07-03]. http://www.cdstats.chengdu.gov.cn/htm/detail_180953.html.

戏、出版等多门类的创意型产业发展模式。

温州是浙江省区域中心城市之一,以积淀两千余年的瓯越文化作为城市根基。温州是中国民营经济的先发地区,有深厚的经商传统与商业文化,建立起遍布世界的温州人商业贸易网络。2017 年温州被评为中国最具投资潜力城市 50 强,荣获“福布斯最佳商业城市”,并拥有“中国民营企业之都”“中国品牌之都”等称号。根据《2019 年温州市国民经济和社会发展统计公报》,2019 年温州全市生产总值达6606.1亿元(年末全市常住人口为 930 万人)。①

惠州地处广东省东部,素有“粤东门户”之称,在隋唐时期已是“粤东重镇”,是东江流域重要的政治、经济、军事、文化中心和商品集散地。惠州毗邻深圳、香港,西邻东莞市和广州市,是珠江三角洲中心城市之一。在《广东省沿海经济带综合发展规划(2017—2030 年)》中,惠州被作为广东省“一轴、多中心、集群式”城镇空间结构中重要的地区性中心。② 根据《2019 年惠州国民经济和社会发展统计公报》,惠州 2019 年全市地区生产总值为 4177.41 亿元(年末常住人口 488 万人)。③ 惠州城市文化活跃,2012 年惠州位列“中国最具特色文化竞争力十佳城市”榜首。

二、政府公共传播的机构、政策与目标

在政府层面,五城市均积极推动政务信息公开,开创多重媒体手段促进与公众的信息沟通。为此,各城市在政策制定、机构设置、目标规划及数字化应用等方面均有所行动,努力提升政府的信息沟通能力,为城市公共传播网络的构建创造条件。

南京市响应国家“互联网+政务服务”体系的建设要求,推进政务服务办理从“实体政府大厅”向“网上办事大厅”延伸。市委宣传部组建的“南京发布网”已实现全市 100 余家委办局信息资源整合,成为政府工作信息、政务服务信息的“发布大厅”。南京市政府组建“南京市信息中心”作为专门机构以推进政务信息化工作,现已完成全市政务网、“权力阳光运行”电子政务系统、智慧南京运行管理中心等一批信息化及电子政务项目,同时推进市民卡、“我的南京”App 等智慧南京信息化工程,进一步优化与

---

① 温州市统计局. 2019 年温州市国民经济和社会发展统计公报[EB/OL]. (2020-03-24)[2020-07-03]. http://www.tjcn.org/tjgb/11zj/36238.html.

② 广东省人民政府. 广东省人民政府关于印发广东省沿海经济带综合发展规划(2017—2030 年)的通知[EB/OL]. (2017-10-27)[2018-05-10]. http://zwgk.gd.gov.cn/006939748/201712/t20171205_733883.html.

③ 惠州市统计局. 2019 年惠州国民经济和社会发展统计公报[EB/OL]. (2020-06-26)[2020-07-03]. http://www.tjcn.org/tjgb/19gd/36499.html.

公众的信息沟通渠道。[①]

长沙市政府明确提出要建设“阳光政府、责任政府”，并采取一系列措施推进政务公开。为保障政务公开服务工作的开展，长沙市明确要求各单位“加强政策解读回应、增强信息公开时效”，将各单位政府网站信息公开程度纳入各部门绩效评估中，并按照“解读回应、办事服务、互动交流、创新发展、网站管理”等分项指标进行评估。[②] 为提升政府信息公开工作的效能，自 2008 年起，长沙市依年度编制《政府信息公开年度报告》，对该年度政府各部门信息公开情况进行总结，并向全社会发布，接受公众对政府政务公开工作的监督。

成都市在《关于全面深化政府公开工作的意见》中提出对政务公开工作的 34 条要求，明确要求以“公开”为常态。成都市政府成立“大数据和电子政务管理办公室”，专司推进政务服务信息的网络化建设。早在 2002 年，成都市政府就已成立综合性的政务信息服务网站“中国・成都”。利用大数据网络技术，成都开发上线“成都市公共数据开放平台”，整合了全市包括教育文化、安全生产、信用服务、交通运输、医疗卫生等在内的 261 项数据资源，为企业和个人提供公共信息资源，为信息社会化开发利用提供数据支持。

温州市积极利用数字化技术推进“互联网＋政务服务”工作。2017 年发布的《温州市深化政府公开工作实施方案》提出要进行“政务服务最多跑一次”改革，实现各项便民服务“在线咨询、网上办理、证照快递送达”的“零上门”机制。[③] 温州市成立专门机构“温州市大数据管理中心”，统筹负责政务数据资源的共享工作。2016 年 12 月发布的《温州市政务数据资源共享管理办法》要求建设满足全市政府数据资源共享的平台，并与浙江省政务服务电子平台对接，构建城市间的政务服务信息网络，打造向公众提供综合性、一站式在线服务的“政务淘宝”。

惠州市在 2012 年发布的《政务公开工作要点》中规定，要以“监督行政权力、服务人民群众为主线”推动政务信息公开。为监督全市各部门政务工作的整体水平，惠州市政府连续编印《政务公开工作简报》，总结该年度政务公开的情况，将好的经验做法、存在的困难与问题报送市政府政务公开科，为全市政务工作的开展提供参考。在推进政务信息网络化方面，惠州市于 2016 年发布《惠州市促进大数据发展实施方案

---

① 南京市人民政府. 南京市 2012 年社会信息化工作要点[EB/OL]. (2012-03-15)[2018-05-10]. http://www.nanjing.gov.cn/xxgk/szf/201203/t20120323_1183189.html.

② 长沙市人民政府. 关于开展政府网站绩效评估的通知[EB/OL]. (2017-09-21)[2018-05-08]. http://www.changsha.gov.cn/xxgk/zfxxgkgd/zsszfxxgkgd/201709/t20170921_2046624.html.

③ 温州市人民政府. 温州市深化政务公开工作实施方案[EB/OL]. (2017-06-08)[2018-05-10]. http://xxgk.wenzhou.gov.cn/art/2017/6/13/art_1351520_8919512.html.

(2016—2020年)》,明确提出要实现城市公共服务的电子化、一体化对接,以统一平台承载网上办事大厅、数字城管、数字市政等公共应用,利用数字化技术向公众提供高效信息服务。[①]

三、传统媒体机构融合转型的概况

在数字化技术的驱动下,五城市的传统媒体机构均积极推动融合转型,为改进城市公共传播状况奠定了基础。

首先,南京等五城市原有的传统媒体均实现了向综合性传媒集团的转型,不仅形成了包括多种媒体形态的系列"方阵""矩阵",而且还将业务范围拓展至新闻信息生产之外的文化创意、物流、旅游等大传播领域,将自身塑造成更加多元化的专业传播机构。以党报为核心的城市报业集团,其媒体形态涵盖报纸、杂志、网站、移动客户端以及微博、微信等所谓"全媒体"产品,而文化创意类业务则因地制宜、各具特色。组建于2002年12月的南京报业传媒集团拥有包括《南京日报》、《金陵晚报》、《金陵瞭望》杂志、南京报业网等在内的十报一刊三网站。在业态融合方面,南京报业传媒集团主要向"传媒+政务服务""传媒+文化创意"等方面拓展,现已形成以"互联网+""创意+"为核心的新型业务矩阵,成为南京地区实力强劲的综合性传媒集团。依托《长沙晚报》组建的长沙晚报报业集团成立于2001年,以六报一刊一网站一手机报为核心产品。其中,大型综合性新闻网站"星辰在线",已于2016年从报业集团剥离,组建为市委直属的新媒体集团(星辰在线新媒体集团)。"星辰在线"在股份制改造、政务宣传实践等方面不断创新,已成为城市新闻网站媒体融合发展的典范。[②]成都将报纸、广播、电视这三类传统媒体进行全面整合,于2006年11月成立了成都传媒集团,组成包括5家报社、6家期刊社、1家综合图书出版单位、1家城市新闻门户网站、4家渠道媒体公司在内的"新闻媒体方阵",业务涉及时政新闻、财经资讯、生活服务、数字娱乐四大产品矩阵。成都传媒集团以"中心+园区+基金"的特色项目为发展方向,其中,博瑞传媒是集团旗下的主要产业经营平台,是"中国报业"第一股。集团打造的"东郊记忆·互联网创意产业园"已入选"全国报刊媒体融合创新优秀案例100佳"。[③]惠州日报社于

---

① 惠州市人民政府. 惠州市促进大数据发展实施方案(2016—2020年)[EB/OL]. (2016-12-23)[2018-05-11]. http://www.egag.org.cn/index.php?m=article&a=index&id=422.

② 问政长沙[EB/OL]. (2017-01-09)[2018-05-11]. http://about.changsha.cn/html/8/20170109/90.html.

③ 东郊记忆·互联网创意产业园 智慧科技创造优质新生活[EB/OL]. (2015-11-30)[2018-05-11]. http://news.163.com/15/1130/03/B9L0JERM00014Q4P.html.

2007年整合"三报两网"，成立惠州报业传媒集团，向报业、印刷出版业、国画艺术等文化产业化路径发展。集团旗下的惠州新闻网成为全国"城市综合信息门户网站工程"试点单位，网站论坛"惠民在线"获"全国地方网站最具创新发展潜力品牌"。目前，惠州报业传媒集团已形成"2＋3＋N"的全媒体体系，即今日惠州网、《东江时报》两大核心媒体；"掌中惠州"App、惠州车载LED流动媒体、惠州LED显示屏三大移动新媒体以及多个移动新媒体产品。为助力媒介融合，2018年，集团打造"两院一联盟"（东江舆情研究院、东江创新发展研究院和东江品牌联盟），借此为报业的跨界经营与新媒体品牌建设提供智库支持。2004年，温州将《温州日报》《温州晚报》《温州都市报》等传统媒体整合为综合性报业传媒集团，构建"党报立体传播、都市生活传播、社区服务传播、外宣传播四大方阵"，推出和运营"温州新闻"、"掌上温州"、"温州发布"、"温州辟谣"举报平台、"温州网络问政"、温州网络电视等20多个融合平台。目前，集团拥有报纸、广播、网站、两微一端、阅报屏用户1236万。同时，通过做大会展经济、网络经济、互联网金融、文化教育、旅游全媒体等新兴产业和数字转型升级项目，探索盈利模式的多样化转型，版外经济占总收入比例上升至60％以上。①

其次，在应对新媒体冲击、实施融合转型的过程中，五城市大多开始采用比较温和的组织策略，在不根本性地改变组织结构和运作机制的条件下，以做加法的方式，设立专门的新媒体中心，生产新媒体产品，探索融合转型的可行性路径。随着条件的成熟，部分城市加大融合力度，对组织结构和生产流程进行了较大幅度的改革。南京、长沙、成都、惠州都较早成立了新媒体部门，专门负责新媒体产品（主要是网络和两微一端）的编发工作。新闻的采集和写作仍然依靠传统部门的记者完成，鼓励记者根据媒体形态提供不同形式的新闻内容。随着媒体融合要求的提高，部分城市媒体对组织结构和流程进行了较大幅度的改造。比如南京日报社于2015年成立中央编辑部，包括全媒体编辑团队、白班编辑室和夜班编辑室，采取更为扁平化的运作机制。全媒体编辑团队由负责各个新媒体平台的编辑团队组成，掌控微博、微信、网站、手机客户端等端口的内容分发。白班编辑主要进行全天的新闻选题和策划工作，夜班编辑则主要对接纸媒端口的内容。②为了更好地融合，南京日报社还改变以往记者对应自有版面的做法，采取采编分离的操作模式，以便更为灵活地针对不同媒体和端口进行内容推送。

最后，作为专业传播机构，五城市传统媒体在进行融合转型的过程中，对新闻信息、政务沟通和生活服务三方面内容都作了重点关注和较大投入，无论是涉及范围还

① 杨驰原，高方，左志新．把握传媒发展新常态 打造融合转型新标杆——温州日报报业集团融合发展纪实[J]．传媒，2017，000：10-15．

② 李政，李倩．媒体融合的多重实现层次——以南京报业传媒集团为例[J]．传媒观察，2018(1)：37-39．

是信息容量，都取得了较大突破，拓展了媒体的功能。《长沙晚报》的“掌上长沙”移动客户端融合了新闻资讯、政务信息与生活服务三大功能，在“2017上半年中国媒体App总下载量排行榜”中，其下载量居全国市级媒体第二。[①]成都传媒集团确立了以时政新闻、财经资讯、生活服务和数字娱乐为核心的“4＋N”矩阵，形成了包括《成都日报》“锦观”(党政信息)、《成都商报》“谈资”(财经资讯)、《成都晚报》“微成都”(生活服务)等在内的核心新媒体产品。同时，集团积极推进产品类新媒体发展，旗下的《成都商报》推动的“四川名医”新媒体项目整合了省内医疗资源，提供预约挂号、医生查询、健康管理等八项服务，已成为全国最大的区域性精准导医、医患社交平台，开创了新媒体与医疗行业融合的新模式。[②] 温州报业集团以“温都”为核心打造集群化全媒体产品，包括以温都网、温都视频、“掌上温州”新闻客户端为主的内容传播平台，以及“零碎八碎”(分类信息客户端)、“温都金服”(互联网金融理财客户端)、“温都猫”(电商平台客户端)等跨界营销平台。其中，“温都猫”已于2017年12月登陆新三板交易平台，开启“传媒＋电商＋资本”新发展模式，并荣获2017年度“中国报业融合创新发展20佳”。[③]

第二部分　创新公共传播网络：基本特征

本部分首先考察公共传播网络形态的整体特征。调查发现，南京、长沙、成都、温州、惠州等五城市的公共传播网络具有一定的共性，即“双网交融、渗入日常”，较为突出地体现了当前城市公共传播的一种典型样态。这些城市公共传播的一些具体实践形式也许在其他城市也有不同程度的表现，但总体而言，这些实践共同塑造了区别于其他类型城市公共传播的网络形态。

一、合作共建：借助专业媒体搭建政务传播网络

新媒体为党政机关和公共机构直接联系公众提供了技术条件，五城市的相关单位也根据上级要求和自身特点建设了多部门、多层级的政务微信公众号、官方微博或者网站、移动客户端等，在既有的城市区划、行政系统和公共组织等治理体系上搭建了一个全新的政务信息网络，改变了过去主要依靠集中化的大众传媒进行宣传的局面，建立起相对独立的政府与民众的沟通渠道。不过，由于人力资源和专业技术缺乏，这个

---

①② 李政，李倩. 媒体融合的多重实现层次——以南京报业传媒集团为例[J]. 传媒观察，2018(1)：37-39.

③ “温都猫”敲响新三板开市宝钟[EB/OL]. (2017-12-28)[2018-05-13]. http://news.66wz.com/system/2017/12/28/105053216.shtml.

信息网络虽然建基于科层化的行政体系，但其实际运作大多高度依赖于既有的专业化传播系统，与传统专业媒体合作，形成了既相对独立又相互依赖的政务传播与专业传播网络丛，政务信息与新闻信息、生活服务内容相互交融。政务新媒体既有相对独立的主办单位、信息来源和运作流程，又在很大程度上依赖专业媒体机构及其人力资源，发布的内容也有许多来自专业媒体，其价值理念、表现方式等都承袭了传统专业媒体的诸多特点，使得五城市的公共传播网络在总体上呈现出以合作共建为基础的双网交融的状态。大体来说，这种交融状态体现在机构和内容两个层面。

首先是机构层面的交融。与国内许多城市相似，南京、长沙、成都、温州、惠州等五城市围绕以城市发布命名的政务新媒体，建立起较为庞大的政府对外传播体系，横向覆盖政府职能部门及窗口单位，纵向延伸到街镇社区等基层一线，形成覆盖全市的矩阵式政务新媒体系统。从形式上看，各个部门、各级政府都能够独立面向市民发布政策信息，回应市民关切。不过，由于人力资源和专业技能等条件限制，许多政务新媒体无法独立开展常规化、专业化的传播活动，不得不依赖传统媒体的专业团队和技术设备，采用外包或者合作的方式，与既有的专业传播网络形成紧密联系。因此，政府与媒体的关系也发生了较大变化。传统上，专业媒体一方面作为喉舌担负着党和政府的宣传任务，体现了两者之间的主从关系；另一方面，专业媒体在面对公众和市场的时候，需要遵循新闻传播规律和市场价值，与党政部门之间形成差异，具有一定的独立性。如今的外包关系已有所不同，一方面，进一步确立了专业媒体作为“外部”机构的相对独立性和对等性；另一方面，则将专业媒体置于更加直接的“准等级制”关系中，以行政命令和利益交换的方式进行合作。

成都、惠州的城市发布采取了比较明晰的外包形式，由传统媒体较为独立地采编政务发布的内容。“成都发布”最初由成都市政府新闻办主办，后转由成都市网信办管理。最初的运营团队主要从宣传部和各个媒体单位借调，也有一部分团队人员需临时招聘，流动性较大；而且，网信办作为管理机构，参与实际运营既不符合“管办分离”的原则，也难以满足媒体运行规律要求，因此将业务外包给了成都晚报社，由成都晚报社组建团队，负责“成都发布”的整体运营，经费全部来源于网信办拨款。作为主管单位，网信办没有参与“成都发布”的日常审稿工作。“成都发布”依据以往的媒体经验判断，决定发布何种信息以及如何发布，当遇到无法判断的情况时，也会向网信办汇报请示。“惠州发布”作为惠州市人民政府新闻办公室官方发布平台，隶属惠州市宣传部，由惠州报业传媒集团新媒体部负责运营，其经济来源为市财政补贴和集团补贴，其中财政补贴只能支持两位工作人员的工资支出，其他三位工作人员的薪酬则需要集团用购买服务赚取的利润来补贴。[①]不过,在运作过程中,“惠州发布”与宣传部组建了工作小组,宣传部的相关工作人员和领导以及“惠州发布”的编辑都在小组内,互动较为频繁。

与成都、惠州的明确外包形式不太相同,长沙和温州采取的是更为模糊的合作形式。“长沙发布”由外宣办主管,具体内容生产则由党网“星辰在线”的专业媒体人员完成。外宣办主要负责“长沙发布”的运营和精神指导,其中,外宣办的网络舆情科科长或主任负责“长沙发布”的审稿工作。同时,聘用“星辰在线”两名全职的专业媒体人员,具体负责“长沙发布”的内容运作。这一管理机制不同于外包模式,外宣办对信息发布具有较大的控制权。温州的运作方式也比较类似,“温州发布”为市委新闻办公室认证,实则由宣传部把关。“我们依靠媒体,但是不依赖媒体。”[②]因为人力限制,“温州发布”跟《温州晚报》合作,除了自己的三个编辑之外,还有一个晚报编辑参与内容生产。

政务新媒体外包于传统媒体或与其合作,一个直接的结果就是内容上高度依赖传统媒体,形成内容层面的交融。“惠州发布”日常信息即主要借助本地党媒的采编资源,直接使用前线记者传来的稿件,编辑、审核后进行发布;而报社一般不会专程为“惠州发布”进行采写。“成都发布”的选稿范围主要为成都本地媒体的报刊、客户端、微博及微信,如《成都日报》《四川日报》《成都商报》等,以及各区市县政府部门的官方微博、微信公众号。编辑从各个渠道抓取可用素材,以适合“成都发布”的语言风格进行编辑、发稿。只有少部分稿件由“成都发布”团队自行采编,比如政府的新闻发布会或者指令性要求。除了直接使用主流媒体的见报稿,“成都发布”还时常与《成都晚报》、《成都日报》、《成都商报》、“全搜索”等本地传统媒体或网站合作,进行互动推广。“温州发布”“长沙发布”的稿源相对多元,来自联络员、县市区报送、自采和传统媒体等。不过,“温州发布”的负责人表示:“我们也比较喜欢用党报的稿子,因为党报本来就有审核机制,力量强一些。”[③]

只有“南京发布”比较独立,作为南京市委和政府的新闻发言人,其工作主要由南京市委宣传部下属的一个专门工作组负责,不过其负责人一度被派到报社“锻炼学习”[④]。“南京发布”一般只以相关部门的一手信息为准,较少直接转发媒体消息。不过,“南京发布”与《南京日报》之间还是建立了资源共享关系,在新闻现场图片、文字报道内容紧缺时,或者重大突发事件发生时,“南京发布”可以直接从《南京日报》获取资

---

① 数据来源于调查员2016年11月10日远程访谈记录。

② 引自笔者2017年1月16日访谈记录。

③ 引自笔者2017年1月16日访谈记录。

④ 引自调查员2016年7月18日访谈记录。

源，或对《南京日报》"区街一号"栏目的消息进行加工转载。当"南京发布"需要较为深度的分析和解释性内容时，也会选择与传统媒体合作。比如，邀请《南京日报》的教育、交通、卫生、气象等条线记者、编辑加入微信群，针对政策要点与变化等问题，咨询相关条线记者、编辑，或者直接要求他们撰写政策解读文字。

在更为基层的政务新媒体运作中，也有不少采取外包模式的政务新媒体，而且基本上都是外包给本地传统媒体，尤其是党媒。比如，《惠州日报》就以政府采购的方式，与相关部门合办惠州法制网、惠州文明网等网站；《成都日报》也代理了包括市纪委、政务中心在内的一些政府部门的两微一端，运营外宣办的"Go Chengdu"网站。成都外宣办曾经将其网站委托给一家企业运营，但因为达不到要求而中止合作，转而委托给成都日报社。大量基层机构的政务新媒体合作共建状况将在后文详述。这里需要补充说明的是，党报也经常主动运用新媒体平台参与政府治理过程，共同构筑政务传播网络。比如，"今日惠州网"微信平台有一个"书记论坛"菜单栏，设有"书记批帖""部门回应""网记跑腿"三个栏目，传达政务、沟通民意。"书记论坛"菜单的三个栏目直接链接到"今日惠州网"东江社区中的"向书记说说心里话"板块。在这个板块，网友可以向书记提问、建言献策，集合众网友的力量一起商讨如何更好地建设更美、更宜居惠州。这是一种比较松散的合作，不一定是正式的代理或者外包，也不同于传统新闻报道围绕事件不定期进行的舆论监督或者记者内参。借助新媒体的互动性，专业传播机构得以较系统、持续地将党政机关与社会公众连接起来，从而实现与政务传播网络更为深入的交融。在这一网络中，政府部门不再只是采访对象或者访谈嘉宾，而是合作伙伴、参与主体。

二、矩阵联动：政务媒体再造公共传播流程

在传统媒体时代，由于传播渠道限制，公共传播更多地满足自上而下的纵向信息传递和政策宣传需要，普通公众自下而上的反馈较少，而且处于行政体系末端的基层组织和普通社会组织也难以系统化、常规化地与公众建立联系，不同组织与部门横向之间同样少有常规性的信息互通和协调协作。而以微博、微信为主体的政务新媒体本身就具有互动性，专业传播机构也大多将粉丝互动视为保持用户黏性的重要手段，因此这类专业机构代理的政务新媒体更注重吸引公众关注与回应，在一定程度上促进了政府与民众的互动。另外，政务新媒体以科层组织为框架，建立起一个庞大的矩阵体系，为了管理与协调它们的运作而搭建起来的后台联系机制，构造出一个新的跨部门沟通网络，又在一定程度上促进了科层组织之间的联系与互动。于是，政务新媒体以

矩阵联动的方式,在增强下行传播(政务宣传)的同时补充了上行传播(公众反馈),在对外发布的过程中编织了内部沟通网络,在一定程度上打破了科层组织壁垒,改善了公共传播的流向与运作过程,为再造公共传播流程做出了贡献。

首先,城市政府机构作为一个庞大的科层系统,不同层级的部门与公众的沟通方式不尽相同。越靠近金字塔上端,与普通公众的直接接触越少,但是可接触、利用的专业传播机构资源却越多,协商资本也越大,越是能够在象征符号空间中获得可见度;而越是靠近金字塔底端,与普通公众直接互动越多,但与专业化、集中化的大众传播媒体协商的资源、资本相对越少,在公共传播网络中的可见度越低。因此,政务新媒体的大量出现,不仅为各级政府部门搭建了直接面对公众的互动平台,而且让更多的基层组织获得了提升公共可见度的可能性。如长沙县的30多家镇街科局都开设了政务微博,覆盖县域绝大部分行政区划和行业领域。其中,福临镇开通湖南省首个乡镇一级政务微博——"福临发布",天心区则将政务微博延伸到了社区,全区66个社区开通官方微博,着力打造"微社区"服务平台。① 成都也拥有庞大的政务微博、微信体系,包括政务微博4500个,政务微信1100个。② 温州以"温州发布"微博、微信主账号为中心,横向矩阵覆盖全市所有的130家市直部门、便民服务单位和市级媒体官方"两微",纵向矩阵囊括11个县(市、区)官方"两微"以及下属超过1000家县级部门单位和中心镇(街道)官方"两微"账号。③ 一方面,这些政务新媒体以独立的主体身份在公共传播网络中发声,在专业传播机构的协助下各自努力增加可见度;另一方面,不同层级、不同条块的政府部门政务新媒体往往又以矩阵方式集体呈现在各种平台上,比如这些城市的市级发布大多会将区县、市直单位和公共服务机构的发布号并置呈现,并且这些新媒体矩阵还经常一起发声、协同行动。这种做法在一定程度上消弭了科层系统内部的等级距离和部门鸿沟,即使系统内部运作仍然维持科层特征,但是在公共传播网络中,这些大大小小、高高低低的组织机构,都被放置到一个平面上共同面对社会公众,直接与公众互动、交流。

其次,由专业传播机构代理的政务新媒体高度重视用户黏性,尽力以互动方式提高媒体影响力,从而大大增加了城市的纵向沟通,尤其是自下而上的反馈与表达。调查发现,政务新媒体互动的方式主要有两种:一种是针对受众反馈的进一步回复,另一种则是主动设置议题、挑起话题,鼓励公众参与讨论。针对受众反馈的回复又有两种形式,一种是直接回应公众的问题与需求。"惠州发布"会对微博和微信中一些提问

① 数据来源于笔者2016年7月31日访谈记录。
② 数据来源于调查员2016年7月26日访谈记录。
③ 数据来源于内部资料《温州发布2016年工作总结》。

类、资讯类的私信和评论进行回复。当涉及其他职能部门时，会建议评论者直接向有关部门的官方微博进行咨询，或者由“惠州发布”的编辑直接转给相关职能部门。通过信息或者直接@“成都发布”，粉丝们向“成都发布”咨询各类问题，平均一天10条左右，最高峰的时候每天后台留言达到100—200条。针对粉丝的咨询，“成都发布”会将相关问题转达给相关部门，由他们安排回应；依据其内部规定，“成都发布”每天至少要回复粉丝留言15—20条。[①] 作为代理的新媒体从业者大多无法直接回应公众诉求，但其作为中介，连接了公共部门与公众，尤其是通过直接链接（比如在微博上@相关部门，在微信上提供链接地址）的方式，公开绘制了一张政务新媒体矩阵图示，在公共传播网络中构造了矩阵间的虚拟与现实的关联，形成了另一种矩阵联动方式，其关系既与组织内部结构相关，又不同于经典的科层关系。另一种反馈回应方式则不提供实质信息，而是用拟人化的方式拉近机构与公众之间的距离。“南京发布”经常以带有社交和幽默性质的情绪互动（如回应玩笑）与读者交流，也会针对读者的情绪性反馈制作“一本正经”的回复，比如有市民在评论中吐槽南京地铁开始全面安检会耽误上班，“南京发布”就转发该评论并给出了实地评测得出的安检时间。由于在与市民沟通中采取拟人化的处理方式，市民也会将“南京发布”当作一个人格化的微博社交好友（网民一般称呼“南京发布”为小布，会说“小布又调皮了”），通过@“南京发布”来表达一些情绪，这种具备广泛传播和娱乐价值的“神评论”和“神回复”也会得到“南京发布”的转发与评论。如一名市民用“鸭二鸭！鸭二鸭！鸭鸭鸭二鸭！”回复“一句话证明你军训过”的话题，“南京发布”转发评论“跟着念起来了”。“南京发布”的主管领导认为：“微博的本质是一个社交媒体，是人和人在说话，应当把政府形象包装成人，内容也变成交谈式的内容。”[②]

不同于上述相对被动的回复，政务新媒体有时也策划一些议题和事件，鼓励公众参与，这是传统专业媒体，尤其是都市报等市场化媒体的常用策略。惠州的“东江论坛”和“今日惠州网”经常策划各种活动，激发公众讨论的热情。例如，“今日惠州网”微博经常发布类似“市卫计局局长许岸高做客惠州报业传媒集团旗下媒体今日惠州网‘惠民在线’论坛”的在线交流活动。此外，“今日惠州网”微博也会将“东江论坛”中一些网友的提问放到微博里和粉丝们一起讨论，“微评论”栏目的内容则是针对社会时事，与广大网友共同思考和探讨，一起针砭时弊。“南京发布”微信公众号的“权威发布”中有一个“最南京全民拍”板块，主要内容就是市民拍摄的有关南京的照片和视频。

---

① 数据来源于调查员2016年7月26日访谈记录。

② 引自调查员2016年7月18日访谈记录。

这些照片和视频成为官方和民间对城市形象和意义进行公共展示和解读的空间。被政务新媒体所激励,加入公共讨论的公众具有更高的主动性和主体意识,成为公共传播网络中相对独立的行动者,参与到城市治理的矩阵联动过程之中。

除公开的回复与讨论外,政务新媒体在政府与民众的沟通方面还有一种隐性形式,在五城市的实践中亦较为普遍,即以舆情监控的方式,完善自下而上的传播流。网宣办通常肩负舆情监测的责任,由网宣办主管的城市发布政务新媒体同时兼具舆情监测职能本不足为奇,但是,在其他分工比较明确、专业人员比较充足的城市,舆情监测主要由专门部门或者团队承担,政务新媒体只是偶尔兼顾。而本调查中所涉城市发布的情况却是,无论是外宣办还是宣传部主管(在我们调查时,一些城市的这两个部门还没有分开),往往都较为系统、常规地进行舆情监测。"惠州发布"作为惠州市人民政府新闻办公室官方发布平台,虽由媒体承包,但也要向宣传部提供月度的舆情报告。面对不能处理的各种微博、微信回复、评论,不具备处理职能的发布者就要将信息进行简单汇集整理,通过舆情报告的方式上报主管部门;涉及其他部门的,则转交给相关部门。除了月度舆情报告,"惠州发布"还会在重大舆情事件发生时进行实时汇报、重要节点实时汇报、日常每周汇报等。与《温州晚报》合作的"温州发布"也承担类似的舆情监测工作,编辑每天整理各种反馈,生活类的、常识类的问题能够直接回复的就直接回复,不能回复的即转交职能部门;同时还关注一些草根号,通过抓取数据,形成舆情报告。

最后,政务新媒体矩阵的后台联系机制加强了科层组织之间的联系。为了实现与各级行政部门的快速联系,政务新媒体一般都建立了正式或非正式的联系机制,借助于新媒体的社交和群组功能,以 QQ 群、微信群等方式进行多方联系、互通信息。这种群组建构,实际上为基层组织之间架起了沟通的桥梁,有助于打破科层系统的横向壁垒和信息屏障,为建设"无缝隙政府"提供信息基础设施。比如,"温州发布"在相关部门分别设立联络员,这些联络员的层级不同,有的是所在部门的分管领导,有的是责任处室的联系人和具体落实的联络员,他们共处于一个微信群和 QQ 群中,使得组织内部上下级之间、组织之间的沟通都更为扁平、便捷、迅速。值得注意的是,这些群组中的联络员往往也是所在部门政务新媒体的管理员,他们既要负责自己媒体的信息发布,也需要向上级发布提供稿件,而涉及其所在部门的信息审稿也是经由他们转给相关处室或领导。也就是说,正是通过这样的联络员群组,政务新媒体矩阵才得以建立。"南京发布"的矩阵网格更为正式,它建立在南京市委宣传部通讯员队伍和舆情处置小组的基础上(前者为南京市委宣传部建立的包含各个政府部门外宣负责人的信息网络,后者为南京市委和市政府针对突发舆情事件成立的应急小组)。自 2011 年开始,南京市委宣传部就开始了通讯员队伍的建设工作，即在市内每个部委办局和兄弟单位的宣传部门内安排一个专门与宣传部对接的通讯员。2012 年，这个网络进一步发展成为包括普通员工、发言人助理和发言人在内的三级党委政府新闻发言人体系。根据事件的严重程度，“南京发布”可以宣传部的名义直接联系到对应层级的新闻发言人。这就形成了正式的组织传播网络。在这个网络之中，这些发言人有义务（根据明文规定）向“南京发布”公开信息，并帮助其核实情况。南京市政府各委办局主要负责人形成了舆情处置小组，“南京发布”的分管领导也是该小组的一员，当出现突发舆情的时候，涉事部门和“南京发布”、宣传部进行沟通；当信息确定妥当之后，根据情形由“南京发布”发布，或者由责任部门先发，“南京发布”再转发。这一传播网络跨越了传统的部门边界，在政府机构、公共组织和专业媒体之间建立起半正式的连接机制。它不同于传统的以专业媒体为中心的“新闻网”，在“新闻网”中，政府机构和公共组织都是以信息来源的方式与专业“把关人”协商非正式关系。它也不同于正式的科层系统内部关系，科层系统内部往往根据严格的等级命令链布局传播网络，所以部门之间容易形成沟通障碍。围绕政务新媒体构建的传播网络，部分借助了科层等级秩序（比如逐级审核），但又通过扁平化的运作方式将其弱化；信息的共享不仅提高了工作效率，也在部门之间形成了竞争机制和榜样效应，促进不同部门之间以及不同系统之间的横向关系发展。借助于这一后台工作网络，专业传播人员与政府机构和各个部门的工作人员之间也发展出更为密切的人际交往和群体互动，强化了双网交融。

三、功能拓展：专业媒体细化公共传播网络

政务新媒体在一定程度上挤占了传统媒体的空间，原先必须经由传统媒体发布的信息和沟通互动，部分地由政务新媒体接管，而且一些城市还出台了内部规范，要求各级行政部门在自己的新媒体上首发部门信息，并在第一时间传送给城市发布。这使得原先占据政策信息发布首要位置的传统专业媒体面临危机，不得不改革转型。五城市传统媒体大多采取了分散式、试错性的改革策略，拓展业务范围与实践领域，通过新媒体实践将触角延伸到以往不触碰的城市细微之处，其中最为明显的三个拓展方向是基层社区、公共机构和社会企业，媒体会更系统化、常规化地报道、联系它们。更重要的是，这种系统化、常规化的联系不同于传统的报道与被报道关系，专业新媒体与各类组织、机构尝试建立更加稳定、正式的联结关系，接受政府和公共机构官方发布新媒体平台的委托即体现了这种联结关系。如果说从委托方来看，这种关系是“外包”，是从科层系统的条条块块中延展出来的附属性、外挂性网络，科层组织自身的核心功能并无

重大改变,那么从专业媒体的角度来看,建立相对稳定的联结关系则是媒体功能拓展的结果——从传统的较为单纯的信息传递、再现反映,拓展到资源运营、参与行动;从城市窗口转变为中介枢纽。这种功能拓展表现在传播网络的形态上,就是在相对集中、单一的平面上,增加了众多的接口,将自身转化为一个立体化运作的平台;与各类组织机构的联结则编织了一个相较以往更为细密、实在的公共传播网络。这一网络不仅报道新闻,而且还提供多样化的信息服务,并促进网罗而至的各类主体、节点建立更为具体的、物理的联结和亲身互动,使它们更加密集地渗入城市的日常生活之中。

如前所述,这类城市的传统专业媒体较为全面地接入政务传播网络,不仅代理市级政务新媒体,而且还以灵活多样的方式,分散化地与大量的基层组织(如城市区县、街居组织)合作运营政务新媒体,将建基于专业媒体的公共传播网络细化。第一种方式是协助基层政府部门运营政务新媒体。比如,《惠州日报》与区政府部门合作运营"大亚湾发布"(大亚湾区新闻中心)、"文明仲恺"(惠州仲恺高新区宣教文卫办)等微信项目;《南京日报》代理雨花区的微信公众号"雨花微讯"等;《长沙晚报》利用自身采编人员和技术团队的优势,协助创办社区报纸,如《浏阳日报》《湘江早报》等。其中,《湘江早报》于 2016 年 4 月 27 日开办,是专为湖南湘江新区量身打造的报纸。目前,《湘江早报》每周出版一期,由长沙晚报社委派六名运营人员,负责内容采访和技术支持。报社与新区政府密切合作,政府负责提供采访单位或对象,报社派出记者进行采访和报道。除了创办新的社区媒体,专业机构还借助自己的新媒体平台,前所未有地深度介入城市社区层面的公共治理与日常生活。这些新媒体平台主动积极地进入社区,大量增加对社区事务的报道,参与社区治理,提供生活服务。比如"掌上长沙"的新闻资讯板块包含横向和纵向两种读取形式,横向以新闻内容分类,纵向则以行政区划分类,如芙蓉区、天心区、长沙县、浏阳市等;《南京日报》区街新闻中心的微信公众号"南京区街一号",专门针对南京市的城区和街道发布本地新闻,使得党媒更加社区化。第二种方式是合作策划制作专版、专题和举办各种活动。惠州日报社就以政府采购的方式,与惠城区、惠阳区、惠东县等 7 个县区开展了专版合办合作。成都日报社为城市区域政府进行形象策划,比如锦江区政府就将其未来五年的区域形象的提升方案交由成都日报报业集团,集团下属的各个媒体针对自身特征制订方案,最后由集团整合。第三种方式是开发社区新媒体产品。温州日报社利用新媒体技术开创社区新媒体应用产品,将原有集中渠道分散为多个分众化产品,通过细分用户的方式聚合分众群体,并通过微信服务号、订阅号最终指向社区大众,进而为社区提供定制化的新媒体服务。温州日报报业集团打造的"我们"App 是以服务社区用户为核心的智慧社区服务平台,致力于打造"温州网络生活圈",包括"社区+、服务+、新闻+"三大板块,其中"社区＋”是基于小区地理位置的社交平台，以解决生活实际问题为主旨，是家庭社区生活的深度服务；“生活＋”通过报业媒体品牌优势实现资源整合，是通过邀请优质商家入驻来提供社区服务的平台；“新闻＋”则是以生活资讯服务为主的生活服务类平台。社区、服务、新闻三大功能融合互动，为社区居民提供精准的信息服务。

此外，传统专业媒体积极展开与城市各机构、企业的合作。媒体与企业的合作，从单纯的纸媒广告投放，转变为线下活动组织策划、社群建构维护、舆情监测分析等多样化的新型信息服务。惠州日报社在做好内容建设的同时，也积极主动与合作单位联合开展宣传活动，以活动带动运营。比如 2016 年惠州日报社与广州乐家嘉便利店连锁有限公司联合开展了“乐家嘉”环保公益月活动，与大亚湾石化区联合举办了“大亚湾石化区网友开放日”活动等。另外，惠州日报社还与有潜力的企业进行长期合作，以期与企业“一同成长”。南京日报社拓展出利用新媒体为企事业单位提供舆情监测的业务。《南京日报》微信公众号的“微平台”一栏中的“南京政务通”，以为企事业单位提供舆情服务为主，包括舆情跟踪和监测，填补了企事业单位缺少技术人才进行舆情分析的空白。南京日报社以咨询公关方式承接这一业务，利用其新媒体长期关注网络舆情的专业优势，帮助企事业单位监测舆情、分析舆情。南京日报社的相关工作人员表示：“我们会监测到点击量最高的负面舆情是哪一条，第二高的是哪一条，他们（企事业单位）能够通过我们的监测及时发布引导信息。”①

传统专业传播机构拓展媒体功能、细化公共传播网络的实践形式，还体现在接入线下实体空间，采取设置电子屏、举办线下活动等方式，丰富市民的城市体验与感知。温州日报社通过建造“党报阅报栏（屏）”提供综合数字政务、服务信息。温州日报社在市区主要道路、公交站点、公园广场、学校、银行、大型商业卖场、精品社区、政府窗口单位等地设置了 300 台多功能新型阅报栏②，通过 3G 或 4G 远程发布，实现当日《温州日报》所有版面内容、政府发布的权威信息、文化旅游活动以及天气预警、供电供水、交通查询等民生实用资讯的实时传输和呈现。温州日报社希望阅报栏成为美化城市人文环境、便民利民的智慧型“城市公共信息发布平台”。长沙晚报社尝试以户外电子屏接入的方式连接城市空间，不仅将其作为商业广告的传播平台，还将其当成城市宣传的窗口、政府传播意识形态的媒介。长沙晚报社的相关工作人员认为，未来室外广告屏的数量会越来越多，社区屏服务社区和居民，附加新闻宣传信息，预计会有较好前景。长沙晚报社与政府进行洽谈合作，争取到城市户外电子屏的管理权，但目前户外电子

---

① 引自调查员 2016 年 7 月 15 日访谈记录。

② 连志成. 三大战略深耕新媒体建设[J]. 中国报业，2016(7)：25-27.

屏市场较为混乱,内容上存在政治性问题与低俗化风险,因此在媒体接入城市空间方面,许多媒体仍持保守态度。

四、象征互动:公共网络共建认同空间

以城市为基础的媒体,大都将塑造城市形象、构建城市认同作为一项重要目标,而五城市政务传播与专业传播双网交融的运作,更为有力地将公共传播的重点推向了城市认同与城市形象的建构。从城市管理部门来看,政务新媒体能够承载的功能是多方面的,包括宣传政策、塑造形象、引导舆论、沟通对话、问政专门机构、协调组织行动、服务公众等。但是,由于政务新媒体的运作高度依赖传统专业传播机构,受限于专业媒体的运作逻辑与内容重点,其功能定位与内容重点依然偏重于形象宣传和信息传递,较少涉及更深度的治理传播、组织传播过程。而专业媒体习惯于象征层面的形象建构和信息传递,在新媒体环境下的转型呈多头并进、分散出击的状态,增加了社会联结但未必渗入社会肌理,深度参与其他社会组织与系统的运作过程,所以也主要集中于象征互动层面。因此,这些城市的政务新媒体除了一部分常规的政策信息外,其他大多为形象建构、休闲娱乐、生活服务等内容。休闲服务信息一方面实用性高、关注度高,制作方便且无风险,有利于提高媒体的用户黏性和传播力;另一方面也具有推介城市、树立形象、建构认同的作用。行政部门、公共组织乐于向公众传递这类信息,它能将城市和区域的正面形象与其自身工作成效和组织形象相勾连;同时,公众在社交媒体上也乐于转发、展示这些内容,因为这些信息既有一定的实用价值,便于向好友推介,也可将自我形象与城市形象进行关联。另外,这些城市自身的生活化、休闲化氛围浓厚,也为以休闲娱乐为主导的城市文化认同的公共传播发展创造了条件。

本报告所涉及城市的政务新媒体和专业新媒体在"推介城市"过程中的做法基本相似,内容则各具特色。"南京发布"的工作人员表示,宣传南京本土化的特色生活与文化,推送涉及南京饮食、游玩、文娱的信息,也是宣传南京文化与提升南京城市形象的途径。"南京发布"通过推送这些包含深厚文化底蕴的"老字号""南京特色""南京口味"的信息,力图彰显城市的文化软实力。惠州素有"感恩之城"的别称,因此"惠州发布"特别设立了很多挖掘惠州好人好事、弘扬社会正能量的栏目。2015 年以来,"惠州发布"设立了"惠州好人""我要表扬""好人之城"等一系列栏目,对惠州"托举姐"陈小利,道德模范赵喜昌、林大康等人的事迹进行了宣传报道;每日发布"讲文明树新风"公益广告、"图说我们的价值观"等内容,号召"惠州政务"微博发布厅成员转发,希望借助互联网平台让惠州的文明之风、凡人善举得到更广泛的传播。《长沙晚报》聚焦长沙本

地新闻，推出长沙本地典型人物的连续报道，如“最美画家”段江华、“当代小雷锋”周美玲等系列文章。另外，报社通过策划品牌活动，推出系列主题类报道，如“最美乡村”活动、“胜利花”系列活动、“朗诵达人”活动、“你说话吧”活动、校园记者俱乐部活动等，激励市民行动起来，参与到城市公共生活之中。

城市媒体向市民宣传正面形象，力图凝聚人心、强化认同。这些内容同时被认为有利于对外吸引公众，树立城市形象，在日益激烈的城市间竞争中提高识别度。比如“成都发布”的微博粉丝只有46％位于四川，北京、广州的粉丝占比为50％，其余则来自全国其他地方。① 为了回应这一粉丝构成，“成都发布”除提供本地信息外，也会提供国内其他地方的信息。而且，“成都发布”在创立之初就被定位为成都城市形象推广平台，即使其主管部门从政府新闻办转变成网信办也没有改变这一定位。2016年7月，成都举办G20成都会议，一个叫“天府事变”的说唱团体为成都写了一首歌，“成都发布”通过各个渠道推广这一作品，全国各地的媒体均有转发。成都新媒体推送了大量关于“吃喝玩乐”的信息，这同样形成了公众对成都城市形象的独特认知。

值得注意的是，这些城市公共传播网络在塑造城市形象时并未将城市与乡村对立，恰恰相反，在城市休闲文化宣传中，“美丽乡村”旅游成为一种城市时尚；同时，推介乡村也符合城乡融合发展的战略，与政府“建设美丽乡村”的工作内容相契合。城市新媒体对乡村的推介不仅包括政策宣传，而且还包括乡村旅游宣传，致力于改变乡村面貌，促进乡村产业结构调整，这既有利于乡村发展和城乡融合，也有利于塑造积极正面的城市形象。南京市政府推动美丽乡村建设已达八九年时间，美丽乡村数量逐渐增多，形式和内容由最早的农家乐1.0版升级到4.0版，即现在的乡村休闲、乡村度假等。为此，南报网专门成立“美丽乡村频道”，并在微信公众号上推送与美丽乡村相关的内容。与此呼应，《南京日报》微信公众号还开辟“美丽乡村”板块。《长沙晚报》与长沙市文明办合作，主办“相约最美乡村”系列活动，并为各乡镇旅游新区做形象宣传。报社前期刊文邀请读者参与最美乡村的实地活动，后期推出整版的“相约最美乡村”专题报道，呈现活动内容，刊发各乡镇旅游新区的形象宣传软文。2016年以来，惠州日报社也与市林业局联合开展了“美丽乡村·绿满家园”活动。

除了在城市层面树立形象、建构认同，政务新媒体和专业新媒体还借助事件和活动打造出各种新的社群，在城市之中创造新的认同空间，为城市公共生活提供更为丰厚的基础。根据日常数据监测，“成都发布”发现，其实际粉丝活跃度约为40％②，但活

---

① 数据来自调查员2016年7月26日访谈记录。

② 数据来自调查员2016年7月26日访谈记录。

跃粉丝较为分散,在线互动的时间并不持续。也就是说,作为一种城市媒体,其受众的群体特征并不明显。这一现象其实反映了许多城市新媒体的共性,即仍然承袭了传统大众传媒的特性,以集中化的媒体面对分散、异质的大众,而未能充分体现社交媒体的群聚效应。一般的回复互动和“数据受众”制造,也不一定能够创造出具有共同兴趣爱好、相互之间能够有所交往的群体。为此,一些城市新媒体展开了更为积极的建构社群的行动。南京日报社借助微信公众号“读者俱乐部”,加强与读者的多样化互动。此外,从受众兴趣爱好出发,南京日报社开通了相关微信公众号,如以摄影为主题的“拍吧拍吧”,体育互动平台“趣动吧”等。“温州网”组织线下社区运动会、邻里市集,增强社区居民的交往与互动,以此打造基于居住空间的社群。温州市体育局、温州市文明办、温州日报报业集团联合举办了三届温州市社区运动会。社区运动会以“和谐社区,快乐运动”为宗旨,各社区通过预选赛,选拔优秀队伍参加社区运动会总决赛。同时,各区文明办把参加总决赛的情况纳入社区文明创建考核。“温州网”全媒体平台对社区运动会进行全面报道,比赛项目的完整过程可通过温州日报报业集团智慧社区平台“我们”客户端在线观看。这些社群建构的传播活动,深入到人们的日常生活之中,同时也激发了城市活力。

概言之,这类城市公共传播网络的基本状况是政务传播对专业传播机构的高度依赖,各类组织机构与专业媒体以合作共建等较为正式、稳定的方式建立了新的关系,政务传播与专业传播两类网络相互交融、相互嵌入。双网交融对政务新媒体和专业新媒体的角色定位、功能运作产生重要影响,促使二者努力面对常规化、日常化的社会生活的细微之处,与各类政府机构、公共组织、商业企业与社会公众建立操作性、服务性更强的关系网络,满足其具体诉求和生活需要。如此形成的公共传播网络,也许不及其他类型的传播网络那样擅长宏大叙事,也较少介入其他社会系统,构筑立足于特定领域的更为专门化、更具功能性的传播机制,但是,它们高度关注公众的日常生活,满足公众的日常需求,帮助各类组织机构建立日常工作所需要的细微关联,相较于传统媒体时代有了巨大变化,也形成了有别于其他类别城市公共传播网络的独特性。

第三部分　创新媒体实践:主要动因

“双网交融、渗入日常”的公共传播网络形态的形成,受到城市文化氛围、城市治理结构与公共传播政策等多种环境因素的影响,经由各类主体参与的媒体实践演化而成。本调查认为,政务新媒体和专业新媒体是影响当前公共传播网络形态的重要因素。这两类新媒体实践的现实逻辑和表现形式,深刻体现了公共机构和专业媒体在面对新的社会形态或者转型发展过程中的应对策略和实际行动的作用，是技术手段、组织结构、行动逻辑、交往方式等多方因素影响的结果，同时也对这些社会因素产生作用。根据调查，我们发现媒体的角色、功能和策略变迁是这类城市公共传播网络形态变化的关键动因。通过考察媒体的变迁，我们可以探索城市公共传播网络变化的源头和过程。

一、媒体角色变迁

媒体是城市中的重要行动者，在城市公共生活中扮演着关键角色。在过去很长一段时间内，在公共传播系统中占据主导地位的是大众传媒，其职责主要是新闻宣传，扮演观察者、传递者、报道者等角色；而在治理体系中，相对其他行动者（包括政府机构、社会组织、企业和个体等）而言，媒体处于旁观或者后续位置上，待其他行动者的行动（比如发表意见、制定政策、组织活动等）完成之后，媒体再将其广而告之。这种角色定位在当前媒体环境和社会形态发生变化的条件下，面临诸多问题：一是，新媒体大量涌现，各类社会行动者都可以直接面向公众，无须转借他人；二是，相对分离的角色分工建基于相对稳定的社会形态，而当前社会流动性增加，这种“你做我说”或者“先做后说”的固定分工模式越来越受到挑战。传统的角色分工体现了各自相对独立的边界和组织结构，但是社会流动性的增强逐渐打破固有的边界和结构，越来越多的社会事务需要多方协调合作完成，而原先组织传播与公共传播相分离的状况使得协调合作障碍重重。面对新技术环境与社会形态的变化，五城市的应对策略首先是改变自身角色定位，重塑与其他行动者的关系。比如，政府机构和公共部门积极开办政务新媒体，借助专业机构来提高生产力、传播力，这不仅仅是为了更好地宣传政策、上情下达，也为了积极塑造城市形象、创造认同、凝聚人心、激发活力，在一定程度上扩大城市治理的公共过程，将更多的政策制定和具体实施过程置于公众视野之中，吸纳更多的社会组织和普通公众参与城市治理。传统媒体的转型改革也越来越突破传统的观察者、传递者、报道者等角色功能，在多样化的实践中寻找新的角色定位。具体地说，在形塑这类城市“双网交融、渗入日常”的公共传播特征过程中，政务新媒体的“组织者”身份和专业新媒体的“代理人”身份的转变尤为重要，这些新身份都超越了以往人们对媒体的理解和界定，也是这类城市公共传播的共同现象。这种角色定位的变化打破了过去专业传播与政务传播相对独立、分离的局面，促进了二者的相互交融，并且引导其逐步向日常生活的细微之处渗透。

1.作为组织者的政务新媒体

城市发布作为一种新媒体,如果仅宣传政策、传递信息(即发布之本义),承袭大众传媒的特点,并未真正体现新媒体的双向互动和情境嵌入特征,那么就只不过是从行政体系内部分化出的一个独立、专门化运作的宣传部门。应当说,包括五城市在内的许多城市政务新媒体在不同程度上还保留着这种大众传媒的痕迹。然而,新媒体自身的技术逻辑随时随地会冒头,各种社会关系与运行机制在新媒体条件下也发生了变化,这些因素不可避免地影响着政务新媒体的实践方式和运转过程,使其逐步发展出超越传统媒体角色的新职能和新身份,参与到构建新型的城市公共传播网络之中。

第一种新角色是协同发布的牵头人、参谋者、指导者。

如前所述,政务传播网络的逐步确立改变了以往集中式、单向性的发声模式,各级各部门作为发声主体直接参与到政务信息发布的矩阵之中,在一定程度上呈现了分布式、去中心化的网络形态。但是,这种网络模式也带来了新的问题,在各部门仍然存在信息壁垒的情况下,分散发布可能放大各自为政的弊端,造成政府声音混乱、受众不知所措的结果。在一些重大突发事件上,各自发声还会影响事态发展,不利于应对处置。因此,城市发布在单纯发布信息之外,还逐步承担了牵头人和参谋者的角色,协调、指导各级各部门发布的基本运作和对外发布。由此,代理着政务发布工作的专业传播机构和人员也更为深入地参与到政务传播过程之中,引导政务传播矩阵的整体运作。

"南京发布"逐步与政府部门建立了正式的、有效的、政府部门占主导地位的组织传播网络,明确了沟通的时间、方式、内容和负责人,以更为正式的、常态化的组织传播网络取代目前较为随机的沟通方式。由于"南京发布"已经具有一定的影响力,即使没有正式规定,那些缺少专业人员和技术能力的部门发布也时常会主动寻求"南京发布"的帮助,请"南京发布"代为发布信息和新闻。这些部门发布在对自身发布信息的策略没有把握的时候,也会征求"南京发布"工作组的建议。比如,民政、教育、卫生等部门发布新的政策(如租房补贴、升学政策等)时,常常会向"南京发布"询问哪些政策要点是市民关心的、哪种宣传方式是市民容易接受的;有新的旅游景点、交通线路或综合保税区开放开通,其主管部门也会向"南京发布"寻求宣传建议,甚至直接请"南京发布"帮助其编辑制作宣传的内容。"成都发布"尽管没有来自政府部门及区县的体系化的供稿,但它与各个单位之间存在经常性的联动关系。当政府部门及区县有相关政策需要推广时,"成都发布"便会转发微博,或者直接编发他们的政策内容。有时,"成都发布"也与区县政务微博合作举办活动,区县政务微博提供人力和资源,"成都发布"则提供平台和人力,共同负责线上活动。对于重大事件、突发事件,"惠州发布"作为主要的、第一平台发布，同时协调相关部门分工合作。比如中东呼吸综合征爆发时，“惠州发布”、市新闻办和卫计局等相关部门建立了一个工作群，综合来自省卫计厅和媒体上的消息，讨论发布策略。“温州发布”则采取“开菜单”的方式协调各个政府部门。由于能够先于部门掌握一周工作动态，“温州发布”会根据工作部署向各个部门派发选题、提出要求。对于一些重大的事件，“温州发布”监测到舆情后，会把信息告知相关部门的联络员，由其判断是否在其职能范围之内，是否需要发布，因为事发单位是第一发言人，属地是第一发布平台，“温州发布”只负责协调、联络各级各部门发布。一些指令类的宣传则通过矩阵下发，大家一起发声。一些突发事件，如温州鹿城区民房倒塌事件，其第一发布平台是“温州鹿城发布”，然后是“温州发布”“平安温州”等。同时，“温州发布”也直接通过内部工作群来沟通，通过后台机制提升发布速度。

第二种角色是日常网络的管理者、监督者。

政务新媒体不仅仅在政务信息发布方面与各级各部门的政务新媒体协同联动，而且在日常运作过程中日益承担起管理与监督的职责。面对长沙市各类网络问政平台存在的问题，如市政府门户网站的市长信箱、党网“星辰在线”的“问政长沙”栏目、“红网”的问政栏目、“长沙发布”等多个媒体平台并存，各平台报送信息常常出现口径不统一、信息重复或相互冲突等问题，长沙市网宣办希望将这些平台加以整合，即把问政平台建在党网“星辰在线”之下，整合包括官微在内的所有问政平台的链接，利用后台抓取各问政平台的信息，由网宣办掌握后台管理权和信息审核权，由市政府下属的政务中心负责具体运作，形成与政务中心的12345平台并行的问政平台，以实现信息归口、发布、管理、反馈的统一，以及问政平台的正规化、秩序化。

更为常见的做法是由城市发布作为监管者对各级各部门的政务新媒体进行规范化管理和考核。“惠州发布”承担了对市直部门和各个县区的政务新媒体平台进行季度考核的职能，考核主要针对政务微博。考核指标设计由宣传部负责，“惠州发布”采用外包公司开发的软件系统来具体实施。考核方式包括客观分数、主观分数和媒体打分等，其中客观分数为粉丝增长数、发布微博数量、回复数量、转发评论人数等。各类传播指数中最重要的是综合传播指数，即政务微博、微信是否切实承担起宣传、弘扬和坚定核心价值观的职责；是否发挥了政声传递、排解民忧的作用；是否适时地传递正能量，引导和化解社会负能量。温州以“温州市政务新媒体发展指数”作为政务新媒体考核指标，以在各新媒体平台上的传播活动为考核内容，基础分值包含传播指数、受众指数、互动指数、正能量指数、集群指数、成长指数六项，综合考量其“微博平台原创量、转发量、评论数,微信信息推送数"[①]等。借助于各种考核、监督机制,各政务新媒体之间的关系更加正式化、组织化。

另外,城市发布还经常培训各级各部门的政务新媒体工作人员,使其在业务能力和工作规范上更符合统一要求。比如"温州发布"依托政务新媒体学院浙南(温州)分院,集合新浪、腾讯的核心师资力量,组织全市各县(市、区)和市直单位的政务新媒体从业人员,开展政务新媒体业务培训,就"政务新媒体运营和选题策划""网络舆情应对技巧"等内容进行培训。

总之,无论是作为协同发布的牵头人、参谋者、指导者,还是日常网络运作的管理者、监督者,政务新媒体在政务信息网格中已充当了组织者的角色,为保证政务传播网络的常规、有效运行起到了核心作用。

2. 作为代理人、合作者的新报人

一些政务新媒体以外包、政府购买服务的方式委托给党报运营,这一方面是由于缺乏足够的人力资源和专业人才;另一方面也是一定程度上将政务新媒体与传统党报等同对待,都作为喉舌来管理。这体现了这些城市对于政务新媒体的功能定位,依然是以相对分离的宣传为主。不过,在与媒体、政府机构和公众的互动过程中,政务新媒体也意识到不分彼此的代理方式可能产生的问题,因此正在逐步调整自身定位和身份。"成都发布"常常直接使用《成都日报》《成都商报》的见报稿件,因而发布时间会比其他媒体稍晚。其负责人坦言,相比于"上海发布"由政府部门优先供稿,"成都发布"的供稿体系还有很大的改进空间。"成都发布"正逐渐与成都市的政府部门和下属区市县建立联系,希望直接使用各部门的稿件,但对这一体系进行完善仍需要时间。"长沙发布"的相关负责人也表示,在政策信息发布方面,自己具有近水楼台的优势,党报可以在事后跟进、展开,但是相对滞后。这种时间差实际上反映了政务新媒体和党报同行政部门关系的远近,政务新媒体本应更近。为此,传统媒体也不得不努力改变相对独立、旁观的角色定位,在代理过程中更多地融入行政体系,建立不同于传统新闻网的协同传播网络。

相对于正规化的代理(外包)形式,更多的不定期合作出现在党报新媒体与政府部门、商业企业之间。这时,媒体将原来的报道对象变成了合作伙伴,通过活动策划等方式介入其业务运作。惠州日报社于 2015 年下半年试水政府购买服务,各采编部门结合新闻采访以及"今日惠州网"的"书记论坛""惠民在线""法治在线"等平台,配合广告

---

① 引自内部资料《"温州市政务新媒体发展指数"绩效考核指标体系》(2017 年 1 月获得)。

经营中心，与机关单位、部门、行业协会等沟通，找准时间节点推出主题性的项目；自主策划相应活动，寻找对口机关、部门进行合作。一些政府部门，如环保局、司法局，都乐于邀请《惠州日报》相关工作人员参与研讨会、宣传会、活动评选、系列活动等。惠州日报社及其集团已经与市林业局联合开展了“美丽乡村”活动，与市国税局及市地税局联合开展了税收宣传活动等。另一个政府购买服务的例子是承办惠州市直属机关、部门、行业协会和企业的书刊项目。党委和政府机关单位需要编印各种形式的内刊，但是缺少专职采编人员，惠州报业传媒集团则可以提供优质的采编、设计、印刷和发行一条龙服务。2016 年以来，惠州报业传媒集团共承接十余种党政机关内刊的编印工作，如与市平安办合作出版《平安惠州》（双月刊），与市总工会合作出版《工会之声》（双月刊），与市文明局合作出版《沐浴着旭日的灿烂阳光》，与市委农办合作出版《致富路上》，与市财政局合作出版《惠民财政新跨越》等。南京日报社也为政府部门策划活动。政府部门如需举办社会活动，从流程策划、人力支撑到物料准备等，都可由南京日报社协助完成。惠州和南京的这些做法也许是党报为解决经济困难而广开财源的无奈之举，但在客观上促进了其原有角色的转换，也改变了其与原来报道对象的关系，即把报道对象变成了合作伙伴，从相对独立的“把关人”变成了需要充分考虑对方利益与诉求的代理人。

更加多样的媒体与企业的合作，笔者将结合功能变迁进一步详述。

二、媒体功能变迁

媒体的角色与功能是一枚硬币的两个表面，媒体角色的定位必将影响其功能实现，反之，媒体功能的转换也将导致其身份角色的变迁。如果说角色定位是媒体的一种自我认知和主观设定，那么功能则更多地体现了主体的实际行为模式与目标。角色与功能的变迁都将改变媒体与其他行动者的关系形态和互动方式。上述有关政务新媒体作为组织者和党报作为代理人、合作者的角色变迁，部分地解释了公共传播网络变化的缘由，但仍不充分，需要从功能变迁上进一步分析。五城市新媒体实践的现实表明，传统的媒体功能在两个方向上发生了较为重大的变化：一是从新闻报道转向资源运营，这主要反映了媒体对待信息的态度变化，即不仅将信息看作在主体间交换、传递的报道内容，而且也将其视为重要的社会资源，通过对信息资源更加多样化的开发、利用，拓展媒体业务范围，实现自身价值提升。这也就促成了专业媒体在公共传播网络中更多方向的连接，由此也带动了媒体自身角色的转变。二是从单纯发布转向全面“发动”，这是从所谓的“受众”角度的考察。受众之所以要加引号，是因为在新媒体中，公众已经不再是简单的信息接收者,媒体也不再只是单纯地向公众传送信息,而是通过更加多样化的方式与其发生关联,促成公众的积极行动与参与聚合,激活更多的公共行动者。因此,这两种变化都使得媒体功能逐步从相对单一的信息传递功能,转变为更为积极、多元的"中介"功能。

1.从新闻报道转向资源运营

传统媒体的主要功能是报道新闻,把各类社会行动者的活动组织成文字、声音或图像信息,传递给受众。这样的信息有固定的格式和结构,采集、编辑的过程也相对固定。然而,在新媒体时代,信息发布的多元化、信息形态的多样化,使得传统媒体坚持传统的信息操作流程和范式的行为遭遇挑战。媒体改变自身角色定位,与其他社会组织机构建立新型关系,实际上就是在改变传统的业务流程和基本范式。当然,有些城市的传统媒体也会或多或少地开展多种经营,但是要么浅尝辄止,要么完全脱离传播实践,比如投资房地产。本类型公共传播网络中的传统媒体所开展的新业务,大多仍属于大传播的范畴,即围绕信息传播而展开实践,但是信息的类型增多,操作方式也变得多样化。除了传统的新闻、广告信息,电子商务、会展、旅游等行业领域的具体业务信息也包含其中;操作方式则不仅包括采编新闻报道、撰写广告文案,而且还包括更具有行动性的策划、营销、汇集、分发、组织等各种传播活动。这种方式,实际上是把"信源变成资源"①,通过对资源的重新开发利用来实现价值重构,即以运营资源的方式重新确立自身价值,以实现在新环境下的生存与发展,由此建立专业媒体与其他组织机构之间的多重关联。

电子商务是一种典型的资源聚合平台,温州和惠州的媒体都尝试借助自己的资源优势加入电商业务。温州日报报业集团下属的《温州都市报》主办的"温都猫"电商平台创办于2014年5月,是温州市首家区域性生活网购平台,主推进口水果、环球生鲜、创意家电、本土名品等商品,取得了较大成功,被评为"2014中国媒体融合年度最佳产品",2016年荣获浙江省报业创新一等奖。作为电商平台,"温都猫"首先聚合了多个供应商和可靠的银行合作伙伴,再依靠自身的多媒体传播渠道进行推广营销,以专业的故事写作能力提高新媒体文案推送的质量和被转发的可能性。报业集团的发行公司也组织了配送队伍,以满足"温都猫"的物流需求。惠州报业传媒集团则与惠州市电商协会合作,收购了电商协会的微信公众号做内容运营,电商协会做外部经营。电商协会背后有强大的电商平台,电商产业园的各个年轻行业都是潜在的合作客户,因此

① 复旦大学黄旦教授的概括,笔者记录于2015年12月共同参加的惠州报业集团座谈会。

被认为是非常理想的合作伙伴。

旅游也牵涉到多种资源，并且与媒体的内容生产有着密切的关系。南京日报社与旅行社合作开发长途游、出境游，“把媒体资源、媒体公信力，跟其他旅行社嫁接起来”[①]，从中获取收益。惠州报业传媒集团全媒体旅游部与中航国旅合作创办每月两场的“周末去哪儿”活动，不但实现了旅游行业单个客户创收近40万元的业绩[②]，还因线路优质、价格实惠，吸引了大量市民参与活动，获得了良好的社会影响力，得到了市领导的称赞。长沙晚报社与长沙市文明办合作，主办“相约最美乡村”系列活动，不仅为旅游新区做形象宣传，还邀请读者参与最美乡村的实地活动。温州都市报社一改过去单纯通过报纸版面发布旅游资讯的做法，打造出形式独特的“温都旅游全媒体”。其独特之处在于，这个“全媒体”是“连接线上、线下的立体化、互通性、综合性的服务于旅游产业、旅游受众的无障碍服务平台”[③]。“温都旅游全媒体”一方面整合了与旅游相关的多种资源，比如旅行社、景区、酒店、票务等；另一方面，借助报纸既有的品牌效应和内容生产优势，创造出具有经济价值的新品牌。

会展的聚合效应突出，也是媒体尝试涉足的新领域。温州晚报社创办的文化产业创意博览会（文博会）和科技创新博览会（创博会）目前已经成为两大品牌，文博会也是浙江省的三大展会之一。温州都市报社则连年举办车展，利用媒体与汽车商的良好关系奠定了招商基础，再将展位与广告捆绑销售，利用广告宣传和话题策划带动营销，取得了一般展览公司难以实现的业绩。

其实，信息类型多种多样，资源也随之多样化。党报代理各级各部门的政务新媒体，或者与这些部门合作组织活动等，都是将信源转化为资源的行为。再比如，成都日报报业集团利用与地方政府的良好关系开展项目合作，地方政府通过项目扶持，比如利用其土地资源、行政资源与集团合作，这与报业集团以前单纯地贩卖广告有所不同。“温州网”与社区合作，运营社区服务项目，比如养老服务中心和党群服务中心，社区将空间和平台交给媒体，由媒体策划党群活动；养老服务中心则整合了一些公益团队入驻，将触角伸到最为基层的社区。

媒体的资源运营行为，以不同于新闻报道单纯的符号连接方式，将各种社会资源重新配置，建立新的关系，为城市公共网络的细微化、密集化发展提供支点。围绕着媒体这个关键性的节点，多样化的关系形态和连接形式不断生成，进而丰富了城市公共生活。

---

① 引自调查员2016年7月15日访谈记录。

② 数据来源：笔者记录于2015年12月参加的惠州报业传媒集团座谈会。

③ 郭乐天. 蝶变：温州都市报媒体融合故事[M]. 北京：新华出版社，2017：140.

2. 从信息发布转向公众“发动”

从政务新媒体的命名可以看出，大多数新媒体的功能仍然定位于信息发布，大众传媒的这一主要功能被新媒体部分地承袭下来，新媒体仍然以传递政策信息、服务信息为主要目标。不过，由于新媒体的点击量、阅读量和反馈状态直接可视，发布者的心理状态发生了较大的改变，更加有意识、有目的地追求发布效果，这在本次调查的这些城市新媒体中都有明显表现。无论是惠州“东江论坛”和“今日惠州网”设置话题、制造机会与公众互动，还是“成都发布”通过不同途径对自身内容进行推广，或者“南京发布”在微信“遇见宁”板块设置的“爱心礼包”，这些自我推广行为既是传统媒体营销的延续，又体现了新媒体在争取受众时更为明显的效果导向。这种效果以数字、关系链、黏性等可见方式同时呈现在媒体和公众面前，也是委托方或者上级部门绩效考核的重要量化指标。由于传播渠道的极大丰富和信息超载，争夺受众注意力日益成为媒体的重担，即使新媒体定位于信息发布，也不能再将其对象看成是坐等消息、被动接受的受众，新媒体受众更加挑剔、更易质疑，随时有可能转移视线、取消关注。因此，为了增强用户黏性(用户概念的使用本身即体现了受众观念的转变)，新媒体不得不在发布信息的同时，努力挑动用户的自我行动，以增强其主动性的方式来增加用户活跃度、提高用户黏性，这与传统媒体依靠煽情内容博取眼球的做法有所不同。本调查所述公共传播网络类型因为双网交融，两类新媒体都较为主动地追逐传播数据和影响规模，采取了偏向日常生活的内容策略，功能上则从较为单纯的信息发布转变为更为立体化的公众“发动”①。

公众发动的效应在媒体有意识地组织受众、构建社群的实践中尤为突出。南京日报社成立的“读者俱乐部”“拍吧拍吧”“趣动吧”，以及“温州网”组织的线下社区运动会、邻里市集等，都远远超出了信息发布、新闻报道的功能设置，致力于发动公众。在温州日报报业集团看来，这种发动凸显了媒体资源整合的优势，使得媒体成为一个“动力源”；而媒体若在“发布权”之外再夺得“发动权”，就能够在新媒体竞争之中获得成功。② “温州网”在线下开展社区营造，在线上则开发了专门的客户端“我们”，线上线下结合，深度开发实际接触的或具有共同生活空间的社群，这就为进行定制化的信息和商业服务提供了可能。由此观之，从信息发布向公众发动的功能转变，激发了媒体与公众的主体性，使其在公共传播网络中的地位与价值得以进一步提升。

---

① 发动概念受到温州日报报业集团的启发，他们将媒体的发动作用阐释为资源的整合与社群的深度开发。在此，笔者将其扩大至更为普遍的激发受众主动性的行为上。资料来源：调查人员 2017 年 1 月 17 日在温州日报报业集团的座谈会记录。

② 资料来源：调查人员 2017 年 1 月 17 日在温州日报报业集团的座谈会记录。

在五城市的新媒体实践中，发动公众的行为还比较多地体现在新的广告营销行为上。新媒体为企业提供了更为直接、便利的广告营销渠道，传统媒体的重要性大不如前，这就是传统媒体广告额下滑的关键原因。传统媒体通常是通过新闻信息吸引大量受众，然后再将受众“售卖”给广告客户，这种二次售卖相对间接，效果也不太确定，因此，不少广告客户舍弃了传统媒体。为了重新夺回广告客户，这类城市媒体改变原先单纯在报纸版面上发布广告的方式，将广告宣传转为直接营销，以实际的公众组织和公众动员代替二次售卖。用惠州报业传媒集团一位负责人的说法便是“做不来客户的广告，去抢客户的饭碗”①。南京日报社调整了与企业的合作方式，利用自身平面媒体和新媒体的影响力，直接招募、组织看房团，房地产企业按客户人头和实际成交量支付南京日报社合作费用。《长沙晚报》事业部通过策划和组织活动，为广告主提供实际可见的客流。例如，报社定期在报社办公大厦的一楼大厅设立卖品展台，展销玉器、皮草、灵芝等，拓展报社的盈利渠道。在惠州报业传媒集团 2016 年“五一购车欢乐节”期间，共有 30 个品牌几十款新车集中亮相，最终成交 300 余辆，达成意向客户 1200 批。除了直接营销，媒体还经常通过策划活动打造品牌效应，吸引公众，转而吸纳广告。“南京青年戏剧节”是由南京日报社主办策划的品牌活动，主要涉及话剧、戏剧演出。在该活动提升为南京市宣传系统品牌活动之一后，因活动现场人流量较大，可进行有效的形象宣传与品牌塑造，商家争相冠名赞助该活动。

从信息发布到公众发动的改变，不仅调整了信息内容，而且改变了媒体的运作方式和过程，进而重新构建了媒体与公众的关系。媒体除了要向公众提供更为精准、有用、有趣的内容外，还要直接与公众互动，以各种方式组织、创建新的社群和关系网络。反过来，这些关系不仅可以创造新的信息需求，而且还是媒体能够进一步运营的资源，从而在一定程度上改变了媒体的自身属性。

三、媒体的“零敲碎打”策略

媒体的角色与功能比较宏观，且多为内外协调的结果；而媒体策略则相对微观、具体，是媒体在综合考虑外部环境和内部条件的情况下所做出的主观选择行为。毫无疑问，新媒体的崛起给当前的传统媒体带来了巨大的压力，但是如何认知并化解压力，媒体所采取的策略各不相同。总体而言，五城市党报所采取的对策大致相似，都推行了较为稳健的改革策略，即在不对整体架构进行根本性调整的情况下，以局部试错、边缘

---

① 笔者记录于 2015 年 12 月参加的惠州报业传媒集团座谈会。

突破和流程再造的方式应对当前的危机。相对于系统性的顶层设计，这些对策可谓“零敲碎打”，但却在细微之处逐步影响了组织和个人的行动逻辑，形塑了行动者的关系，进而影响了城市的公共传播网络。

当前危机有多严重？新媒体究竟给传统媒体带来了多大挑战？有的媒体用“生死存亡”（惠州报业传媒集团、南京日报报业集团）、“困境”（温州日报报业集团）等来形容当前危机。但是，对于党报来说，政府的财政拨款可以托底，原来的市场化运作也还略有盈余，因此，既有的运行模式仍然能够依惯性延续。正如温州日报报业集团一位负责人所说：“改革在一种情况下也是容易成功的，那就是到了山穷水尽、鱼死网破的时候，而我们还没到那个阶段。”[①]因为报纸一年尚有几千万的盈利，而新媒体产品真正盈利的却很少。比如，南京传统媒体中新媒体做得较好的是《金陵晚报》的微信公众号“吃货金小妹”，该公众号以“吃喝玩乐”信息为主，受众关注度较高，有一定利润，其余传统媒体所做的新媒体的盈利状况都不乐观。而《长沙晚报》一位负责人表达得更直白：“《长沙晚报》是我们的主力支撑，如果把它变成附属品，以新媒体业务为主，那么缺失了这一块的广告，整个企业好像就没办法支撑了。我们现在还不敢走到这一步（以新媒体业务为主）。”[②]正是基于这样的考量，党报在新媒体转型的改革过程中，主要采取了稳进的“零敲碎打”策略，而不是从整体上调整结构和机制。传统媒体的采编工作仍以纸媒为核心，新媒体业务只作为补充，并没有转变原有的工作重心。传统媒体的转型变化主要是增设新媒体部门，扩展新的空间，以局部试错、边缘突破和流程再造为主要的应对策略。

所谓局部试错、边缘突破，主要是指在不改革整体结构与机制、不影响主业的前提下，以分散化、零敲碎打的方式，尝试新角色、新功能的实践路径。党报成立相对独立的新媒体部门本身就是局部试错的体现，即让一小部分人去尝试、去冒险，大多数人依旧操持旧业。另外，党报让不同的部门团队承包了数量越来越多的政府机构、事业单位和企业的自媒体账号或网站，与这些不同的社会主体建立合作关系，在不影响主业的情况下开拓新的业务领域，也是一种分散化的创新尝试。为此，温州日报报业集团反思了开设统一的移动客户端（App）的做法：“我们原先想做一个能够包罗万象的App，去解决所有问题，目前感觉这个方向可能还是有点儿问题。我们要提供更小单位的产品，要把原有集中的渠道打散，最后在后台汇总我们的产品。所以，我们不应当局限于这个App的推广，而是将其拆分为不同的功能，做成微信的小程序，做成微信

---

① 调查人员2017年1月17日在温州日报报业集团的座谈会记录。

② 引自笔者2016年7月31日的访谈记录。

服务号、订阅号。”[①]这种局部尝试、分散化实践催生了一系列“小动作”，使媒体与外部“小主体”建立起“微连接”，合力形成了日益渗透至社会系统微观层面和日常生活中的传播网络。惠州报业传媒集团明确表示：“目前传统媒体在市场行业细分的情况下，只能以专而精的新闻模式来开展工作，媒体加公司的营销市场是比较好的。与其靠传媒集团、广电集团大而全的投入，不如我们细分化，发展有自己的定位和特色的业务，才能走到最后。”[②]

为了支持这种分散化的改革尝试，在不改变组织整体结构的条件下，媒体主要的对策就是进行流程再造。一方面，在纸媒采编基础上，根据纸媒内容进行二次加工，实现多平台传播；另一方面，则需要对分散化的业务实践进行统筹、整合。以《南京日报》为例，其新媒体平台“南报网”作为独立运行部门，记者数量较少，《南京日报》仍是其主要信息来源，“南报网”对《南京日报》记者采写的新闻进行简单加工即可。《南京日报》和“南报网”、微信微博具体的衔接程序为：记者先将采写完成的新闻稿供给报社；再由新媒体运营人员按新媒体格式对稿件进行处理，如重做标题、导语等，供“南报网”使用；最后按照微博发布要求再次编写稿件，并交由运营人员编辑发布。一篇稿件经由记者针对不同平台进行编辑处理后，得以差异化呈现。如有独家新闻，为确保报纸阅读率，将优先在报纸刊载，再由网站、微博、微信发布。《南京日报》的做法比较普遍。

对于当前一些大报大台建设的“中央厨房”，这类城市媒体大多持谨慎态度。与其斥巨资建设一个集中控制的技术平台，不如在流程上加以改善，形成一个虚拟的“中央厨房”，即梳理人员关系，调整信息、稿件交换的机制，将新媒体与传统生产流程衔接起来。其实，在五城市媒体的分散化实践中，大量的生产流程涉及多方主体的多维度、多层次合作，这并非一个内部“中央厨房”能够解决的，而灵活多样、方便快捷的微信群、QQ 群却可以解决沟通、协商、交换、传稿等基本需求。如温州日报报业集团负责人所说：“本来我们四家报纸，四个厨房去做，还能做出一些不同的菜来。其中的一个厨房，料是一样的，你叫一个师傅去做四种不同的菜可能性大吗？记者也是一样，要写三种稿件，先写两百字的，再写一个新媒体的消息，再写一个报纸的深度文章，真的是非常困难的。就像我们这些长期写新闻报道的人，到机关里写不好简报，这完全是不同的思路和方式。”[③]《温州都市报》的“中央控制室”（中控室）就与“中央厨房”不同，它更像一个指挥中心，将其主要的新媒体产品“掌上温州”“温都网”“温都微信”“温都微博”聚合在一起，“串通了全天候媒体内容生产‘传送’，衍生了多种传播形态贯通全流程的

---

① 调查人员 2017 年 1 月 17 日在温州日报报业集团的座谈会记录。

② 引自 2015 年 12 月 28 日笔者参与的座谈会记录。

③ 引自调查人员 2017 年 1 月 17 日在温州日报报业集团的座谈会记录。

'流水线'”,从而将转型后的《温州都市报》打造成“互联网思维的集约化媒体”①。也正是基于同样的考虑,惠州报业传媒集团设想了一种不同的集中控制形式——“中央编辑部”,同一个中心采编的内容,纸媒和新媒体可以一起使用;新媒体采访权受限的问题同时也能够借助传统媒体解决;新媒体也可以借助传统媒体的把关优势。中央编辑部能够顺利实现新旧媒体的对接,解决传统媒体人做不了新媒体,新媒体人也做不了传统媒体的问题。

“零敲碎打”的策略进行到一定阶段,仍然会触碰机制和体制问题。比如,组织内部的创新激励问题。温州日报报业集团曾经出现过这样的案例,《温州商报》一位做新闻的副主任,成功开创了一个新媒体产品“温州商业食堂”,一年收益达几百万,风投进入后这位副主任就辞职了。因为受报社的体制限制,奖励或者分红都十分有限,难以激励其做出更多的创新性内容。惠州报业传媒集团更为明确地提出了媒体属性和运作方式的问题,即报纸应当是公益性还是商业性的问题。如果是公益性组织,那么媒体的运作就应当由财政全额拨款,不要关心盈利与否;如果是商业性的,就需要建立现代企业制度,激发创新活力,否则,传统媒体与商业性新媒体公司的竞争就是不平等、不公平的。广东省试行传统媒体办企业可以实行特殊管理股的制度,员工可以成立公司,报业集团占有一定的股份,剩下的股份由管理层和员工骨干持有。惠州报业传媒集团争取被纳入试点单位。

可以说,正是在零敲碎打、缓步推进和矛盾纠结的改革中,传统媒体发展出各种各样的新媒体实践形式,与各种社会组织和机构形成多样化的联结,创造出更常规化、日常化的网络形态。

另外,对于政务新媒体来说,借助专业媒体的人力资源和内容生产,也不需要触动自身的组织结构和运作机制,无须从根本上改变工作理念和传统习惯,也是一种边缘突破的“零敲碎打”策略。

第四部分 问题与讨论

本调查所涉及的城市公共传播媒体在应对媒体环境变化时,积极利用新技术,努力调整自身的角色、功能和策略,通过专业传播网络与政务传播网络的交融互嵌,构造出更日常化、生活化的城市公共传播体系。这种交融性、渗透性强的网络对于上述两类传播系统和城市公共生活来说,都具有积极的意义,同时也存在一些问题。

---

① 郭乐天,蝶变:温州都市报媒体融合故事[M].北京:新华出版社,2017:33.

一、在交融性网络中如何实现公共性?

政务传播与专业传播两大网络的交融，对于城市公共生活而言具有重要意义，从正面来说，当前的一些新媒体实践对于更好地彰显、扩大公共性有所助益，比如：

第一，越来越多的政府部门、公共机构和企业在专业传播机构的帮助下，直接面对公众，发布政策信息，报告工作业绩。这些组织机构自身所携带的公共价值和公共关联使其不再需要少数大众媒体的“把关”，尤其是在日益细化的公共传播网络中，基层组织和小微机构亦能独立发布，原来由少数高位机构和大型组织所代表的公共性就这样被急剧地扩大了。在交融性网络中，多样的公共性与专业传播机构的公共价值和公共表达方式相互渗透、相互影响，在传播、丰富公共理念的同时，也促进了公共行动。

第二，新媒体自身的互动性和交融性网络对日常生活的关注及其与公众互动的大量增加，使得公众在公共传播网络中的地位显著提高。公共部门能够更为具体、深入地了解公众诉求，并且开始回应公众质询，与公众对话。公众通过转发、评论、私信或者链接的方式，可以直接针对公共政策和公共行为发表评论，提供建议，使得人们的公共表达实现了前所未有的便捷、直接，且相互可见、成效可视。

第三，交融性网络使得新媒体作为“动力源”或资源汇聚节点，创造出各种新的社群和关系形式，激发了越来越多的社会活动，进一步丰富了公共生活。

不过，在肯定当前的新媒体实践所带来的正面效应的同时，一些挑战传统观念、可能带来负面影响的问题也随之出现。

第一，自媒体的发布更多地从自身利益、立场出发，可能有所偏私或者表现出伪公共性。专业媒体机构的介入，能够在内容选择、表达方式上更多地顾及公众兴趣，吸引更为广泛的关注。但是，公共机构与组织的行为和政策制定本身能否由此而更具有公共性？由专业传播机构代理的政务新媒体往往较少介入公共组织机构的核心运作，因此，很多时候这些新媒体的公共性只停留在表达方式上，专注于外在形象塑造，更偏向于展示性、表演性。

第二，交融性网络重视公众兴趣，但又在一定程度上将传统媒体追求发行量、视听率的习惯延续了下来，并且与新媒体随时可监测、可计算的数据化阅读与转发情况结合起来，形成更为严重的“数据公众”效应：由于稿件的阅读量、转发量等都会成为考评指标，高数据就成为新媒体运作的一个重要目标。对于科层组织来说，非专业化的领导更便于使用数据进行管理。在我们的调查中就有媒体表示，自家媒体的微信、微博定位为发布权威信息，但在动态信息选择及宣传解释方面，仍会根据新媒体特性进行相应调整,如动态信息的选取偏向旅游、美食、文化活动等生活类内容,也会效仿一些主流媒体的官方微博,发布迎合受众的"鸡汤文",对"不利于"在新媒体传播的严肃新闻则果断舍弃。其官方网站定位则偏向轻松活泼,也会发布猎奇性、娱乐性的动态信息。另一城市发布也有类似情况,通过后台数据分析发现,社会类、民生类的内容往往受关注度较高,形成话题的新闻的活跃度较高,特别是美食等贴近生活的内容。相比之下,宏观政策类的内容转化量较低,因此可从内容布局上做出调整,压缩宏观政策类的内容;进一步提高标题的吸引力,并且可利用当下较为流行的直播形式,直播生活与服务方面的内容①。需要注意的是,内容的偏向和形式化作风,有可能对媒体的公共性产生负面影响,这就需要重新审视新媒体"数据公众"的价值,及其作为考核指标的具体方式和权重。

第三,在新媒体传播中,公众能够更为直接地与代表公共机构的政务新媒体进行互动,在专业新媒体组织的各种活动、讨论中有了更多的表达和参与机会,这些都体现了公众主体地位的提高。但是,这种互动的质量与效果如何呢?如前所述,媒体与公众互动的形式主要有两类:一类是媒体对公众疑问、咨询和意见的回复;另一类则是围绕特定话题的讨论,多由媒体主动发起。在第一类互动中,政务新媒体的编辑人员因为并非职能部门人员,无法直接回复许多有关政策咨询的问题,往往需要将问题转交相关部门后再代为回复,传播链很长,不能保证回复的时效性,而且囿于人手,更多只是简单告知相关部门的电话等信息。"成都发布"的相关人员坦言,如果相关部门也无法解答问题,"成都发布"则不会回复。意见表达类的公众反馈则主要面临筛选的问题。我们的调查显示,许多媒体表示尽量不删除公众跟帖或者评论。有些政务新媒体则表示对评论的监管比较严格,微博、微信中违反法律规定、带有人身攻击性质的留言以及谣言都会被删除或者仅在后台显示。

第二类互动带有"发动"的性质,讨论可以更加积极、深入。不过,仍需对话题内容进行进一步分析,考察内容分布结构。大体而言,政治参与类的话题相对较少,而文化生活类的较多,公众通过这种互动实际参与公共生活的深度有限。事实上,媒体主动设置话题引发讨论,在一定程度上体现了媒体对提高用户黏性的考量,但却面临公众不愿互动的尴尬。温州日报报业集团的工作人员认为,新媒体搭建了一个平台,但"问题是老百姓不愿意跟你互动,你怎样跟他互动?我们官微上也有很多留言,但是有些留言是没有质量的"。②总体而言,原因有如下几点:一是碎片化阅读时代的"人都很

① 材料均来自调查员实地访谈记录,在此隐匿具体受访对象和时间。

② 引自调查人员 2017 年 1 月 17 日在温州日报报业集团的座谈会记录。

懒”，看完新闻后并不想留言评论；二是享受新媒体所提供的“新闻＋服务”的受众数量有限，而且更专业化、程序化的服务平台也分流了人群。这种解释或许有一定的道理，但也表明，新媒体所提供的一些内容和服务并未真正引起受众兴趣，满足受众的诉求，而是发起者的一厢情愿。

二、交融性网络如何影响城市治理体系？

毫无疑问，专业性传播机构的介入，帮助政府机构和社会组织提高了信息生产力和传播力，不过，交融性网络的意义不仅仅在于帮助组织发布信息、告知公众，还要将传播的价值与逻辑更加深刻地植入组织运作过程之中，使得传播成为城市治理体系的基础。比如，调查中不少城市发布的相关工作人员都表达了公开性、透明性的理念，认为现在的城市发布常规化，这是在以往的城市运作过程中所没有的。大多数政务新媒体都认为，自己发布的信息必须是最权威、最真实的，有时对于准确性的要求甚至超过传统媒体，因为传统媒体离公共机构较远，没有一手材料，可能会发生偏差。新媒体自身的时效性和专业传播者对时效性的追求，也对公共部门和社会组织的回应效率提出了更高的要求。专业性、常规化的舆情监测为组织机构的决策和行动提供了重要参考，为运作城市发布而搭建的跨组织沟通网络也在一定程度上超越了组织壁垒，给组织间的协作提供了新的平台。

不过，交融性网络对治理体系的介入和影响仍然有限。如上所述，这类公共传播网络倾向于休闲娱乐相关内容，关注城市的象征形象与文化认同，较少涉及组织自身的运作过程，也缺乏制度化、常规性的接入技术与组织内部运作、沟通系统相衔接。比如，大多数城市都建立了网格化的市民诉求和社区问题响应系统，对于投诉的反馈和解决有着严格的量化考核标准。然而黏着了大量粉丝反馈、问询和建议的交融性网络却无力回应，也很难与“网格化管理”系统对接。少数与政府治理平台建立关系的新媒体，主要还是依靠记者、编辑的人员互动，而非技术与系统的直接统合。为此，一些政务新媒体表达了希望打通政府内部传播系统的愿望，比如将城市服务中心的系统后台连通，由专门机构来直接回复粉丝提问。

温州日报报业集团在社区层面探索了专业媒体深度参与城市治理的可能性。他们与社区组织合作，通过承接社区服务外包实现对线下社区网点的整合，搭建了社区养老服务中心和社区党员活动中心。其中，社区党员活动中心从党群关系切入，整合策划社区党群活动与管理；社区养老服务中心通过社区空间的搭建来提供养老服务。另外，“温州网”还开办邻里集市、社区图书馆等，以促进一种新型的“社交传播”，实现

“社群的深度开发”。当然,这种社群开发的传播模式尚处于探索、发展的过程中,若能够成功铺展开,就有可能为社区公共生活带来新面貌,“营造一种基于互联网的邻里文化”,由此把媒体功能拓展为“以新闻传播为主链的公共文化服务”[①]。不过,这类型的实践在交融性城市公共传播网络之中较为少见。

三、交融性网络如何影响专业传播机构?

面对新的传播环境,专业传播机构调整角色、功能定位,采取零敲碎打、边缘试错的转型策略,建立了与政府部门、改革机构、社会组织、商业企业和普通公众的多样性关联,参与形塑了“双网交融、渗入日常”的公共传播网络。在这一网络中,专业传播机构在自身性质、价值理念、运作方式、组织边界与形态等方面都发生了重大变化。从新闻信息的专业生产者,发展成为兼具代理人的多种角色,专业传播机构逐步平台化、中介化。原先处于垂直生产线前端位置的新闻来源,现在作为合作者被接入媒体工作的平台,按照不同的出发点、立场、诉求和目的展开多样化行动。专业传播机构的正式组织架构仍然围绕核心生产过程来设置,但是生发出来的多种新接口已然使媒体机构松散开来,依靠虚拟的协调中心和灵活的社交媒体、沟通机制维系着各种不同强度、频率和距离的“外部关联”。其实,“外部关联”这样的表述已不太准确,在中介化运作过程中,媒体组织自身的边界已越来越模糊,原先相对统一的价值认同也变得更为多元。

与各种组织机构的联结、与政务传播系统的交融,改变了专业传播机构传统运作的关键特征:独立性和距离感,并且挑战了传统的新闻采编与经营管理“两分开”原则。独立性与“两分开”在传统媒介环境中被视为保证公共性的重要基础。不过,在网络时代,对于公共性的理解已然超出了一家媒体、一个事件,而要从相互关系的角度来考察。交融性网络提供了公共利益协商与公共性共筑的主要平台,而专业传播机构则在此过程中扮演着重要角色。虽然代理着特殊的部门或组织的新媒体,但是专业媒体最终是在公共领域中进行表达的,不仅要宣称自己的公共诉求,其行动和结果都需要符合公共价值与规范。在网络社会,由于协商的主体更多、过程更复杂,公共价值将变得更不确定,公共机构引导的难度更大,作为代理的专业媒体的作用也将更为显著。为此,专业媒体面临着重新理解并提升传播力与影响力的深层问题。

在新媒体转型中,传统专业媒体的受众变成了粉丝,又经常被简化为各种数据,而数据与规模通常被视为传播力的体现。在传统媒体时代,盈利主要通过传播力转换来

① 引自调查人员 2017 年 1 月 17 日在温州日报报业集团的座谈会记录。

获得，即通过售卖受众而获得广告收益。当前社交媒体和聚合类新媒体掌握了主要传播渠道与大量的广告资源，使得专业生产机构的传播力转换为经营力的路线中断。因此，在探索转型的实践过程中，本调查所涉及的专业媒体都在努力开发自身新的连接力，将连接力转换为经营力。把政府机构从信息来源转变为合作资源，从政府购买服务中获取收益，就是这种努力的体现。传统媒体分散化的实践模式也逐渐改变着媒体对规模的理解。温州日报报业集团意识到："我们当代新媒体有一个误区——追求大众化的传播平台。实际上像'温州新闻'客户端这样的产品，有十万公务员在用就非常非常好了。在社区层面，有五万用户可能就已经足够了。"[①]不单纯追求数量，而是借助客户端，深度开发社区的社群资源，由此获得经营力，才是这些媒体的期望。这实际上重新定义了生产力、传播力。在此，传播不仅仅是内容发布，而是群体的"发动"，是行动的联结，因此媒体要从内容生产转变为关系生产，从而重新将生产力、传播力和经营力关联起来。在社群开发过程中，新闻本身已不再是最终产品，"其实我理解新闻实际上就是我们的原材料。以前可能认为在报纸上刊登新闻就等同于产品。但是在移动互联网时代，我们单单提供新闻的话，还等同于提供原材料"[②]。只有将新闻信息与用户、客户资源充分整合、深度开发，才真正具有传播力、经营力。反观当前一些追求"数据受众"的新媒体，其传播力反而是虚假的传播力，虽然获得了较大的阅读量、转发量，但是并未真正提高用户黏性，也没有对组织运作和日常关系产生实质影响。

总之，五城市的政务传播与专业传播双网密切交融，越来越深入地渗透到日常生活的各个维度中，形塑了日益细微、密集且流向和形态都更加多样化的城市公共传播网络，其基本特点表现在四个方面：政务传播高度依赖专业传播机构，政务矩阵联动改造公共传播流程，专业媒体拓展功能细化公共传播网络，双网交融共同建构城市认同空间。从媒体角度考察，这些变化体现了媒体角色、功能的转变，以及相对稳健、"零敲碎打"的发展策略。同时，这些变化也引发了一些思考：在交融性网络中如何实现公共性？交融性网络如何影响城市治理体系、如何影响专业传播机构？毋庸置疑，面对新的实践，公共性、主体性、传播力这些概念都需要重新理解、重新定义，这是后续更为理论化的反思与研究的任务。从较为务实的层面来讲，这类城市公共传播的新媒体实践的经验和困难值得我们借鉴和反思：

公共部门、社会组织和商业企业不仅能够借助专业传播机构的生产力，提高政策宣传和信息发布的效率，而且需要充分理解和运用传播规律、媒体规律，提高治理系统

---

① 引自调查人员 2017 年 1 月 17 日在温州日报报业集团的座谈会记录。
② 引自调查人员 2017 年 1 月 17 日在温州日报报业集团的座谈会记录。

的公开性、透明度和参与性;适应网络社会流动性的趋势,借力专业传播机构,改善系统自身的灵活性与协调性,努力将政务新媒体打造成连接组织内外、促进共同参与的公共平台。

传统媒体凭借以往的专业优势和资源优势,转变角色和功能定位,利用新媒体创造更多的社会关联和社会群体,将新闻信息与公众和各类组织机构的交往行动连接起来,成为城市生活中富有活力的"动力源",催生出富有价值的新型关系的生产者。同时,媒体自身的属性和运作也应当更多元化、多样化,以体现不同的代表性,在公共生活中承担起不同的角色与功能。

相互交融的公共传播网络,不仅要创造出更多的社会关联,构建认同空间,还要真正地实现公共性,进一步改善城市公共生活。

“一城两制”：城市公共传播的分化转型模式*

——北京、西安、合肥、青岛四地调研

◎ 周海晏**

摘要：北京、西安、合肥、青岛四地的城市公共传播转型，不同于银川等地自下而上、上分下合的参政问政模式，也不同于温州等地横向扩展的商业、文化活动融合模式，而是一种“一城两制”的分化转型模式。北京等四地具有较为强势的行政治理网络，有利于城市媒体宣传功能的实现，但对于城市公共传播却具有约束甚至限制的一面；同时，新媒体实践的发展，形成了新的城市公共传播需求，分化了原有的城市公共传播网络。

对此，四地从当地的实际情况出发，努力进行城市公共传播的转型探索，形成了独特的“一城两制”格局。在此基础上，本文就如何在“一城两制”格局下进一步推动城市公共传播改革发展提出建议，一是要以传播为尺度重构城市行政治理网络，二是要以新媒体逻辑重构城市公共传播网络。

关键词：城市公共传播；转型；新媒体

引言

在国内现有的城市传播研究中，很少有将北京、西安、合肥、青岛四地归为一类加以研究的。这是因为：从行政视域来看，这些城市的行政功能有很大的差异，分别行使的是“首都”“省会城市”或“地级市”的功能；从地理视域来看，它们更是差别明显，分属于“沿海”或“内地”城市，“南方”或“北方”城市；从经济视域来看，它们之间的差别也是不言而喻的，有的属于经济“发达”或“较发达”城市，有的则只能归为经济“欠发达”城市。将传播视为行政、地理、经济等领域的工具，以工具理性考量这些城市的公共传

* 本文系国家社会科学基金青年项目“大数据时代新闻业的发展形态与发展趋势研究”（项目编号：16CXW007）的阶段性成果，并获得复旦大学新闻学院新媒体实验中心项目经费支持。

** 周海晏，复旦大学信息与传播研究中心研究员，复旦大学新闻学院副教授。

播,自然会觉得它们是风马牛不相及的,甚至可能得出南辕北辙的结论。然而,我们在"可沟通城市:中国13座城市公共传播调研"中,针对北京、西安、合肥、青岛四地的公共传播转型状况,发现表面上看似有很大差异的这四个城市的公共传播转型呈现出相似的情景:一方面,以党媒为核心的城市传播传统网络维持着自上而下的宣传实践传统,与城市行政治理网络保持着紧密联系;另一方面,城市新媒体的发展,推动着一部分城市公共传播网络扎根于大众的日常生活实践,向着互动化、多元化的方向转型。我们把这种转型称为"一城两制"的分化转型模式。

为何这四个表面上差异很大的城市,其公共传播会出现类似的分化转型模式?四地如何进行公共传播分化转型的实践创新?在推进城市公共传播转型的总体目标下,四地应如何进一步调整传播改革发展的思路?本文对上述问题进行了探索。

一、分化中的四地城市公共传播环境

我们发现,北京、西安、合肥、青岛四地的城市媒体人员都提到了所在城市正在分化的公共传播环境:与其他城市相比,一方面,四地的城市行政治理网络相对强势,约束甚至限制着城市公共传播,使其延续传统的宣传框架;另一方面,在新媒体发展的推动下,这些城市又有很强的城市公共传播需求,不同的需求主体分化了城市传播网络。

(一)强势的行政治理网络对城市公共传播的约束

1. 四地行政治理网络的强势地位

长期以来,北京、西安、合肥、青岛四地都在行政治理网络中具有特殊地位。北京作为首都,是全国行政治理网络的中心,其城市传播网络除了与城市的行政治理网路相连之外,也与全国行政治理网络紧密相连;西安、合肥作为省会城市,是中央连接地方的重要中介,同样在行政治理网络中具有重要地位;青岛尽管不是省会,但被国务院列为"计划单列"城市,批文中称,"山东省人民政府要切实加强领导",以充分发挥青岛作为"中心城市"的作用①,可见青岛在行政治理网络中的地位同样不容小觑。

在近期实施的国家战略布局中,四地也有突出的地位,这进一步强化了其在行政治理网络中的作用。北京除了是全国的政治中心,也是京津冀的区域中心。习近平强

---

① 国务院.国务院关于对青岛市实行计划单列的批复[EB/OL].(2012-07-06)[2020-01-30].http://www.gov.cn/xxgk/pub/govpublic/mrlm/201207/t20120706_65315.html.

调，实现京津冀协同发展是一个重大国家战略。① 在我国提速京津冀一体化发展的建设过程中，北京在"跨区域的生态补偿、林业发展、电网建设、城市功能转移等多个方面"都强调了城市治理的作用②，进而辐射到周边区域。而西安、合肥、青岛三地都与"一带一路"倡议相关：西安是丝绸之路的起点城市，位于"一带一路"核心区，是中国西部地区的重要中心城市；合肥是"一带一路"和长江经济带战略双节点城市，是长三角城市群副中心③；青岛在我国提出"一带一路"倡议后，被确定为新亚欧大陆桥经济走廊主要节点城市和海上合作战略支点的"双定位"城市④。为了更好地实现国家新的战略布局，四地行政治理网络的作用被进一步凸显。

因此，在北京等地的调研中提及新闻传播环境时，相关城市媒体负责人几乎都强调了城市行政治理网络的强势地位，并称"有政治敏感"是"地域特色"，有其他地方"不能比"的"尺度"。

2. 行政治理网络对新型传播实践的约束

行政治理网络的强势地位决定了其对传播实践，尤其是新型传播实践，具有较强的约束性。

其一，对营利性商业传播实践的约束。与温州的城市媒体直接从事运营"温都猫"电商平台等大量的商业传播实践活动相比，西安的同类型媒体，在行政治理网络的严格把控下，完全没有开展营利性的商业传播实践活动，只能依靠传统的承接广告等方式获得财政拨款之外的收入。如"西安发布"隶属于西安市委宣传部，其负责人透露，除了网宣处的行政拨款，"没有（其他）运营经费"。这种力图将城市传播网络归于行政治理网络之下的做法，几乎"一刀切"地隔绝了媒体市场化运作的可能。调研发现，这种做法并不是个别现象。《北京日报》的相关负责人称，这是北方城市媒体与南方城市媒体"最大的差别"，南方城市媒体的"经营头脑"让人"特别佩服"，而北方城市媒体则"比较傻"。从这种态度可知，北方城市媒体并不缺乏从事营利性商业传播实践的自我认知与需求，对目前的这种"傻气"也进行了自省，然而，囿于当下城市行政治理网络对媒体的结构性把控，这些城市媒体只能对营利性商业传播实践"敬而远之"。

其二，对自下而上参政问政的传播实践活动的约束。尽管此类城市的传播网络与行政治理网络保持着紧密联系，但这种关系存在鲜明的上下级之分，在城市行政治理

---

①② 白林，李鲲，倪元锦，等. 中国提速京津冀一体化发展[EB/OL]. (2014-03-06)[2020-02-30]. http://finance.people.com.cn/n/2014/0306/c70846-24549564.html.

③ 熊世育. 合肥环湖游 吸引沪上人[N]. 合肥晚报，2017-12-16(A2).

④ 周建亮. 青岛，打造"一带一路"交通枢纽[N]. 青岛日报，2018-06-05(1).

网络的严格把控下,城市媒体难以组织自下而上的参政问政的传播实践活动。经调研发现,合肥等地的城市媒体没有像杭州等市那样由城市媒体组织企业界、知识界、媒体界、党政界“四界联动”,直接参与市政府治理的行为。

其三,对文化传播实践活动主题、合作对象的限制。与商业传播实践、参政问政的传播实践相比,文化传播实践更贴近媒体的本职,属于媒体具有“先天”优势的实践方式,是当下媒体转型过程中的常见尝试。调研发现,三大类的城市传播网络中全都有城市媒体开展文化传播的实践活动。然而,与成都日报社通过融入市场参与“东郊记忆·音乐公园”文化创意项目相比,合肥等地的城市媒体所开展的文化传播实践活动在主题、合作对象上受到了很大的限制。因此,在承接中国晚报工作者协会文化新闻分会举办的年会时,合肥晚报社将主题定为“包公文化”,强调只有在正确的政治观念引领下,城市媒体才能谈如何宣传城市。《合肥晚报》的相关负责人提出:“我们会有意识地做一些这样的活动……正好我们安徽有个包青天,我们可以借此宣传合肥,这也是政府很乐意做的一件事情……政府还会给一些钱,因为你事实上承接了政府对外宣传的工作。”

3.行政治理网络对传统新闻实践的约束

此外,行政治理网络对传统新闻实践的约束力也是显而易见的。

其一,对新闻实践主体的限制。一方面,城市行政网络严格控制新类型的主体参与新闻实践活动,尤其不允许其他主体以市场化的方式从事新闻实践活动。“北京发布”的相关负责人称其为“官方发布”,是“市委市政府新闻办的官方平台”,因此,“内容一定要由我们自己确定并由我们组织运转”,这些事“是不可能外包给别人的”。另一方面,城市行政网络对新闻工作者也采取行政化的管理方式,以“编制”的方式限制新闻实践主体。《北京日报》的相关负责人无奈地指出,“市委机关报都是要经过人事局同意才可以留人的,所以我们在人员上是有限制的……必须挑政治素养、政治觉悟都比较高,经过一段时间历练的,还真不是年轻同志来了就行”。这使得《北京日报》新媒体部门包括正副主任仅 5 人,约是其他同类城市媒体的 1/3。在当前的新媒体环境下,城市媒体承担着越来越多样化的传播工作,《北京日报》新媒体部门仅完成“两微一端”的工作就已“捉襟见肘”。其负责人在调研中说:“我们这里的人简直太少了……北京可能比较特殊,我们没法像其他(城市)……我们也去过《解放日报》那边,他们跟我们不太一样的是还要弄‘解放网’,我印象里他们好像是好几十人,我们跟他们比不了……当时听我们人那么少,他们说不行啊,你们的人太少了。”

其二,对新闻宣传实践的强化。在城市行政治理网络的要求下,北京等地的城市媒体强化了新闻宣传实践工作。这一特点在一些市委市政府相关部门的“官方发布”中体现得更为突出。如“北京发布”的相关负责人透露，“党建的内容一天至少一条”，主要是转载“中央的党建杂志上，权威的党的老一辈开拓者的事迹、精神、思想，还有一些关于党的建设方面的理论”。这些内容的新闻时效性一般不强，主要是突出宣传性。“北京发布”的相关负责人表示：“你什么时候看（这些内容）都可以……我们会提前把它做了……从他们给我们提供的内容里面选取，做成适合在官微上发的东西，发成长微……做得形式更漂亮一点。”

其三，对新闻实践产品的审核。一方面，规定了审核新闻实践产品的行政级别。《北京日报》的相关负责人透露：“我做的所有的官方解读、政策解读都需要相关的委办局甚至更高一层的认可。”另一方面，规定了对新闻实践产品的逐级审查制度。“北京发布”的相关负责人称：“我们这边是层层审核的，要对内容进行把关，要核实情况。”合肥等地的城市媒体，则在行政治理网络的要求下进一步加强了逐级审核制度。在提及这种审核制度时，城市媒体从业者非常清晰地感受到其不同于新媒体运作理念之处，认为一审二审三审“还是按照传统报纸”那样来操作，“不像自媒体”。“西安发布”的相关负责人透露，从得知信息到经过相关单位审核、提供原件给“西安发布”，一般需半天甚至一天的时间，这直接导致了其新闻实践对“时效”这一价值取向的“牺牲”。

其四，对新闻实践条件的制约。此类城市媒体的基本实践条件受到其事业单位性质的制约。如承担“北京发布”信息采编和日常运行维护工作的网络发布中心，就相当于市政府新闻办下辖的正处级全额拨款事业单位，其经费条件很有限。在这样的条件下，此类城市媒体从业者的薪金往往低于其他城市的同类媒体。如《北京日报》的相关负责人透露：“我们这儿月薪高于一万的太少见了……我们当时去南方考察的时候问了一下，他们都不相信我们挣得这么少……他们说‘我们这儿要是月薪低于一万那都没法活的’。”在基本条件有限的情况下，是否能够通过绩效激励新闻实践活动？此类城市媒体仍有其无奈之处。“西安发布”的相关负责人称，“西安发布”没有设定绩效考核机制，因为几乎没有任何物质性激励。在现有的 5 名工作人员中，1 名属于市委宣传部公务员，工资固定；其余 4 名媒体借调人员的工资由原单位发放，借调来“西安发布”工作也得不到物质奖励，完全依靠工作人员自身的精神境界和责任感。此外，事业单位现有的一些“福利”，没法实现对新闻实践人员的长期激励。比如，《北京日报》的相关负责人透露，有的应聘者“进机关就是为了要户口，到单位的第一天就是为了五年之后要走的，这样的人你根本不可能留得住”。这被认为是很多政府机关的普遍现象，相关工作很难开展，“因为一个单位培养了你五年说实话是要花很多心血的，一下辞职走了，这儿又得重新招新人”。

(二)新媒体实践的发展使城市公共传播环境发生分化

四地新媒体实践的发展,出现了一些新的特点,多元主体、多样沟通、多样产品让城市公共传播环境发生了分化。

1. 四地新媒体实践的发展

四地公布的《国民经济和社会发展统计公报》统计数据显示,四地新媒体实践得到了快速发展:

一方面,随着新媒体实践的发展,新媒体的用户群体得到了迅速增长。北京2017年的移动互联网接入流量达7.8亿G,增长1.3倍;固定互联网宽带接入用户数达到541.6万户,增长13.9%。① 西安2017年的移动电话用户1854.21万户,固定互联网宽带接入用户348.3万户。② 合肥2017年的移动电话用户877.01万户,增加78.08万户,基础电信运营企业计算机互联网接入用户258.16万户,增加40.69万户。③ 青岛2017年的固定宽带互联网用户369.3万户,增长25.4%。④

另一方面,随着新媒体实践的发展,新媒体与城市的沟通方式日益多样化。新媒体正成为推动城市发展的"元动力",在统计公报关于各行各业的数据描述中都能看到新媒体实践促进行业发展的痕迹。《北京市2017年国民经济和社会发展统计公报》中特别提及了"互联网出版服务单位350家",强调了互联网与出版业的融合。⑤ 西安作为工业城市,在新媒体设备的生产上也有所增长,如2017年生产智能手机3023.05万台,增长30.3%。⑥ 合肥的网络零售市场规模不断扩大,2017年网上商品零售额达115.30亿元,增长41.0%;网络购物带动快递业迅速发展,全年快递业务量3.91亿件,增长29.0%,实现快递业务收入39.88亿元,增长24.8%。⑦ 青岛2017年全市的

---

① 北京市统计局. 北京市2017年国民经济和社会发展统计公报[EB/OL]. (2018-02-25)[2020-01-30]. http://www.bjstats.gov.cn/zxfb/201802/t20180225_393332.html.

② 西安市统计局. 西安市2017年国民经济和社会发展统计公报[EB/OL]. [2020-03-10]. http://www.xa.gov.cn/ptl/def/def/index_1121_6774_ci_trid_2766074.html.

③ 合肥市统计局. 合肥市2017年国民经济和社会发展统计公报[EB/OL]. (2018-04-03)[2020-02-20]. http://tjj.hefei.gov.cn/8726/8730/201804/t20180403_2525495.html.

④ 青岛市统计局. 青岛市2017年国民经济和社会发展统计公报[EB/OL]. [2020-01-10]. http://www.qingdao.gov.cn/n172/n24624151/n24628935/n24628949/n31282279/180316154908300153.html.

⑤ 北京市统计局. 北京市2017年国民经济和社会发展统计公报[EB/OL]. (2018-02-25)[2020-01-30]. http://www.bjstats.gov.cn/zxfb/201802/t20180225_393332.html.

⑥ 西安市统计局. 西安市2017年国民经济和社会发展统计公报[EB/OL]. [2020-03-10]. http://www.xa.gov.cn/ptl/def/def/index_1121_6774_ci_trid_2766074.html.

⑦ 合肥市统计局. 合肥市2017年国民经济和社会发展统计公报[EB/OL]. (2018-04-03)[2020-02-20]. http://tjj.hefei.gov.cn/8726/8730/201804/t20180403_2525495.html.

互联网相关业务总量占电信业务总量的60%以上;全市70家重点电子商务交易平台(电商企业或个人通过青岛本地电子商务交易平台实现的交易)实现交易额10,638亿元,增长31.7%;全市跨境电商进出口总额达241.3亿元,增长101.1%;快递业务量3.11亿件,增长24.7%。①

随着四地新媒体实践的发展,城市公共传播的主体、沟通方式、实践产品都发生了变化。对此,接受调研的四地城市媒体相关负责人常用“危机”“倒逼改革”等有挑战意味的关键词来描述当下新媒体传播环境对城市公共传播的冲击。

2. 不同的新媒体实践主体对城市公共传播的分化

在四地的新媒体实践中,传播主体已不再由大众媒介垄断,多重身份的个人、群体与大众媒介并置,形成多样化的新媒体传播节点,分化了现有的传播网络。

其一,新媒体个人用户以互动式实践分化了传播网络。在调研中,《青岛日报》的相关负责人称,新媒体实践对他“触动特别大”的“不可思议”之处,就在于大量新媒体个人用户主动参与的“交互”方式,因为这超出了他从业15年的经验——“我干了15年报纸记者,很少有来反映问题的。”在他看来,这种“反映问题”的“交互”方式,是真正有参与性实践价值的,其意义已取代并远超“以前的群工部”。这种实践性,不仅凸显了新媒体个人用户利用传播网络反映诉求的能力,也改变了由传统媒体垄断传播网络的局面,成为新媒体环境下评价城市传播网络的重要指标。《青岛日报》的相关负责人称,他们非常关注“刺猬公社”等传媒观察和研究平台的排行榜,“人家的计算公式就摆在下面”,评论数、阅读量、点赞数、转发数都是反映新媒体用户主体性的“直观”指标,成为评估城市媒体传播力的重要依据。

其二,新媒体组织分化了传播网络的重要功能。具体来说,它们分化了传播网络的宣传、新闻发布、解释等功能。“北京发布”的相关负责人在提及“数据分析”的解释功能时,称要通过外包团队来完成。比如,“北京发布”常常需要发布“打击网络谣言”的信息,但排查谣言的传播量就需要外包团队“跑数据”(演算或检验数据)后再分析。这种功能的分化与转让有其客观必然性,因为新媒体运作更加凸显了新闻的时效性,信息的解释、发布以及应对的时间都非常紧,只能将部分功能分化给其他的多样化的新媒体组织。“北京发布”的相关负责人坦言:“你看看我们因为工作累成啥样了……一个人是根本做不来的,必须(依靠)外包团队。”

其三,新媒体宣传主体分化了传统的宣传传播网络。政府行政治理网络内部存在

---

① 青岛市统计局.青岛市2017年国民经济和社会发展统计公报[EB/OL].[2020-01-10].http://www.qingdao.gov.cn/n172/n24624151/n24628935/n24628949/n31282279/180316154908300153.html.

着多种新媒体宣传主体,这些宣传主体常以行政部门为单位,运用微博、微信等技术门槛极低、准入机制极简的新媒体实践方式进行自主宣传,分化了原来统一的宣传传播网络。如北京等地的城市新媒体数量特别多,与“北京发布”类似的也有很多,比如,北京市政府办公厅的微信公众号“首都之窗”,北京各区县、委办局的“北京微博发布厅”等。对此,“北京发布”的相关负责人认为这是很正常的现象,因为“光咱们一家是不够的,信息来源啊,各个方面也是不足的”。

在上述新媒体实践主体的分化作用下,城市传播网络的传播主体其实形成了“集群”,由城市媒体牵头组织形成。如《青岛日报》的相关负责人介绍了其主导的“爱心陪伴老人”平台,称“不光是社会,后面还有政府的大力支持……有市老龄办、民政局和我们一块做……这个平台是跨界的,连接了政府资源、企业和广大受众。这是其他单一的媒介实现不了的”。在此,城市媒体成为连接多样化主体的纽带。《青岛日报》的相关负责人称:“我们就是媒介的延伸。”在连接实践主体后,城市媒体帮助各主体实现了实践方式的转变。如《青岛日报》的“爱心陪伴老人”平台衍生出一个展会,已经申报中国第一届媒体创新奖。《青岛日报》的相关负责人称:“现在不单是信息发布了,(而是)既紧贴市政府的中心工作,又迎合了大的潮流,而且迎合了我们自身的优势……是一种新业态。”这种业态不限于此类城市,在其他两个类型的城市网络中更典型。比如,深圳对城市宣传的实践任务进行分解,其中,大众媒介是一个非常重要的系统,负责提炼城市精神、城市宣传口号,还负责城市宣传片的拍摄等,而其他宣传任务则往往由政府、媒体组织或受委托的民间组织来完成。

3. 多样的新媒体实践方式对城市公共传播的分化

在四地的新媒体实践中,多样化的新媒体实践方式分化了传统的以信息生产为核心的新闻传播网络。

其一,融合式的新媒体实践方式对传播网络的分化。在新媒体环境下,城市媒体的传播实践,除了需要依靠传统的新闻实践外,还要融入线上策划与线下活动两类实践方式。《青岛日报》的相关负责人称,现在的新闻实践“在传统单一纸媒时代是很难实现的”,因为其需要借助互联网,运用微博、微信、网站等多种媒介形式以及文字、视频等多种呈现方式,融合线上线下等活动方式。在线上策划方面,因媒体“先天和这个比较接近”,常将线上策划看作其“优势”的新增长点。《合肥晚报》的相关负责人称:“新闻单位文人很多,有才的人也很多,(能够)出思路出想法。”《青岛日报》的相关负责人称:“有很多公关联系我们给他 idea(想法)。”然而,正如上文所说,这一分化出来的实践方式在此类城市往往会遭遇对立的力量。此类城市的行政治理网络力量很强,往往会对城市媒体的宣传实践取向加以限制，从而也影响了相应的文化策划内容和服务对象。如《西安日报》很少承接企业的整体策划、形象宣传，其文化宣传实践的服务对象主要是西安市及市属各区县政府，还包括隶属于该市的经济开发区、灞桥生态区、西咸新区等重点开发区。这种价值取向的分化，使得《西安日报》负责的“整体宣传方案”无法做到真正意义上的“整体”，因为报纸的宣传网络无法连通集团内的新媒体网络以实施整合运作。在线下活动方面，多样化的媒体活动不仅形成了新的宣传模式，也形成了新的盈利模式。《合肥晚报》的相关负责人认为这是普遍性的行业现状——“现在什么都干，卖东西、旅游带小团，什么都搞。”他认为这是在新媒体“必由之路”上重要的融合实践盈利模式，“千方百计在拓展，更多的是依靠各种项目活动、各种（产品）销售，所有能赚钱的都干”。尽管《合肥晚报》的相关负责人对行业发展状况有充分的认识，但也指出了其所在城市行政网络对这种模式的限制，像《合肥晚报》这样的“老牌报纸”，“广告收入还是占主体地位，瘦死的骆驼比马大，撑得长久”。然而，他仍然表达了对未来的忧虑：“（广告）现在是以50%（的速度）在下滑，很可怕。”合肥其他城市媒体的相关负责人也提出：“这样的模式不知道能不能在二线城市进行更多的摸索和尝试。”

其二，交互式的新媒体实践方式对传播网络的分化。《青岛日报》的相关负责人认为，城市媒体新闻实践方式的整体变迁，关键在于“交互”。一方面，单条新闻的实践过程需拆解成一个个可交互的新闻实践环节。《青岛日报》的相关负责人描述了“一步步呈现”的方式，“以停电为例，以前就是报纸第二天发个新闻‘昨日市南区停电三小时’……现在不一样了，停电的时候微博就开始传播了：哪个地方停电，影响的情况，是不是有人去调查了，原因是什么。第二天呈现的是一个综合的深度报道：原因，措施，对大众、对企业是否有足够的应急预案等，有没有影响，是不是应该吸收一些东西（教训）”，整个过程都需要与读者和网友保持互动。另一方面，新闻实践的整个全媒体平台需始终保持着与受众的交互。《青岛日报》的相关负责人称：“不是这个事发布完了以后，受众就取消（对我们微信公众号的关注）了，要让他们长期关注我们，长期互动。”这种长期互动可以通过组织交互活动来维系。《青岛日报》就试图通过大量的交互活动聚集微信、微博的用户，目前其微信公众号已有60万用户。另外，城市媒体也通过及时应对受众发起的交互实践活动而与其保持着紧密联系。《青岛日报》的相关负责人称：“很多都是来爆料的，爆料是非常丰富的，比如自己丢了手机临时关注《青岛日报》微信爆料，再比如强拆、城管这类比较敏感的……微信、微博成为发起点和反馈点。”

4. 多样化新媒体实践产品对城市公共传播的分化

在四地的新媒体实践中,作为实践客体的新媒体产品技术形式多样、信息内容多元,直接分化着现有的传播网络。

其一,技术形式多样的新媒体产品对传播网络的分化。目前,"两微一端"几乎已成为城市媒体的"标配",此外,还有官方网站、"今日头条"账号(头条号)等其他形式。在进入新媒体矩阵后,每一种产品都分担着传统传播网络的一部分功能。以结构相对简单的"北京发布"系列媒体为例,其相关政务新媒体主要包括 4 种形式:"北京发布"微博、"北京微博微信发布厅"微信公众号、"北京微博发布厅"主页、"北京政务发布厅"头条号。"北京发布"是承担政府信息发布功能的微博。"北京微博微信发布厅"是微博内容在微信公众号上的发布,设置了"政府机构"和"发言人"两个底栏菜单,可链接到区县、委办局和新闻发言人的腾讯微博,有一定的信息整合功能。"北京微博发布厅"主页集中展示成员单位和新闻发言人的微博,其页面并不是一般意义上的微博账号主页,不仅无法关注订阅,而且需要从"北京发布"微博提供的友情链接接入,因此,起到的是介绍媒体的作用,几乎不承担实际的信息服务功能。新近上线的"北京政务发布厅"头条号展示了媒体成员账号发布的图文信息流,并以"矩阵"形式统一罗列全部成员账号,在底部设置了"信息公开""网站链接""便民服务"菜单栏。其中,"信息公开"可链接政府文件、通知公告、发布会等特定内容的政务网页;"网站链接"可链接"首都之窗""千龙网""北京日报"等网站;"便民服务"包括天气预报、车辆违章、公积金查询等服务网页,主要起到整合服务的功能,并借助"今日头条"对相关区域人群进行定向推送。事实上,在各种新媒体技术形式分化了传统传播网络后,城市行政治理网络的传统价值观念也发生了松动。如《青岛日报》的相关负责人称"我们的客户端原想推迟一点上线,书记催了好几次"。他介绍:"在客户端上做了个书记参观展会的路线。我做了那么多年的记者、编辑,这种方式是第一次尝试。他在展位前看了什么,下面有场景描写,这个展位的特色,他交流了什么,点评了什么,在现场互动了什么,这些都用一张图展现出来。这种呈现方式非常丰满,非常亲切,没有那种高高在上的感觉……这是一种全新的方式,而且对于这种方式市政府是非常认可的。"相比之下,此类城市的传统媒体则保持着大众传播时代的传统,在狭小的报纸版面内,用七八百字报道活动,且行文风格不能太轻松。两种实践产品产生了分化。

其二,信息内容多样的新媒体产品对传播网络的分化。"北京发布"的相关负责人称,在"7·23"甬温事件时铁道部还没有官微可供查找信息,而现在能第一时间获得城市行政治理相关部门的权威信息,如关于北京市警方的信息找"平安北京"微博,关于北京市西城区的信息找“北京西城”微博，等等。面对内容多样的新媒体产品，传统城市媒体既没有完全独家的信息，又无法统合所有的信息，难以维持原有的传播网络。而城市行政治理网络能够通过自己的新媒体产品直面市民，因此也不愿意诉诸城市媒体，他们认为，“各个委办局都通过新媒体的这种形式，向社会传递政府声音，沟通社情民意，这样才能使我们的工作更加接地气”。由此，传播网络的分化进一步强化了。

二、“两制”：四地的城市公共传播转型格局

面对四地城市传播的“两难”境地，城市媒体在转型过程中有意无意地从两个不同的方向分化了现有的传播网络：一方面，以宣传实践维持根植于大众传播时代的、相对根深蒂固的“新闻网”；另一方面，根据不断拓展的新媒体实践内涵与外延，动态建构着新媒体网络的结构关系，从而出现了“两制”的分化格局，具体有“两体两制”与“一体两制”两种格局形式。

（一）“两体两制”：两种媒体分立的城市公共传播转型格局

1.“大号”与“小号”分立的“两体两制”

“大号”是指城市媒体的“两微一端”等，一般以城市媒体的实名来命名，以彰显其官方的身份；“小号”则是城市媒体的下属部门所开设的微信公众号等。同时设立“大号”与“小号”，是此类城市媒体的一项重要改革成果：一方面，“大号”承担着城市行政治理网络不可回避的重要宣传任务；另一方面，“小号”贴近公共传播网络，以新媒体实践的方式深入市民日常生活。以《北京日报》为例，其“两微一端”的内容主要来自城市党报《北京日报》，其中，微博除了发布自身的宣传内容，还大量转发“人民日报”“央视新闻”等中央媒体与北京市政府相关部门的微博内容；微信公众号因每日仅有一次推送机会，也像其日报一样运作，一般是在每天上午发布五六条信息，内容同样来自党报，主要是对国家大政方针和国计民生的权威解读，也有一些北京市民普遍关注的服务信息和北京市的相关文化知识；客户端伴随着日报的发行，选择早上六七点到十点多作为重点发布时间段，内容主要是党报的电子版，可以原文阅读。实际上，由于延续了大众传播时代城市媒体的固有范式，“大号”维持着稳定的结构，一般不是改革的重点。而“小号”则是城市媒体为适应新媒体环境而新生的改革增长点。如《北京日报》的“大号”只有“两微一端”的“标准配置”，而“小号”有多达 17 个部门的微信公众号。相关负责人透露：“我们连总编办都有自己的小号，新媒体部门也有自己的小号，(各部门)全都弄。”如“长安街知事”是时政部开通的，专注于政务新闻；“艺绽”是由文化部开

通的,推出了服务性的“文艺日历”,每周固定推送北京文艺信息;“京呈”由摄影部开通,突出视觉北京。其中,“长安街知事”的影响力特别大,订阅用户数过十万,远超过“大号”(“北京日报”微信公众号)的订阅量,被多个公共排行榜列入全国时政类微信公众号前三甲。其基于公开内容的大数据分析,凭借对人事新闻、重大市政信息的深度权威解读,得到北京市委领导乃至很多中央部委级领导的关注。其相关负责人称:“他们(指中央部委级领导)有一些重大的事情,会和‘知事’联系。”“长安街知事”现在已经发展到有独立的 App 上线,其内容全天滚动更新,超越了“大号”(“北京日报”官方客户端)集中于上午发布信息的党报式信息发布方式。

面对这一发展局面,为了同时保障“大号”与“小号”的新闻实践,城市媒体调整了现有的管理架构。一方面,“大号”由报业集团统设的新媒体部门统管。《北京日报》的相关负责人称:“‘两微一端’要‘守土有责’……代表《北京日报》官方的声音必须得由一个部门来负责,不能像‘小号’。”另一方面,“小号”由各部门自行管理,如“长安街知事”由时政部管理。

在这种管理架构下,城市媒体为“大号”与“小号”建构了制度分立的实践格局。

在准入制度上,“大号”触及行政网络,程序复杂;“小号”相对自由,程序简单。设立“大号”是对城市宣传系统的再次梳理,往往需要经过错综复杂的行政程序认定,有时会直接得到来自城市行政治理网络的指导意见。而“小号”的创立则简单得多。《北京日报》的相关负责人称,创立“小号”只“需要到新媒体部门做个备案”就可以了,“小号”的定位“都是他们自己确立的……等于是自己部门优势资源的整合,在哪方面比较拿手就做哪样的‘小号’”。

在人事制度上,“大号”看似得到报社行政体系的支持,有人员编制,但因事业单位的性质限制,人数较少;“小号”由所属的部门牵头,直接由现有的采编团队参与管理,以“一套人马,两项工作”的方式运作,遇到特殊选题,再招募其他部门的骨干记者参与,相对灵活,人数也多。如北京日报社分管“大号”的新媒体部门,算上主任、副主任一共五人,要负责“两微一端”的运行相当辛苦。在调研过程中,受访的新媒体部门负责人一直在接小编电话,需要及时审核小编的发稿,三个“大号”的稿件都靠为数不多的人力处理,任务很繁重。而“小号”几乎是由《北京日报》现有采编团队全员参与的。相关负责人透露,每个“小号”由一个部门负责,这个部门所有人都“参与内容的创制”,一些资深记者负责“对外编发”,年轻的记者负责“操作微信”,再通过互相带动,实现“全部门覆盖”。据称,这样的人员安排是为了让所有人通过新媒体实践形成新媒体观念。“我们的总编辑说,现在是新媒体时代,你们这些老报人不可以和社会脱节……你得学会在新媒体时代怎么去做新闻……并不是说把这些人全部淘汰。”这一“练兵”的安排产生了让人意想不到的效果，“说实话我们一开始办‘小号’并没有想到能办得这么成功”。之后，《北京日报》“顺势发展”，由主管部门牵头向其他部门“约稿”，“散开了，吸引一些核心的骨干记者”。

在选题申报制度上，“大号”继承了党报的传统，一日一次编前会，第二天发“两微一端”；“小号”比较灵活，有选题及时与部主任沟通即可。《北京日报》的新媒体“大号”与党报一起定选题，每天下午召开编前会，“开完之后，有哪些是需要第二天做延展的就下午布置并开始操作，第二天早上起来就等于是弄好了”，有需要讨论之处，“我们有一个群，在群里报题”。在这种统一的选题申报程序下，“两微一端”与党报的内容同质化程度较高，强化了宣传功能。相比之下，“小号”的选题申报方式更为多样：一种是跟编前会结合起来，“仅限于那种当天或者说时效性不是特别强的（新闻）……头一天晚上报行踪……部门主任看上哪个了，就随时说一下明天这个做一个‘小号’”；另一种是，“随时报，有东西随时说，随时报给主管的副总或者值班的编委”，交流沟通“具体怎么弄，大概突出哪些”即可。

在内容生产制度上，“大号”与“小号”在稿库管理、生产方式、工作时间等方面都互相分立。目前，《北京日报》的“大号”与“小号”有分开的采编库，同一新闻点的稿件也“得有两套”。如 2015 年天安门广场阅兵式的摆花方案出台后，党报花了五个左右的版面进行报道，而“北京最新鲜”这一“小号”的内容则更加详尽，以强化图片的方式公布了最新信息，推送了记者独家获取的天安门广场花卉景观布置方案，最终发布的《重磅！“9・3”阅兵广场摆花抢先看》获得了 400 多万的阅读量。相关负责人称，“小号”上的延展方向跟“大号”不一样，有时需要扩展采访。在他看来，这种不一样的延展方向包括：(1)内容的服务性，如“京医通卡”可以自助挂号了，在“小号”上需要发布京医通卡的图，京医通卡适合什么样的人、怎么开通、怎么进行网上挂号等；(2)表述的网络化，如标题的表述要用“京医通卡你玩得转儿么”等网络化语言；(3)形式的视觉化，如使用大量吸引眼球的图片等。为了既完成好“大号”的宣传任务，又让“小号”出彩，《北京日报》的相关负责人称，“一开始他们能做到凌晨”，因为“得先把报纸的东西弄好了，然后再踏踏实实地做微信”。在“小号”渐渐步入正轨之后，“现在已经好多了”，但一般情况下，也要工作到“晚上或者第二天早上”。《北京日报》的相关负责人称，“现在媒体人挺苦的”，这种为小号“加班”的情况并不少见，“《人民日报》好像也是。上次我听他们说，‘侠客岛’是属于自发的，也是在上完夜班之后弄，都是这样”。

在审稿制度上，“大号”遵照传统党报的多级审核制度，“小号”则只需要通过编委的审稿。按照《北京日报》相关负责人的说法，“新媒体的审核和报纸是一模一样的，也是逐级审核，跟报纸没有差别”，这影响了“大号”的发稿速度，需要跟着报纸的进度发布内容。而“小号”的审稿则与其基本结构一样扁平化,如“长安街知事”负责内容审核的是一个轮值团队,一共有4个人(1个总监、3个副总监),总监是主管新媒体的副总编,即原来的时政部主任,其他3个副总监包括2个编委委员、1个原时政部年轻骨干记者。按《北京日报》相关负责人的说法,“4个人轮着来管这个事。一般情况下都是副总编在管,他要是出差,会让其他人来帮忙”。此外,《北京日报》的文化部“小号”——“艺绽”有部分内容“不需要审稿”,因为“现在做新媒体的大部分都是过去报纸的骨干,他们对业内的东西的了解是很深的。像‘一周文艺日历’那种东西他们是可以自己来弄的,他们的信息都是准确的。”

在质量评估与激励制度上,“大号”与报纸带有官方性质,评估结果好的可以得到“优秀记者”等荣誉,但缺乏经济利益的激励;而“小号”有单独的稿酬,评估结果好的也能得到荣誉以示扶持。《北京日报》相关负责人介绍,新媒体评估“有一个评估小组,评估小组评完之后副主编来看,再报总编辑,就跟报纸是一样的。唯一的不同就是阅读数,这是一个硬标准。我们当时规定,评A或者特A稿件的阅读量必须得‘10万+’,但不意味着‘10万+’就一定能评上特A或者A……(发稿)数量没有要求,想发就发,不愿意就不发”。尽管没有发稿量的要求,但“小号”其实得到了很大程度的“扶持”,因为“年底的时候评优秀记者、A类记者,这些都是可以加分的,等于新媒体给你开辟了新的渠道。报纸上因为版面就20个,那你发再多也就是这么多……比如说你报纸上得了20个A,新媒体上得了30个A,那就是50个A。你如果说新媒体一概不弄,我就只拿20个A,那你一下比别人少30个,那你年底排名肯定没法往前”。此外,“小号”的评估结果会影响稿酬,而“两微一端”的“大号”没有稿酬。《北京日报》的相关负责人称:“(‘两微一端’)因为是官方的,我们的编辑就是专职干这个,‘小号’是兼职干这个。兼职就要鼓励一下,专职你已经拿了一份钱,就不会再额外给了。”也是在这一制度规定下,《北京日报》的“大号”内容主要是从报纸上转载,而“小号”则有大量原创内容。

2.传统媒体与新媒体分立的“两体两制”

这种分立关系主要指传统媒体与新媒体分开进行新闻实践,各自拥有独立的运作机制,采编过程中不需要大量的沟通与联系,各自的新闻实践作品分别在传统媒体与新媒体上公开发布。以西安日报报业集团为例,其下属日报、晚报等传统媒体并不直接向以其为名的新媒体(如“西安日报”微博、“西安日报”微信公众号)供稿,这些新媒体(包括网站、微信公众号、微博、今日头条号等)全部由集团下属的独立部门——新媒体中心统管,新媒体中心的编辑从网络等渠道获取信息后整合编发新媒体内容。对此,《西安日报》的相关负责人称这种模式是“两张皮，分得比较开”，两者“没有必然联系……（就像）你是搞田径的，他是搞跳水的”，并称“新媒体自己在单独运行。新媒体是一个单独的部分，现在是与报社平行的一个部门……有自己的一套运行体系”。

采取这种分立的实践方式，源于城市媒体对传统媒体与新媒体技术逻辑差异的认知。《西安日报》的相关负责人称，两者会出现内容相同的情况，但基于传播形式不同，“内在逻辑也就不同”。这种内在逻辑的差异，不是简单地换一种形式就能够达到预期效果的。《西安日报》也尝试过由总编室来做新媒体，但是“没有办法做起来，很难组织活动，很难做出来有影响力的帖子”。从目前报纸编辑部自己尝试运营的日报数字版、手机报和“日报天天看”微信公众号来看，这些新媒体平台只是将纸质版报纸的版面照搬到网页和微信公众号中，尽管载体改变了，内容形式、排版布局都没有变化，仅仅是多了一种传播渠道，从本质上讲，这仍是报纸，而并非真正的新媒体。连《西安日报》的相关负责人也认为，“那个意义不大，就像我们现在做的这个‘有报天天读’，它只是报纸的补充，并没有对报纸内容的延伸和改变，所以如果你看报纸的话，这个东西就没有意义了，它不是一种升华”。由此，才需要进行“两体两制”的分立实践，在新媒体上以“一种新的方式，对报纸内容进行新的解读和表现”，由独立的新媒体中心进行新闻实践。

这两种不同的技术逻辑，意味着城市媒体需要为传统媒体与新媒体寻找各自新闻实践的重点。一方面，传统媒体更加紧密地向行政治理网络靠拢，以党报为城市媒体的建设重点。《西安日报》的相关负责人指出，“作为机关报，现在是一个很好的机遇期……因为政策红利所带来的利好”，政府资源带来了有价值的权威资源、理论资源和以干部群体为主的稳定受众；同时，在“都市报大幅收缩下，机关报异军突起”。实际上，城市传统媒体中的都市报的公共传播职能已经在新媒体渗透日常生活的发展态势下逐渐转让给新媒体，其宣传职能又远不及党报，因此，其下滑的趋势几乎是不可挽回的。由此，《西安日报》的相关负责人认为，党报“当然也会有困境，因为我们自身的面非常窄，有自身的局限性，但是目前还会有上升空间”。另一方面，新媒体深入城市公共传播网络，强化与受众的互动，承接原先都市报的功能。如同样是西安日报报业集团旗下的《西安晚报》，已经尽力转向新媒体，其微博账号“西安晚报”约有 200 万粉丝。“天下新闻早餐（西安晚报爆料台）”微信公众号的用户比较多，每条推送都有上万的阅读量，转发率比较高，还吸引到招商银行的赞助。“西安封面”是《西安晚报》的头条号，粉丝数可观，影响力较大，其相关负责人称：“重点还是在晚报这一块……晚报的新媒体账号内容的都市化程度高，与公众互动多，运营较为成功。”在他看来，对于新媒体而言，日报和晚报“没有可比性”，“分道扬镳”是必然趋势。

这种分立的实践格局也影响了城市媒体的相关人事制度,在需求上出现采编人员与新媒体专业人员"两头多"的局面,后者是需求的重要增长点。《西安日报》的相关负责人称,"近年来传统媒体记者'出走'现象普遍",因而处于人事变动较大的时期。而新媒体的"求职者大部分为传统媒体的记者、编辑,或是新闻、中文专业应届生",可是市场急需的是"熟练掌握和应用新媒体技术的专业人才,如网络工程师等,尤其是有市场经验的专业人才更受青睐",其薪资也要高于普通采编人员。

在日常运作制度上,此类城市媒体的传统媒体制度相对稳定,保持着与大众传播时代的一致性;新媒体的相关制度则相对多样化,有的还在探索中。如《西安日报》基本维持着党报的传统运作制度,其相关负责人称:"(报社的运作机构)已经非常成体系,新增加一些内容,感觉没有什么道理,也就没有意义。"但是,西安日报报业集团的新媒体中心则采用另一套运作机制。这种新的运作机制,需要在"摸着石头过河"的实践过程中不断地完善,"都靠自己摸索,没有一套成熟的模式,于是产生了多样化的制度设计"。

在市场化运作制度上,此类城市媒体的传统媒体缺乏市场化环境,主要通过传统的广告经营进行有限的商业实践;新媒体则探索了多样化的经营方式,试图摆脱传统城市传播网络的限制。以西安日报报业集团为例,其《西安日报》的主要征订对象为企事业、机关单位,暂时没有发行压力。现有广告多为公益广告,如"讲文明 树新风"系列占据半版或者整版,主要是由西安市文明办和《西安日报》合作投放的。剩下的商业性广告很少,受市场影响相对小。而作为都市报的《西安晚报》则主要依靠房地产、汽车、教育等行业投放的广告收益来支撑运营,现在受到报业衰退的影响,转向新媒体重新开展商业实践。其相关负责人称:"许多企业,(如)房地产公司,都通过自媒体进行广告(投放),不再选择将广告投放到报纸上……很多单位都有自己的微信公众号,可以自己传播,不必通过电视台……传统媒体广告受新媒体的影响较大……而且新媒体的分量越来越大。"事实上,西安日报报业集团尝试过多样化的市场经营,但这"也是一个难题",因为传统媒体的体制机制与市场并不完全匹配,因此,其传统媒体采取了紧密结合行政治理网络的方法,进行有限的市场化运作,如红马甲派送、印刷业及活动策划等。相比之下,新媒体以经营为主要方向已成为一种必然的选择。"西安晚报爆料台""朝闻天下"等联合腾讯"大秦网""西部网"等策划组织了多项文化活动,收获了大量粉丝,运作较为成功。

值得强调的是,新闻的实践主体、实践方式以及相关商业实践的分立,并不意味着实践条件的完全分立,但在具体的条件运用情况上仍有一定区别。比如,西安日报报业集团的审稿系统是一体化的,纸媒和新媒体一样。这种一体化的审稿系统不代表两者的审稿制度完全一样——“纸媒比较严谨，有主管领导审核，值班编委审核”；新媒体因单设了部门，程序相对简捷，除审稿外，也可以通过统一的系统发稿，“可以现场投稿，比如记者在现场参加一个活动，就可以在现场写稿然后发给新媒体”。然而，由于报纸发稿没有这么高的时间要求，通过该系统发稿的更多是新媒体。

这种分立状况带来了新的问题，尤其在全国新闻单位贯彻落实中央精神，推进“传统媒体和新兴媒体优势互补、一体发展”的“媒体融合”趋势下，现有的融合改革停留在硬件融合的实践条件层面。《西安日报》的相关负责人称，西安市投入两千万资金用于西安日报报业集团的“中央厨房”硬件建设。在传统媒体与新媒体分立的新闻实践格局之下，当下硬件融合的方式是不是最适合西安日报报业集团的方式，有待进一步探索。

3. 两种部门媒体分立的“两体两制”

此处的“部门媒体”不是指因政府各职能部门的职能内容不同而产生的各种媒体，如气象局的微博“气象北京”、交通委的微博“交通北京”、北京西城区的微博“北京西城”等（它们的实践产品内容虽有差异，但实践方式是高度类似的），而是指因所属政府部门介入传播网络的方式不同而出现的两种不同的综合性政务新媒体。两者的内容时有重合，但因新闻实践方式的不同而产生侧重方向的分化，且在运作制度上也有显著的差别。典型代表是北京市外宣办网络发布中心的“北京发布”（下文简称“发布”）与网络发布处的“北京微博微信发布厅”（下文简称“发布厅”）。“发布”与“发布厅”是2011年11月同时在新浪网开通的，但两者一直是“各自运转的”。相关负责人指出，“希望了解北京官微的时候要有两个概念”。“发布”是一个个体概念，指的是北京市政府新闻办的官方新媒体。在接受调研时，“发布”的新浪微博账号日均发布微博30条，累计发布信息3.6万余条，粉丝数为779万余人。相关负责人将其定位为“龙头”，即北京政务新媒体的“龙头”，用以发布北京市政府最重要的新闻信息。“发布厅”是一个集群概念，即以发布厅为平台整合起诸多政务新媒体，是全国首个省（市）级政务新媒体群。“发布厅”聚合了北京市政府各个重要职能部门的信息发布及生活服务类新媒体：首批有21个北京市政府部门的官方微博加入微博发布厅，6个部门的新闻发言人开通个人微博；第二批集体入驻的自2011年12月22日起，包括北京市的16个区县，以及市政市容委、市体育局、中关村管委会、市投资促进局、团市委等委办局的官方微博；包括市经信委、市民委、市财政局、市国土局等在内的北京市28个政府单位在2012年3月加入“北京微博发布厅”，开通新浪微博，是第三批成员。2013年8月20日，“北京微博发布厅”在人民网、腾讯网上线，实现三网运行。目前，“北京微博发布厅”的成员覆盖了北京市 73 家区县和委办局单位,三网总粉丝数量约为 1.33 亿。2014 年 1 月,“北京微博微信发布厅”微信公众号开通,设置了“政府机构”和“发言人”两个底栏菜单,链接了各区县委办局和新闻发言人的腾讯微博,截至发稿,累计发布信息 6700 余条,订阅用户 4 万余人。2016 年 8 月 30 日,由市政府新闻办组织全市各区县、委办局等 74 个官方账号组成的“北京政务发布厅”整体入驻“今日头条”客户端,累计阅读数量 2360 万,订阅用户 2.6 万人。其相关负责人表示,“发布厅”的任务与“发布”不同,是促使各政府部门形成宣传的合力,“请各个单位都开通自己的官方媒体账号,然后督促他们通过自己的官方媒体账号更好地与百姓沟通,在遇到重大事件的时候能够集合所有的力量去传播,扩大权威信息的影响力”。

两种部门媒体的分立源于两个部门独立开展新闻实践的工作情况。北京市外宣办的“发布”与“发布厅”分属网络发布中心和网络发布处,“实际上不是一个部门在运转,是两个部门在运转”。网络发布中心相当于北京市委宣传部所属的全额拨款的正处级事业单位,承担了“北京发布”的信息采编和日常运行维护工作。网络发布处为外宣办内设处室,负责以“发布厅”为平台,统筹、协调、指导全市各部门开展政务新媒体工作,涉及 73 家单位、104 个新闻发言人以及大量二级或者三级单位的工作群,“比如说公安系统、卫生系统都有自己的工作群,也就是说在我们这个大的工作群下面还有这种网络的发布群”。实际上,网络发布中心更类似于媒体的机构设置,而网络发布处则依附行政治理网络建立起科层体系。其相关负责人称,这是一个“制度设计”——“这点特别重要,这是全国没有的,没有任何一家单位能做到这一点”,“要不我怎么能够让各个委办局都来给我报信息呢”?“@路政局,你这块儿路怎么样了?”“‘气象北京’,现在的天气情况如何,速报来!”这种以传播推动行政治理的做法,在突发事件中起着特别重要的作用。

这种差异使两种媒体对自身新闻实践的基本定位产生了不同的理解。“发布”更加接近媒体,尽管作为党媒,“发布”同样和行政治理网络保持着紧密的联系,但相对直接隶属于行政治理网络的“发布厅”而言,它更加接近城市公共传播网络。其相关负责人称,“微博一开始的日常发布大多是吃喝玩乐在北京等内容”,之后才“加强了政务发布的力度”,但前者仍占据了很大比例。“发布”对自己的定位是“传递政府声音,提供服务资讯,倾听社情民意,回应社会关切”,可见“发布”不限于宣传的本职,也有公共传播的职能。实际上,其宣传作品也有意将公共传播功能统合起来。比如其重要的专题“美丽北京”,包括“政策发布”“宜居北京”“绿色北京”等板块,既涉及政府部门的工作,又包含北京吃喝玩乐等时效性不太强的公共信息,获得了广泛关注。与之相对的是,“发布厅”直接彰显了其统筹、协调各部门的行政职能,而信息传播功能则较弱。其“北京微博发布厅”页面上虽然集中展示了成员单位和新闻发言人的微博，却无法关注或订阅，访问入口主要是“北京发布”微博提供的友情链接，实际的信息服务意义微乎其微；“北京微博微信发布厅”微信公众号虽然同样设置了“政府机构”和“发言人”两个底栏菜单，以链接到区县、委办局和新闻发言人的腾讯微博，却很少提供直接的信息服务。其实，从新闻实践的一般逻辑来看，仅仅将各个区县、委办局的账号机械地集中在一个账号上展示，并不能成为媒体信息发布的主体，因此其行政意义远大于新闻意义。恰如其设立之初，时任北京市政府新闻办主任的王惠所说：“一定要建一个群……光咱们一家是不够的……只有各个委办局都通过新媒体这种形式，向社会传递政府声音，沟通社情民意，才能使我们的工作更加接地气。”实际上，“发布厅”相当于一本“新媒体黄页”，是政府单位新媒体的“索引”，真正的信息功能还要依靠各委办局新媒体来实现。

不同的实践定位，使得两种媒体在具体的新闻生产方式上出现了不同的取向。两种媒体作为部门媒体平台，尽管都缺乏新闻生产的原创力量，但对其他媒体信息的选择标准及转发实践方式有着显著的不同。在北京，“发布”是以党媒的方式运作的，注重新闻实践的基本操作方式，如把关时注重信息是否“独家”，并重视信息是否具有公共传播的服务性等；“发布”能提前获得《北京日报》的信息，这是它重要的稿源；其“党建声音”栏目，与中宣部的《党建》杂志合作，编发其学习宣传中央领导重要讲话、思想观点以及老一辈革命家事迹等党建内容；“发布厅”获得的市委市政府和各个委办局的行政治理信息，也会挑选出重要的内容请“发布”发出，以发挥其“龙头”作用；同时，“发布”也会转载其他微博如“人民日报”“央视新闻”等关于职场技巧、饮食文化等的内容，以体现其公共传播的职能。而“发布厅”本身基本不具备信息功能，它会有意识地安排成员微博如何配合发布信息。在一般情况下，信息会在各个职能部门新媒体首发，若涉及重大活动，如北京申办冬奥会、APEC 会议等，则会指派其他成员新媒体协同发布。在遇到紧急事件时，如在首都机场 T3 航站楼爆炸、马连道家乐福超市持刀伤人等事件中，“发布厅”主号会第一时间公布信息，并要求成员新媒体联动响应。因此，“发布厅”与成员新媒体之间存在行政治理网络上的上下级关系，而不是“发布”的平等合作关系。

在遇到重大突发事件时，两种媒体尽管都是政府部门媒体，但它们在传播网络中的定位不同，因此采取了不同的新闻实践取向。如 2016 年 7 月 19 日至 20 日，北京普降大到暴雨。“发布”在 20 日发了 40 多条汛情相关信息，以时效性和权威性满足受众的信息需求。而“发布厅”则是全面展示政府的应对情况，其所在的网络发布处主动联系相关委办局，与“气象北京”“交通北京”“北京交警”“北京路政 bjlz”“北京地铁”等部门官方微博在后台互动,实时滚动发布各部门与汛情相关的天气预报、路况、公交、地铁等多样化信息,相关成员单位共发布微博550条,转发、评论、点赞量合计超过1.1万次。在汛情中,"发布厅"还牵头澄清了北京地铁公主坟站被淹、八达岭路段坍塌、公共自行车车桩漏电有人被电击等谣言。相关负责人回顾称:"谣言太多了,我们那一天辟了5个特别典型的谣言。好在这些谣言刚冒头就被我们打下去了。谣言刚说八达岭的路塌了……我们就赶紧问路政局,这是八达岭的路塌了吗?路政局马上出来辟谣说,这是昨天某某(地方)的一个围挡,确实塌了,但不是路塌了,也不是山体滑坡了。谣言立马就止住了,没有形成大范围的恐慌,应该说我们这些政务新媒体的官方账号起到了特别重要的作用。"从中可见,"发布厅"主要是从政府行政工作的角度进行新闻实践工作。

在处理新闻实践与政府部门行政治理实践之间的关系时,两种媒体的侧重点各有不同。"发布"建立在反映论的基础上,主要运用新闻报道对行政治理情况进行信息呈现。"发布"的"微直播"与"微访谈"是反映政府行政治理情况的重要栏目。"微直播"主要直播政府部门的新闻发布会,平均每年直播新闻发布会一百余场,如每年北京市"两会"的直播。"微访谈"主要访谈相关话题的政府部门一把手或各个单位负责人、专家,每年与市发改委、市教委、市交通委、市环保局等单位共同举办微访谈二十余场,话题涉及教育、医疗、社保、交通、环保、文化等公众关注的领域。如2016年是"十三五"规划实施的第一年,"发布"邀请各部门一把手做客"微访谈",解读"十三五"规划。在"微访谈"中,"发布"设置了互动环节,让嘉宾直接回应公众的问题,如东城区的"微访谈"邀请了东城区的区长和一位常务副区长,在1个小时内回答了28个问题,包括"东城区治理PM2.5有什么实招""永外派出所在永外地铁站C口私自圈地占用停车位"等,并将没来得及回答的问题汇总,反馈给相关区领导和职能部门。"发布厅"则被直接当作一种行政治理的渠道来使用,其发布的信息不是一般意义上的新闻报道,而是带有政府公告性质的新闻报道。如"发布厅"指导成员媒体"北京昌平"通过微博向市民征集对《北京市昌平区2015年度在直接关系群众生活方面拟办的重要实事》的建议,指导"北京规划"为地铁8号线三期规划方案征求意见等。

不同的实践定位,使两种媒体在人事制度上也有较大的差别。在北京,"发布"的人事制度类似于媒体,结构相对扁平化。其主管单位网络发布中心有在编人员10人,还有一些实习生,共同组成一个类似编辑部的组织。"发布厅"则依附于行政治理网络,建立起科层体系。主管"发布厅"的网络发布处只有主管"发布"的网络发布中心一半的编制,即5人,但依靠各成员单位,建立了150多人的工作队伍。人员管理采取三级负责制,"第一级是直接负责发布(信息)的微博小编;第二级是主管小编的处领导,一般在宣传处;第三级是单位主要(局级)领导(负总责)"。这种人事结构其实是依照行政治理网络中的职务等级来设置的，基本逻辑不同于媒体的新闻实践逻辑。

在采编制度上，两种媒体也出现了公共传播网络与行政治理网络的分化。在北京，“发布”采编团队的工作时间较长，按照微博的阅读习惯，每天的发布从六点半左右的早安帖开始到晚上十点左右的晚安帖结束，早安帖之后是提前做好的定时在七点半左右发送的党建内容，从八点开始发布昨天的重大新闻和当天的重要政策决议等。“发布”的微信公众号则按照腾讯一日一发的规定，每日推送一次，每次平均有 4—6 条内容。其阅读数也符合一般媒体微信公众号的阅读情况，一般党建内容的阅读量较少，公共服务类信息阅读量较多。而“发布厅”本身的信息功能较弱，除微信公众号每天发一次信息外，其页面索性只是个成员单位的“索引”，所以，“发布厅”的工作其实不需要太强的信息采编能力，需要的是对政府工作的熟悉和把握。在这种情况下，“发布厅”微信公众号每日推送内容的新闻性就较弱。其相关负责人称：“在微信方面，我们会在‘美丽北京’这些没有太多时效性的方面下更大的功夫……只能将不具备时效性的东西放在微信上做，让微信具备长期的政策解读的功能。”这样的方式使其在民众信息获取上的作用很有限，其相关负责人称：“微信的订阅量现在有 4 万多……订阅量很小，这也是我们工作的一个短板。”

在内部沟通制度上，两种媒体因结构性差别，一种以扁平化的方式进行日常沟通，一种则依靠行政网络进行分层级的职务性沟通。在北京，“发布”与其他城市发布类似，都要进行媒体采编业务方面的内部沟通。“发布厅”则复杂得多，其主管部门外宣办进行网络发布时需主动向各个成员单位索要信息；在遇到重大事件时，要求相关成员单位新媒体形成响应与联动机制。这种沟通方式实际上是依靠行政系统的力量来执行的，在明显存在行政系统上下级的单位之间比较有保障，其余则有待商榷。有媒体报道，政府部门的新媒体良莠不齐，其发表信息的数量、受众关注度与成员单位所行使的职能及其与公众的关系有关。如市公安局官方微博“平安北京”等发布的信息与公众日常生活联系紧密，有助于民生服务，其信息就很受关注，阅读量就大。同时，这也与各单位的新媒体发展思路有关，比如 2014 年 2 月北京市的 110 名新闻发言人集体开通新浪微博，入驻“北京微博发布厅”，但不少发言人或是几乎不发言，或是发言的内容与职务行为无关。除常规的工作群联系外，网络发布处试图每年召开一次工作会，通过工作会议进行工作总结，对全市各个部门的政务新媒体工作进行评价、排名，也会每年请第三方机构对整个“发布厅”的成员的工作情况进行年终回顾，但这种评价、排名并没有上升到工作考核的层次，而这种工作会实际上也因为种种原因没有每年召开。

(二)“一体两制”:外包机构与地方政府分立的城市公共传播转型格局

与“两体两制”形态不同,另一类城市传播网络没有通过媒体分立的方式来引导分化,而是直接以“两制”的方式管理一种媒体,呈现出外包机构与地方政府分立的城市公共传播转型格局。

1. 中央媒体与地方政府分立的“一体两制”

地方政府将城市媒体外包给中央媒体,在运作上各取所长,是此类城市采取“一体两制”实践格局的初衷。然而,实践逻辑的差异,最终使“分工”走向“分立”,成为城市传播网络的突出特点。以自称“开创了一个中央驻地媒体与当地党委宣传部共建的发布模式”的“合肥发布网”为例。“合肥发布网”不是一般以微博、微信为载体的城市“双微”,而是以互联网网页形式展示的政府发布页面。作为全国首个城市发布微网,“合肥发布网”建立于2015年4月26日。至2016年上半年,“合肥发布网”发布信息近2500条,原创稿件近500篇,其中95%的稿件为“首发”,试图实现“天天有原创,周周有要闻”。网站总访问量达257,419人次,独立访客IP数82,004个,单日新增访客IP数最高为47,990个,平均每日新增访客IP数为589.76个,用户回访占比约64.77%。“合肥发布网”是由合肥市委宣传部和人民日报社安徽分社联合主办的城市媒体。人民日报社安徽分社下属的“人民日报数字安徽”新媒体团队负责该发布网的内容生产,合肥市委宣传部的网宣办负责提供资金、消息源等实践资源。这种做法本应被视作“分工合作”,但在具体的实践过程中,两者却是分立的。这可能同人民日报社的中央媒体身份有关。合肥的城市媒体相关负责人称,我们将媒体“交给高大上的《人民日报》,但是这种合作很难是平等的关系”。这种“分立”的关系也得到了“合肥发布网”相关负责人的认同:“我们现在更多的是把市委宣传部当成信息的主要渠道,一旦我们在其他地方看到一些传闻,就会进行核实,有时会从更高的角度来看。”在这一意义上,合肥市委宣传部在新闻生产过程中的地位,其实与其他消息源是一样的,区别只在于信息的多寡。

这种分立关系体现在中央媒体与地方政府对新闻实践的不同理解和规定上:

其一,地方政府希望城市媒体的新闻实践能更“接地气”,能深入城市行政治理网络的“末梢”(街道);中央媒体则试图以新闻实践突破地方政府的行政管理框架,以中央的全局眼光应对地方舆情等。合肥的城市媒体的相关负责人称,“现在大家恰恰需要的是接地性很强的新闻,发生在我们身边的、我们很感兴趣的(新闻)”,而中央媒体“落不下来是它们的劣势,所以它们才会与我们本土媒体合作”。然而,合作也并不意味着实现了对街道层面“接地气”新闻的报道。他认为，“作为驻地媒体，可能没有报业集团的新媒体的盘子这么大，(只有)几个人。它的触角不可能像传统媒体一样延伸到13个市县区”。而且中央媒体也并没有深入地方行政治理网络末端的想法，认为要“从更高的角度来看问题”。因此，中央媒体在进行新闻实践时，特别重视地方舆情信息，并以有一定行政治理能力的实践方式，加入地方治理过程中。“人民日报数字安徽”新媒体团队特意为“合肥发布网”设立了“辟谣台”栏目，在2016年，“辟谣台”先后发布了《合肥野生动物园今日辟谣：老虎骨瘦如柴？造谣！》《合肥城区暂不会开展飞机喷洒农药防治美国白蛾》等辟谣类稿件。同时，在“‘品年味’征集活动出现不雅照”“长丰传销人员寻衅滋事”等突发事件发生后，“合肥发布网”在最短时间内进行官方回应，发布官方信息，防止网络舆情的扩大。

其二，地方政府以行政治理的立场，试图限制城市媒体的商业化新闻实践；中央媒体则将承包地方媒体作为多样化新闻实践乃至商业实践的一种尝试。对商业化运作的限制，不仅包括“合肥发布网”，也包括《合肥日报》等党媒。这其实不同于《人民日报》驻地媒体的思路。据其透露，人民日报社承接地方媒体的采编业务，“是从盈利的角度。不光是和政府(合作)……这是全国普遍存在的一个问题。‘人民网’能做到全覆盖，一开始都是用新闻打天下。”直接负责“合肥发布网”采编工作的“人民日报数字安徽”新媒体团队也称，“从总部的指令上看，总部是鼓励我们进行多元的任务探索的”。这从“合肥发布网”的内容上能够体现出来。“人民日报数字安徽”新媒体团队在“合肥发布网”的“便民服务厅”设有“企业发布”栏目，如《2015中国增长率或达6%新兴阶级是动力》是从“凤凰汽车网”转发的，《65寸超级电视不到五千元你心动吗?》的内容与广告相当类似。这种商业传播实践不仅可以通过虚拟网络的内容生产实现，中央媒体还借由城市媒体的外包项目，试图推广一些实体产品，起到“虚实结合”的实践效果。“合肥发布网”的相关负责人坦陈，“我们主要做电子阅报栏上的内容与传播”，即“在日常中有落地式的电子阅报栏……不仅可以通过‘合肥发布网’传播，网宣办也可以通过双微进行二次传播，同时我们还可以加工后在全合肥主要的《人民日报》电子阅报栏、公共的人流密集区进行传播”。

分立的观念和规定影响了城市媒体的具体实践制度。

在人事制度上，此类城市媒体的工作人员由中央媒体抽调人员组成，与地方政府其实是分立的关系。“合肥发布网”是由从“人民日报数字安徽”新媒体团队抽调的6人专门负责的。在具体的实践过程中，“合肥发布网”的工作人员在内容生产上接受宣传部的领导，但并非行政关系，在编制上仍为人民日报社的一部分。合肥的城市媒体的相关负责人认为这样的人事安排还是有优势的，因为“先进的团队经验可以直接带过来,不需要另外再去培养一批人……团队的培养需要一个漫长的过程,而且是很难的,大家都处在摸索的阶段”。

在采编制度上,地方政府只规定大方向;具体的执行由中央媒体独立完成,拥有很大的自主权。根据“合肥发布网”相关负责人的说法,地方政府对新闻实践的要求其实比较简单——“主办方希望我们可以首发,秉持短平快、短时新的特点……如果双微有什么重要信息,抽调的6人也会根据排班,在发布网上进行二次传播。”这种“大方向”在一定程度上影响了“合肥发布网”的采编制度,如为了完成合肥市委宣传部的“首发”任务,“合肥发布网”规定,每月累计3次以上因个人原因影响稿件首发的,将给予相应惩处。在执行过程中,实际情况也会被考虑,比如规定“重要稿件,如因审稿时间因素影响发稿速度,不计入‘合肥发布网’采编人员考核范围”。也就是说,合肥市委宣传部那些急需“首发”的重要稿件,其实反而不在此制度范围内。在这一规定下,“合肥发布网”的“权威发布”栏目反而不是发稿最多的,“合肥快讯”从发布数量到发布频率都高于“权威发布”,其每日发布量维持在12条至15条,比“权威发布”不定时、不定量发布(基本上是数天才有一条新的内容更新)的内容更多、更快。

在内部协调制度上,此类城市媒体内部的分立关系,使得地方政府与中央媒体缺乏日常的沟通,但在重大事件中会进行协商沟通。“合肥发布网”没有设置专门的协调机构联系合肥市政府与“人民日报数字安徽”新媒体团队,但有团队牵头人负责同两个机构的对接。不过,在新闻实践过程中,团队牵头人需要协调沟通的并不多。其相关负责人称:“在日常传播中,有‘人民日报数字安徽’的领导进行内容的审核,相互不太干涉。”

2. 商业媒体与地方政府分立的“一体两制”

由地方政府将下属媒体外包给商业媒体带来的商业媒体与地方政府分立的实践格局,也是“一体两制”的一种重要形态。由于商业媒体的本职不是行政网络中的宣传工作,其与地方政府在城市传播网络中的位置有很大的差距,这种差距形成了自然的分立关系。如“青岛发布”由青岛市委宣传部外包给“新浪山东”运营,青岛市委宣传部基本不干涉“新浪山东”的具体运作。对此,青岛市委宣传部的相关负责人称,商业媒体的做法“专业一点”,认为这是现有的宣传部门“兼职做不了的”。

与外包给《人民日报》等中央媒体的“高大上”行政治理思路不同,外包给商业媒体是一种接近城市公共传播网络的“接地气”思路。“青岛发布”的相关负责人透露,之所以选择“新浪山东”来运营城市媒体,是因为“他们经常搞一些活动来吸引网民的关注,他们更专业一些”,这来自其长期运营商业媒体的经验积累——“新浪微博本身就是他们的，他们对传播规律比较懂，比较熟悉。”这种懂行的“套路”在新闻实践中浮现出来，包括“驾驶证信息”等城市公共服务在媒体中的运用、“鸡汤”等“软文”的高信息比重、城市线下活动门票的发放等。青岛市委宣传部的相关负责人认为这样的传播效果不错，“以前我们也外包给本市的一些媒体，效果不好，就换成新浪了。”

在人事制度上，此类城市媒体也是内部分立的。“青岛发布”就包括两类人：地方政府的公务员与商业媒体的工作人员。其中，公务员 2 名，是青岛市政府新闻办的公务员，“青岛发布”的相关事务是其负责的宣传工作的一部分，并不是专职人员；“新浪山东”派出 4—5 个人，负责日常的信息生产与发布，没有公务员编制。

在采编制度上，地方政府只在外包时给出比较笼统的要求，具体事务由商业媒体团队拟定制度并执行。青岛市政府对承包“青岛发布”的“新浪山东”提出了一些量化标准，包括每天发布微博 10—15 条，微博每日累计阅读量达到 30 万次，每天发布微信文章 4 篇等。这些规则间接地促使“新浪山东”为达到阅读量，采用更贴近受众的公共传播方式进行采编，但规则并不涉及具体的采编实务。

在城市媒体的对外沟通制度上，地方政府与商业媒体是分开独自对外的。青岛市政府的相关负责人称，“市政府有些重要新闻我们新闻办自己也可以发”。据其透露，这一部分信息“量比较少”，主要是“政府的一些预警信息，对市民的一些提示信息”，独立发布是考虑到“我们主动掌握的一些信息发得快些”。由商业媒体出面的对外沟通，主要表现在“青岛发布”微博与网民的互动。青岛市政府的相关负责人称，这一部分对外沟通不经过市政府，所以，媒体的回复比较谨慎，“主要是回复一些能把握的，比如某个活动在什么时间、什么地点，要不要票等，回复不了的一般也不回复”。

3. 自媒体与地方政府分立的“一体两制”

除了外包给中央媒体进入上级行政治理网络和外包给商业媒体拓宽商业化运作外，地方政府还把城市媒体的技术部分外包给自媒体，称其为“傍大牌”模式。部分媒体称，这种模式目前还存在一定的问题，因为内容生产与技术生产是“断裂”的，从而也形成了“一体两制”的格局。如《合肥晚报》的相关负责人称：“现在的情况就是，《合肥晚报》和 ZAKER 达成合作，将自媒体的技术运营优势与传统媒体的权威性内容生产落地优势进行嫁接。”

然而，由于技术与内容生产互不干涉，自媒体与地方政府究竟是一体化的“嫁接”关系，还是分立的“扦插”关系？合肥市委宣传部的相关负责人认为，“自媒体在内容生产方面是不如意的，自媒体是靠技术起家的。比如‘今日头条’，它一开始并不懂内容生产，虽然后来它招了一些内容生产者，但很难认为它在内容生产上比传统媒体更具备优势。还有一点,比如‘今日头条’到合肥来,它对合肥的了解不如《合肥晚报》。很多自媒体都存在落地的问题,落地落不下来”。由此,“有的领导认为‘合肥发布’应该回到自己手里,各方面沟通和指挥协调也会更融洽、方便”。

三、建构“两网”:推进四地城市公共传播改革发展的思路

在“两制”的分化格局下,四地城市公共传播网络要进一步改革发展,应从建构“两网”着手:一方面,以传播为尺度重构行政治理网络;另一方面,以新媒体逻辑重构城市公共传播网络。

(一)以传播为尺度重构城市行政治理网络

在“两制”的格局中,靠近城市行政治理网络一端的传播网络要进一步改革与发展,改变传播依附于治理的结构关系,以传播为尺度重构城市行政治理网络。

1.将沟通作为城市治理的核心理念

“傍政府”是此次调研媒体对此类城市传播网络“二分”结构中一端的描述,即城市宣传网络紧密依附行政治理网络,城市媒体作为政府行政治理的工具而存在,而不是作为价值理念来更新城市的治理实践。尽管这在“两制”格局中比较普遍,但也带来了一定的问题。比如,“北京微博发布厅”的媒体矩阵本质上是行政管理体系,并不是传播实践的产物,因此,成员之间对新闻实践参与度的差距非常大。在2014年2月加盟“北京微博发布厅”的北京市110名新闻发言人中,超半数发言人“少言寡语”,其中3位新闻发言人3个月内一言未发。实际上,这些成员在行政治理网络中的身份反而制约了其传播实践,一些新闻发言人的发言特意回避了职务相关的内容,与“发布厅”的初衷相去甚远。

对此,我们提出,调转传播对治理的依附关系,以沟通为基础构筑城市治理网络。这意味着传播在此不是工具理性意义上的,而是真正的价值理性意义上的。比如,上文提到的“北京微博发布厅”,其实不一定以行政治理体系中的身份来衡量新闻发言人是否有资格加入,而应先对其在城市传播网络中的参与情况进行考量,与其留下50%以上不怎么说话的成员,起不到沟通的效果,不如全部由爱说话的成员组成,加深与民众之间的沟通,打造以沟通为基础的城市治理环境,让市民都有参与互动的机会与兴趣。在这方面走得比较远的有“问政银川”,一些地方政府索性邀请“大V”来坐镇,将网络沟通作为参政问政的方式,改进和完善行政治理网络。

2. 构建多样沟通的城市治理网络

城市传播网络实现“二分”后，并不意味着诸多城市媒体都要保持同样的沟通方式。然而，调查发现，靠近城市行政治理网络的宣传网络，往往保持着一成不变的沟通方式，继承着大众传播时代自上而下的传统。北京、西安、合肥、青岛四地的城市党媒都反复强调“没什么变化”，“和以前一样”。然而，这种不变不一定有利于实现城市媒体的宣传效果。正如“北京微博发布厅”将同样的内容移植到微信公众号后，订阅量仅4万，宣传效果大打折扣。其相关负责人称，“这是我们工作的一个短板”，急需探索新的沟通形式。

实际上，即使是宣传也应该有多样化的沟通方式，这也是“治理”理念的题中应有之义。如《西安日报》将其官微和日报的宣传实践分开，认为只要都有公信力，不一定要用同一种沟通方式。又如“西安发布”的相关负责人称，服务性是其努力的方向，他们试图将宣传工作与电子政务平台结合起来，以产生具有更大影响力的宣传效果。“合肥发布”的相关负责人称，城市媒体最好能和应急办等综合机构联合办公，便于突发事件的宣传等。

3. 以文化共享建构城市治理的地方认同

由于此类城市宣传网络紧密贴合城市行政治理网络，其对本职的认知往往从行政本位进行考量，相应的新闻实践主要是行政信息的传递，有关文化精神的塑造则相对弱化。在调研中，“北京发布”的相关负责人直接表示，“北京发布”是政府的下属单位，政务类信息的增长是一个重要发展方向，如“美丽北京”等文化专题则应相对弱化。然而，“北京发布”的相关负责人也不得不承认，从宣传效果来看，“美丽北京”才是品牌专题，得到了受众的广泛好评。

实际上，以传播促进城市治理，本就不应限于行政举措的信息传播，同样也需要通过文化共享以实现城市精神的延续。城市媒体以其鲜明的地方性，成为一座城市的“名片”与“窗口”，如“西安发布”特别重视城市形象的塑造。在2016年1—9月“西安发布”的信息统计中，关于西安古城形象的信息占到30%。2016年9月15日，中央电视台中秋晚会以西安为主会场，“西安发布”从多角度梳理了中秋晚会中的“西安元素”，包括对晚会场地大唐芙蓉园的唐朝建筑风格的解读，对舞台背景中的西安城墙、大明宫角楼元素的说明，对晚会中西安宣传片的镜头解读，对晚会中西安歌曲《西安自画像》《送你一个长安》作词作曲故事的深挖，对中秋节陕西民俗的历史及寓意的解读等。这些内容尽管不是对政务信息的直接展现，但有利于培养普通市民对城市的归属感，形成对城市精神的认同。

(二)以新媒体逻辑重构城市公共传播网络

新媒体不仅仅是传播技术的应用,也承载着平等、互动、多元等传播理念。这些理念构成了新媒体实践的内在逻辑。进一步推动城市传播网络的改革与发展,需要根据新媒体理念调整传播实践,以新媒体逻辑重构城市公共传播网络。

1.将新媒体理念贯穿城市公共传播

基于新媒体对城市日常生活的全面渗透,城市公共传播网络对新媒体的应用是普遍现象,然而,由于此类城市媒体出自宣传网络,其在应用新媒体时往往保持着大众传播时代的传统思维方式,在观念上没有完全转变。《北京日报》相关负责人称:“传播工具变了,传播渠道变了,但是传播的内容还是和过去一样。”此类观念普遍影响了媒体从业者的新媒体实践。“青岛发布”的相关负责人直言:“新媒体的编辑还是往报纸上靠的,语言、风格等各方面都会往报纸偏……虽然说有些拍视频的,但是视频拍得还是像《新闻联播》。”一些新媒体甚至没有设置新媒体常见的互动功能,如“合肥发布网”没有设置新闻信息的评论功能,也没有点赞功能,只能进行转发,比微博、微信的互动程度更低。

新媒体不是工具理性,而是价值理性。新媒体的设置不仅应完成从无到有的新媒体应用设置,而且要完成新媒体价值理念的构建,构建平等、互动的城市公共传播环境。一方面,应该以平等、互动的理念统摄各种新媒体内容生产,如使用新媒体语言。由“新浪山东”运营的“青岛发布”上常常有“亲们,你们的上下班时间是多少啊”这样的表达,这与“二分”格局另一头的媒体有明显区别。如《北京日报》的相关负责人明确表示,党报的新媒体上可以用“小伙伴们”,但不用“亲”和“么么哒”这样的表达。又如,以平等的态度实现互动。《北京日报》的相关负责人称:“所有具备互动(性质)的新媒体,不光是我们,凡是带有正面角色(性质)的,往往底下有大量的负面信息,很难靠人力改变。”在这种情况下,平等的态度有利于对话与交流,也有利于传播正能量,消除负面信息的消极影响。另一方面,应该以扁平的网络结构进行新媒体管理。《合肥晚报》的相关负责人称:“新媒体需要扁平化的管理,尽量减少层级,给一线(工作人员)提供操作空间。”

2.探索新媒体技术输出的实践方式

在新媒体实践方式上,此类传播网络的探索比较保守,主要是将新媒体技术应用到媒体的内容生产中,以新媒体的形式展现媒体内容。四地城市媒体都有过此类尝试,秒拍视频、H5、全景 VR、航拍、大数据等相关技术在城市新媒体报道中得到了应用。然而，这种内容生产的思路，其实是一种局限于新闻实践的传统思路。

新媒体传播实践需要城市媒体打破传统的内容生产局限，进行技术输出的实践方式探索。《青岛日报》的相关负责人称，在“掌上青岛”客户端的制作过程中“开发出新媒体技术……可以往外卖，把技术输出”。这种思路不限于新闻实践，可以应用于更广泛的媒体实践，如温州等地的城市媒体直接运营“温都猫”电商平台等。

3. 将新媒体实践与线下实践进行虚实互嵌

此类城市媒体由于受到行政治理网络的制约，较少涉及虚实互嵌的融合实践，常见的是参与新媒体活动获赠奖品的做法。如“西安发布”的“枕边书”专栏，受众对相关信息进行“转发＋评论”可获得赠书；在青岛啤酒节期间，只要网友发喝酒照片、晒自己的酒量、关注“青岛发布”并转发微博，就可获赠青岛啤酒节门票和酒票。这些企业提供奖品赞助，同时也获得了宣传，相当于做广告，媒体的实践方式并没有变化。

实际上，虚实互嵌是新媒体渗入城市日常生活的普遍状况，媒体参与这种融合实践具有天然的优势。如青岛日报社提出与企业合作的“伙伴传播”理念——不再是企业将信息、广告、产品提供给报纸，由报纸进行宣传，而是党媒主动介入企业形象策划，与企业一起做活动。2016 年春季，青岛日报社的“青报网”为青岛大型空调企业策划了走进社区活动，除网上平台信息的发布外，还携手“爱心陪伴空巢老人”基地，开展换季养生和电器清洗维修知识讲座等。这种融合实践方式也适合行政治理网络，如“北京微博发布厅”每年组织新闻发言人、微博管理员和网友开展线下活动，如参观市轨道交通指挥中心、南水北调工程现场，举办政务微博粉丝见面会等，促进新闻发言人与网友的交流。

被看见的"网红":短视频社交平台的"网红"媒体实践*

◎蓝　萱**

摘要:本文聚焦于以抖音和快手为代表的短视频社交平台中的"网红"的媒介实践,对其在新技术环境中不断生发的可见性进行讨论。本文通过在线参与式观察和对16位"网红"的深度访谈,采用扎根理论对经验材料进行处理和分析,从"个人""个人与他人"及"群体"三个层面对"网红"媒介实践的可见性进行探查。本文发现,"网红"通过"展示"提升自己的可见性,实现了社会资本的积累以及向权力中心的内嵌,同时,新的社会关系正在建立;伴随"网红"自身可见性的提高,通过"与粉丝互动",在线可见性与线下可见性正在融合,在这个过程中已然出现了偏见的对抗、公私界限的模糊以及边缘弱势群体自下而上的反馈等多种意涵;个体通过不断习得的技术能力实现了信息流"在场",打破了过去因结构固化而形成的区隔障碍,弱势群体的可见性正在提升,普通个体的社会行动所能抵达的边界被前所未有地拓宽。

关键词:网红;媒介实践;可见性

"网红",即网络红人(Internet Celebrity/ Web Celebrity),是指那些"通过互联网获得名声的普通人"①,区别于传统名人。Guthrie 指出,"网红"更像是"社交媒体影响者"②,大众对他们有更高的情感依恋;在具体的互联网平台使用行为中,"网红"通常"以视听内容为基础,通过更新博客与其他用户保持互动联系,而其发布的公开内容能够被网络观众广泛认可"③。与此同时,学者们还提出了另外一个更加细分的概念用以描述"网红"——微观名人(Mirco-celebrity),这个概念更加聚焦于普通人的成名,

---

* 本文主要材料出自:蓝萱. 从可见到公共:短视频社交平台中的"网红"媒介实践[D]. 上海:复旦大学,2020.

** 作者系复旦大学新闻学院2020届硕士研究生。

① JMANSOUR. Urban dictionary[EB/OL]. (2007-03-09) [2019-03-06]. https://www.urbandictionary.com/author.php? author=JMansour%20.

② GUTHRIE S. Internet influencers as new celebrity[EB/OL]. (2016-09-09) [2020-02-19]. https://sabguthrie.info/internet－influencers－as－new－celebrity/.

③ PEREZ J P, GOMEZ F J. Internet celebrities: fama, estrellas fugacesy comunicación digital[C]//La metamorfosis del espacio mediático. V Congreso Internacional Comunicación y Realidad, 2009.

"微观名人将朋友或粉丝视为粉丝群；以承认人气为目标；使用各种附属技术管理粉丝群；并构建易被其消费的自我形象"[①]。从外部社会的塑造能力看，"网红"毫无疑问是一种互联网时代的产物，数字技术是"网红"及其在线表演的"推动者"。[②] 网络使得任何人都可以向潜在的观众发布关于自身日常生活的博客，并通过网络平台进行观察和互动，这带来了可扩展性(scalability)的潜力，即巨大可见性的可能性。[③] 根据 Hearn 和 Schoenhoff 的说法，用户现在既提供内容又提供观众，与过去的名人不同，现今的"网红"不再需要依赖把关人来选择谁能够成为聚光灯。[④] 因此，"网红"的成名过程是"自己动手制作的"。[⑤] 进一步聚焦到社交媒体，其所提供的"网红"的特征是连续和多次上传私人、自我的表演，"网红"通过展示自己的私人生活和思想来寻求关注。[⑥] 从观众关系的角度看，通过调查 Twitter"网红"的日常实践行为，Marwick[⑦] 证实 Twitter"网红"对自己的观众有明确想象，并借此管理自己的话题，呈现和维护自己的形象。此外，区别于传统名人通过空间距离和时间稀缺所定义的排他性想象，根据 Marshall 的说法，"网红"的特点是"缩小其与名人及与粉丝间的差距"[⑧]。这一特点使得"网红"看起来并不是高高在上、完美无缺的，他们与粉丝间呈现出独特的亲密性。而在被拉近的社交距离背后，现今的观众能够通过"喜欢""赞"和"评论"来对"网红"生产的内容进行实时反馈，或者通过社交验证来供养他们，[⑨]这带来了更多经济层面的影响。

毫无疑问，社交媒体的出现为名人文化带来了新的动力和时空性，[⑩]以 YouTube 和 Instagram 为代表的社交媒体通过"赞""评论""关注者"等指标来衡量用户的影响力，并为之提供反馈机制。"网红"正是通过这个过程以"DIY"的方式获得名人身份，

---

① MARWICK A, BOYD D. To see and be seen: celebrity practice on Twitter[J]. Convergence, 2011, 17(2): 139-158.

② LI K. Papi Jiang and microcelebrity in China: a multilevel analysis[J]. International journal of communication, 2019, 13: 3016-3034.

③ BOYD D M. Taken out of context: American teen sociality in networked publics[M]. Berkeley: University of California, 2008.

④ HEARN A, SCHOENHOFF S. From celebrity to influencer[J]. A companion to celebrity. Wiley: London, 2016: 194-212.

⑤ TURNER G. Ordinary people and the media: the demotic turn[M]. London: Sage Publications, 2009.

⑥ RAUN T. Capitalizing intimacy: new subcultural forms of micro-celebrity strategies and affective labour on YouTube[J]. Convergence: the international journal of research into new media technologies, 2018, 24(1): 99-113.

⑦ MARWICK A E, BOYD D. I tweet honestly, I tweet passionately: Twitter users, context collapse, and the imagined audience[J]. New media & society, 2011, 13(1): 114-133.

⑧ MARSHALL D. New media-new self: the changing power of celebrity[J]. Celebrity culture reader, 2006.

⑨ ZULLI D. Capitalizing on the look: insights into the glance, attention economy, and Instagram[J]. Critical studies in media comunication, 2018, 35(2): 137-150.

⑩ BENNETT J, SU H. The "place" of television in celebrity studies[J]. Celebrity studies, 2010, 1(1): 65-80.

从而绕开了媒体和娱乐行业等守门人,[①]在这些平台上获得可见性(visibility)。[②] 可见性被认为是"视觉系统"概念的扩展,[③]通常被定义为人眼与不同自然因素之间的局部相互作用所产生的社会定位的视觉关系集。2005 年,Thompson[④] 引入了"新可见性"(new visibility)的概念,将其定义为前所未有的具有独特属性的社交互动框架——伴随着通信媒介的发展,可见性从此时此地的时空特性中解放,并根据媒介特性进行重新塑造;通过使用传播媒介,个人创造了具有自己独特属性的新形式的行动;与此同时,视听内容的大流量增长也使得可见性概念相比大众媒介时代更加复杂和难以控制。如今,视频共享网站的持续增长以及基于视频的互联网通信技术(video-based ICT)的整体融合,进一步挑战了过往高度集中化和自上而下的可见性控制,[⑤]人们开始将摄像机对准自己及其私人空间,[⑥]由此产生的网络可见性(networked visibility)推动并扩大了人类合法社会存在的文化定义边界。[⑦]

尽管互联网日益提高的可见性并不能彻底解决诸多存在已久的社会问题,但社交网络允许用户公开自己或许是其迈向公共性的第一步——用户将网络空间与日常生活联系起来,同时又将自己的私人空间视为潜在的可代表和可共享的空间。正如 Dahlberg[⑧] 所言,可见性在构想公共领域的过程中变得越来越重要,这不仅仅是因为媒介的视觉性质日益增强,还因为媒介可以通过多种方式使不同的个人、团体以及相关话语被看到和被听到。在大众媒介的可见性展演中,个体难以绕开机构逻辑进行自主实践,因此,对于以抖音和快手为代表的短视频社交平台中的"网红"可见性进行初步探究,不仅有助于了解在线环境的改变和媒介技术的发展如何提高个体或群体的可见性,而且有助于为中国普通大众如何进入公共视野提供新视角。

本调研报告采用质化取向的研究方法,主要包括参与式观察和深度访谈。

在资料收集阶段,笔者在"抖音"和"快手"两个平台进行了为期 8 个月的在线参与

---

① TURNER G. Understanding celebrity[M]. London:Sage,2013.

② BANET-WEISER S. AuthenticTM: the politics of ambivalence in a brand culture[M]. New York: NYU press,2012.

③ FELDMAN A. Violence and vision:the prosthetics and aesthetics of terror[J]. States of violence,2006:425-468.

④ THOMPSON J B. The new visibility[J]. Theory,culture & society,2005,22(6):31-51.

⑤ KUNTSMAN A,STEIN R L. Digital militarism: Israel's occupation in the social media age[M]. Stanford, California:Stanford University Press,2015.

⑥ ASKANIUS T. Protest movements and spectacles of death:from urban places to video spaces[J]. Advances in the visual analysis of social movements,2013(2):105-133.

⑦ MARTINI M. Topological and networked visibility: politics of seeing in the digital age[J]. Semiotica,2019(231):259-277.

⑧ DAHLBERG L. Visibility and the public sphere: a normative conceptualisation[J]. Javnost-the public,2018,25(1-2):35-42.

式观察，观察内容主要包括"网红"上传的短视频、粉丝评论以及直播间内的双方互动。主要的内容数据来自对"网红"进行的半结构性质的深度访谈。在"网红"的寻找标准上，结合文献，我们认为短视频社交平台上的"网红"应该具有如下特征：(1)在短视频社交平台上传自己的原创内容，拍摄内容与自己的私人生活相关或自己出镜展示某类内容；(2)拥有一定数目的粉丝量；(3)能够通过平台内的实践获得一定的经济回报。在"网红"的粉丝数量界定上，学界和业界均没有明确统一的标准。YouTube 将内容创建者的门槛设置为至少 1000 个订阅者和 4000 小时的观看实践；[①]根据 Markerly 的调查，Instagram 对 200 万名社交影响者进行了调查，发现粉丝数 1 万至 10 万的社交影响者具有最佳的覆盖率与参与度；[②]而根据对字节跳动公司一位负责搜索推荐算法的工程师的采访，在该公司创建和运营的"抖音"平台上，粉丝数 1 万及以上的用户能够在平台的搜索框中获得搜索字符补充，即在搜索框中搜索该"网红"的账号昵称时，无须输入全名，算法会自动跳出其完整昵称供用户选择。综上，笔者将"网红"的粉丝数量界定为 1 万及以上，作为寻找受访者的重要标准之一。

基于推荐和访问的便利性因素，笔者最终对 16 位"网红"进行了访谈。受访者的年龄为 22 岁到 72 岁；学历范围为小学到博士；成长历程和线下从事的职业类型也相差较多，包括农民、艺术家、大学教授、海员等。从性别角度看，在 16 位受访者中，仅有 4 位女性受访者，由于笔者在寻找受访者时并未有意对受访者的性别进行平均性考量，这不能说明男性更有机会成为"网红"或男性的短视频社交平台媒介实践更为活跃，这是本研究受限于时间和访谈便利性等外在条件的局限性。但是，性别上的偏差可能会导致观点和认知上的差异。由于性别认知不是本研究的重点内容，经过对访谈内容的整理和审查，笔者认为访谈内容暂且达到理论饱和。

访谈在 2019 年 10 月到 2020 年 1 月进行，访谈时间从 50 分钟到两个半小时不等。其中，两位受访者以面对面形式进行访谈，其余则通过微信语音通话完成。访谈内容包括受访者的短视频社交平台实践过程及内容、粉丝互动情况、平台使用习惯、媒介使用情况、线下生活概览等。

在系统收集经验材料后，笔者采用扎根理论对经验材料进行处理和分析。笔者主要从意识形态和世界观、短视频媒介实践的行为规则和意义建构、人际交往、群体及其适应环境的功能、社会实践等几方面对经验资料进行编码，进而进行实质性概括。

---

① YouTube creator academy [EB/OL]. (2015-01-01) [2020-03-19]. https://creatoracademy. youtube. com/page/lesson/fa－mily－content＃strategies－zipp.

② MARKERLY. Instagram marketing: does influencer size matter? [EB/OL]. (2015-01-01) [2020-03-19]. http://markerly. com/blog/instagram－marketing－does－influencer－size－matter/

一、短视频社交平台“网红”的可见性

在获取可见性的过程中,最先被看到的往往都是“网红”上传的视频内容。这些被创建的内容涵盖的范围极广,在笔者访谈的 16 位“网红”中即可管窥一二。在表 1 中,笔者对受访者在社交平台上更新的内容进行了简要整理。

表 1 16 位“网红”上传内容简介

受访者平台 ID	上传内容	线下职业
安壮(T:XUE_ZHANG)	家中爷爷奶奶的生活,配以录音叙述和生活感悟	学生
老四(K:ty558811)	快手短剧,主要内容为生活情景观察	无
陈力宝(K:KS428742641)	唢呐演出片段及日常教学片段	唢呐演奏家
耿帅(K:Vshougong)	自身的创意发明展示	无
戴博士(K:ukdaiwei)	化学实验片段	化学教授
尚育康(K:syk981114)	饲养的小鸡的成长状况和趣味玩法	养殖户
黄金(K:Markhuang110)	种植的无花果展示以及生活记录	农民
小奇(K:LGQ920406)	在国际航线的货轮上工作和生活的情景	海员
喜年(K:xn666666)	渔民冬季户外捕钓的情况	渔民
兰瑞员(K:lanruiyuan)	办公软件 Excel 的技巧教学	Excel 讲师
侗家七仙女(K:langmannvshen)	侗族文化展示	无
袁桂花(K:yuanguihua)	农村姑娘在大山里的日常生活	无
毕啸天(T:bidao)	自制小发明展示和科学知识分享	无
时尚奶奶团(T:1915888397)	“中国大妈”在各地穿着不同服装的自我展示	无
马立业(K:maliye1989)	宝岛电动车的相关介绍和武汉火神山医院建设片段	电动车卖家
小曾(K:hcylk666)	武汉市新冠肺炎封城期间一个十字路口的每日情况	金融从业者

备注:①T 指抖音;K 指快手;②线下职业为“无”的为职业“网红”

可以看到,尽管本次调研所涉受访者的数量对于数量庞大的短视频社交平台“网红”而言极其有限,但从其上传的内容中可以看出当代“网红”上传的视觉性内容的特点——以自我表现、记录性的事实内容为主,大量的内容都与自己原本平凡的生活息息相关。他们很少传递明确的意见和观点,哪怕是有意想展现对于某一事物的看法,也会通过记录性的内容进行表达。比如,学生安壮试图在其上传的视频中展现自己对于平凡生活的感悟和对于爱情的理解,其采取的方式是通过记录爷爷奶奶平凡的日常互动来进行观点输出。通过平凡的生活记录和具有互动性的平台功能,“网红”在短视频社交平台上公开自己生活的一部分,将自己较为私密的生活投射出正常边界,被平台上

千千万万的陌生人看见、关注和反馈。库尔德利[①]将这种“使某物公开让人们获取的媒介行为”称为“展示”(showing)。由于在网络社会中每个人作为节点都具有相应的再传播能力,任何“展示”行为都能够引发一长串的再展示。在这一过程中,“网红”私人生活的“私人”属性显然被模糊化了,他们的私人生活不仅被看到,还被讨论和进行互动。

那么“网红”为什么选择在在线环境中上传视频呢?原因大约可归结为两类。一类是将自己的行为看作记录生活的一种方式,而上传的视频则成为一种记忆文本得以留存——通过平台成为永恒的视觉记忆。作为国际航线货轮船员的小奇这样解释自己最初上传内容的意图:“就是将来有下一代之后想让他们看一下,(我们)有很多辛苦的地方,但这个行业能看见大家都看不到的景色,想记录一下。”所以他拍了自己在货轮上看到的奇妙景色,拍了自己日常工作和生活的情景,拍了大货轮的驾驶台、柴油机、船员房间等内容。这样的想法在特殊事件爆发时更容易被进一步放大。作为支援建设武汉雷神山医院的志愿工人,马立业在参与建设医院期间,尽管只有极少的休息时间,但仍会抽空拍摄现场画面并上传到“快手”上。这一行为一是希望亲朋好友能够及时了解自己的状态和工作情况,二是万一不幸感染新冠肺炎,无法再见到亲人,希望“五岁的儿子还能知道(自己去做什么了)”。另一类则更具有目的性,除记录生活这一目的以外,一些“网红”希望上传行为本身能够帮助实现线下生活的某个意图或者解决某种问题。耿帅说希望找到一个渠道更好地展示自己的手工作品,通过向更多人推广自己,达到出售产品的目的,因此他在视频里会展示自己最新的手工制品的使用方式和特点;戴博士则希望通过“快手”这样的短视频平台让更多人对化学感兴趣,进而推进自己多年来专注的化学科普事务,因此在他的视频里有很多视觉效果惊人的化学实验;而“侗家七仙女”这个账号注册的目的就是带动盖宝村当地的乡村经济,为村里创收,支持乡村扶贫。总而言之,“网红”上传视频的原因在个体层面具有较大的差异,从形塑媒介实践的需求的角度分析,这些需求包括个人“展示”的需求、随时保持“接触”的需求、接触他人的需求、协调线下生活的需求……“网红”们上传内容的需求往往是复杂而多元的,而这最终也形塑了他们在短视频社交平台上的媒介实践,从上传内容到后续的粉丝互动,呈现出多样化面貌。

在网络力量的裹挟下,可见性是迅速扩展且不可预测的。“时尚奶奶团”的郭丽荣在没有接触“抖音”之前一直把模特走秀作为自己的业余爱好,也参加过一些演出,得到过许多陌生人的鼓励和赞许。那个时候,郭丽蓉和她的走秀爱好的可见性仅止于亲朋好友和偶然的观众——被演出的地域范围所限制。但加入“时尚奶奶团”之后,在短

---

① 库尔德利. 媒介、社会与世界:社会理论与数字媒介实践[M]. 何道宽,译. 上海:复旦大学出版社,2014.

短两个半月内,她所在的这个团体在“抖音”平台上就拥有了190万粉丝。她认为这很不可思议:“感觉网络的力量太庞大了。”“时尚奶奶团”的粉丝遍及全国各地,且以年轻人居多,被视为中介体验的数字环境可能允许更开放的自我表达。由于年龄、地域、性别、职业不同而形成的区隔化的社会生活领域在“抖音”上已被大大消解,得益于算法推荐带来的公域分发模式的出现,各类内容有了更多的机会被集中在同一沟通领域中,可见性在不同的人群中得以扩张。安壮和袁桂花则对自己作品的受欢迎程度表示惊讶。据安壮介绍,2019年元宵节他在“抖音”上传了一条“爷爷做元宵给奶奶吃”的视频,视频在中午12点发出,到下午6点时,他的粉丝就增长了40万。作为一个平凡大学生的他之前很难想象自己会在6个小时内得到这么多人的关注。类似的情况袁桂花也经历过,有一天她上传了4条“做竹筒饭”的视频后,平均每条视频的播放量达到200万。换言之,她在一天的时间里获得了800万人次的关注。在这之前,这个在贵州黔东南农村长大的普通女孩认识的人仅限于自己村里的人和学校的同学。可以看到,在短视频社交平台上,普通人有望通过上传一条视频在短时间内获得可见性的大幅度提升,而这条视频的内容,可能不过是其平凡生活的一个瞬间,移动互联网和平台为个人展演提供了前所未有的机遇。

在可见性的自我评估上,大部分受访者都意识到自己被看见了——基于庞大的粉丝数量,然而大部分人却对“网红”的身份表示拒绝。这可能与之前很长一段时间内舆论对“网红”的污名化和特征化有关——“网红”在过去被认为是以雷人的造型、出格的言行或者高颜值而出名的人。与此同时,许多“网红”对自身可能获得的超可见性(supra-visibility)表示警惕——个体一旦超过合理可见度的上限时,任何行动都会被放大,以至于使自己瘫痪。[①] 此外,一些人认为“网红”必须具备特殊的技能。老四认为“就得在某个领域有特殊的技能。你比如说吃得多,能吃,能吃一百斤螃蟹或者五斤辣椒,二斤芥末”。显然,以往在主流视野中不被看见和认可的能力正在进入人们的视线当中。此外,在线的“网红”身份与线下生活的边界感也是“网红”们对自身看法的另一个面向。北京化工大学的教授戴博士认为自己也许可以被看作一个“网红”,但这并不是他最重要的目的,他不需要依靠“快手”过日子,自己的职业身份依旧是一名大学教授,而“快手”上的这些实践是为了帮助自己更好地完成线下的教学任务以及化学科普的个人愿景。抚远的渔民喜年则在这方面显得有些矛盾和困惑,一方面他认为自己已经把“快手”当成自己的工作了,另一方面他解释说:“还是得说我是一个渔民,因为现实中不玩‘快手’的时候,咱们也得挣钱呢,但不捕鱼的时候也可以玩‘快手’。因此,

① BRIGHENTI A. Visibility:a category for the social sciences[J]. Current sociology,2007,55(3):323-342.

我也分不清我现在是渔民还是'快手'主播了，分不清自己的职业。"在不同的语境下，在线的可见性有时是原有的线下可见性的延伸——具有定向、直接和地方性的结构特征；而有时个体在线的媒介实践会带来不同以往的自我身份感知和自我评估，这种感知和评估在不同个体上具有较大的差异，并且会模糊乃至对抗原有的身份认同（从职业到阶级）。

伴随着可见性的提升，经济环境的改善是显而易见的。"网红"们通过不同的方式所能获得的经济利益在个体之间显示出极大的差别。据安壮介绍，他主要是通过接受广告推广和"抖音"的扶持性奖励获得经济回报，2019 年的年收入大约为 30 万元，作为一名大四的学生，这样的收入使他轻松地实现了经济独立。兰瑞员透露，在接触"快手"前，她作为 Excel 的线上讲师，月收入大约为 1.5 万一2 万元，根据现实情况会有所浮动，而现在通过在"快手"上售卖在线课程以及不定时的付费直播，她的月收入可以超过 10 万元。可见性的提高使得一些"网红"有更多机会整合社会资源，改善自己的经济情况。然而，与上述"网红"相比，小奇通过"快手"赚到的钱则显得少了许多，他主要通过"快手"直播间的打赏赚取一些经费。通过一期直播，他大约能获得价值一百多人民币的礼物，而他花在一期直播上的时间大约为一个半小时到两个小时。像小奇这样基本不可能从平台上获取真正的经济回报的"网红"，他们为什么坚持玩"快手"或"抖音"呢？或者说，经过一段时间的短视频实践，除了物质条件的改善，"网红"们还有什么其他的变化？"有人认识我"是一些受访者给出的回答。据小奇介绍，在一次去天津培训的时候，现场有一个陌生人问他是不是就是自己关注的"快手"主播，并且告诉他因为家里有亲戚朋友是做这个行业的，小奇的视频让他对远洋货轮航行这个行业有了更进一步的了解。这让小奇感到有些高兴。这些"网红"通过广泛的在线可见实现了线下可见，拓宽了他们原有世界的合法边界。基于社交互动反馈的可见性提升为个人的自我展示提供了前所未有的机遇，带来了个人发展的重要的社会资本（social capital），通过创建和维护更大的、分散的关系网络，个人可以从中潜在地利用资源，这增强了社会资本的能力。[①] 与此同时，"网红"的短视频实践使得他们被更多人看到，被更多人知晓，也被更多人关注，这种可见性不仅仅存在于在线的社区之中，还会延展到线下生活中。

① DONATH J，BOYD D. Public displays of connection[J]. BT technology journal，2004，22(4)：71-82.

二、“网红”与粉丝之间:从在线可见到线下可见

将“网红”与粉丝之间的行为的可见性区分为“在线可见性”和“线下可见性”或许可以更加清晰地界定二者之间产生的连接。在本文中,笔者用“在线可见性”来概括“网红”与粉丝之间通过平台内置功能进行的互动行为,因为在这个过程中,粉丝更多看到的还是“网红”的在线内容和在线形象。互动主要包括以下两种形式:(1)通过评论区和私信等平台内置功能产生的互动;(2)通过平台内的在线直播产生的实时互动。而由短视频平台上的互动引发的进一步线下行动或者延伸到诸如微信、电话等即时通讯工具的更为私人化的交往行为则被界定为“线下可见性”,在这个过程中,“网红”会代入自己的线下生活和线下身份。

“网红”与粉丝通过平台进行的在线交流不仅实质性地表明了“网红”可见性的提升,在不同类型粉丝留言的背后,更是“网红”与粉丝在线社会关系的建立。尽管双方还无法完全了解各自的私人生活,但通过数字化的自我构建(“网红”通过自己上传的视频内容;粉丝则往往是通过评论区或私信的文字留言)形成了在线的、开放的日常交往。广泛的社会互动已然通过媒介实践跨越了地域的界限,特别是在一些特殊的时间节点上。在新冠肺炎疫情期间,武汉市民小曾自2020年1月26日起,在“快手”上更新武汉市洪山区万科城市金色广场小区附近的一个十字路口每天的情况。据他介绍,在他连续更新了几天上述情况后,这个行为“变成了一个事儿”,因为如果他晚于之前更新的时间上传当天的内容,粉丝们就会关切地问他为什么今天还不发,远在千里之外的粉丝们关心他,也关心疫情是否会给他带来困难或者问题。此外,虽然他每天更新的内容十分相似,且自己从未出镜,但依旧能收到很多来自尚算是陌生人的粉丝的留言,内容大多是“武汉加油”“一定会过去的”“一定要加油”等鼓励的话语。在疫情蔓延、武汉封城的大背景下,这些留言让他感到宽慰。在特殊的时间节点和社会背景下,“网红”与粉丝通过提升的在线可见性获得了紧密的连接。比起评论区留言或者粉丝私信等方式,直播这个形式则更具有即时性和对话性。喜年说粉丝们常常询问他几点开始直播,由于很多粉丝都是上班族,他的直播时间也经过了一番考虑。“周六、周日的时候,我早上都不开直播,因为周末放假了上班族都要睡个懒觉,不会起得那么早,但是晚上就不一样了,晚上必须得开,因为大家晚上没啥事,就可以拿出手机看了。”对于自己的直播频次,他认为“必须每天都播,如果不播的话他们会想你的”。可见,“网红”日益提升的可见性并没有使他们与粉丝之间形成排他性的想象,“网红”并不会塑造自己高高在上的完美形象,而是更像生活中可以触及的朋友,他们与粉丝之间的互

动呈现出独特的亲密性和协商性。

粉丝与“网红”的连接大多数情况下都从在线互动开始，然后有一部分粉丝会与“网红”建立一种比直播间内的对话更私密的一对一的连接，这种连接的标志应该是双方都开始带入自己真实生活的一部分，笔者将这种连接定义为“线下交往”，这带来了双方“线下可见性”的提升。小奇在“快手”上更新的都是跟自己的职业相关的内容，这使得他拥有了一些行业相关的粉丝。他与其中一位互加了微信，对方是行业内一家公司的人事部经理，小奇表示自己有时候会跟他闲聊一番，了解现在这个行业里哪些职位更缺人，是否有晋升机会，需要考取哪些证书等。小奇觉得从这个粉丝那里得到了许多有用的信息，虽然暂时还没有根据他分享的内容作出改变，但他认为这样的信息对自己的职业发展会有挺大的帮助。袁桂花在“快手”的个人主页上放置了自己的电话号码，拨打这个电话号码即可找到她本人。袁桂花说每天都会有很多电话打进来，有一些是单纯想试探一下这个电话号码是否正确，有一些则会跟她倾诉生活里的问题。有一位山东的粉丝打电话告诉她，自己的姐姐与她的姐姐一样，患有小儿麻痹症，但是不幸的是，自己的姐姐在小时候就已过世，后来父母也相继离世，自己从小与奶奶一起长大。因为经历相似，而且袁桂花每天分享的大部分内容都是快乐的，所以这位粉丝产生了极大的共情感。通过电话，袁桂花安慰了这位粉丝，两人建立了一种近似线下好友的联系。除此之外，袁桂花还改造了自家的鱼塘，建起了一个名叫“桃源客栈”的线下居所，因为很多粉丝告诉她，希望能够实地了解、体验她的生活。袁桂花说她在这两年内已经接待过一些粉丝了，一些粉丝甚至是从香港或者法国等地过来体验生活的。对于这种线下的体验，袁桂花说她不会收取任何费用，因为粉丝是到她家里来“做客”的，双方的线下交往似乎并不带有商业方面的考量，更多地展现为人与人之间的亲密互动。

伴随着可见性的提高，“网红”的影响力也得到了进一步提升。在本研究中，“网红”的影响力可以被总结为以下三个方面：一是视觉实践的冲击对于偏见的对抗。在“网红”上传的短视频内容中，主题和观点是以视觉图像的方式传递给粉丝的，他们通过“观看”直观地、同步地获取“网红”想表达的内容。在这个过程中，视觉内容被第一时间看到和关注，而其与传统固化认知产生冲突的部分则会形成相应的冲击，从而对偏见形成对抗。“时尚奶奶团”更新的内容大多是这样的：满头银发的“中国大妈”们化着精致的妆容，穿着 8 厘米以上的高跟鞋和礼服（很多时候是旗袍），身姿姣好，出现在全国各地知名的旅游景点，在镜头面前落落大方地展现自己；她们不再是打扮朴素，终日忙于家务、照顾孙辈，唯一的娱乐就是跳广场舞的中国老奶奶。这样的内容在被观看的过程中，本身就会对原有的对老年人的固有观念产生冲击——在固有的观念中，

“老年人‘服老’,有固定的生活模式乃至着装风格”,这一观念被“时尚奶奶团”的视觉内容所打破。从大量的粉丝评论里可以看到,粉丝们一方面震惊于不一样的中国老年人形象,不自觉地与自己生活里接触到的老年人进行对比;另一方面将这一视觉冲击延伸到自己的父母身上,许多人会将这个账号推荐给自己的父母,希望他们的晚年生活可以多姿多彩。此外,从经济人 Ann 展示的后台数据来看,“时尚奶奶团”的大部分粉丝都是年轻人,年龄在 40 岁以下,分布地域多为北上广深等一线城市。这一视觉冲击正在从年轻人开始,逐渐向老年人蔓延,而这一冲击隐含的恰是对固化的偏见的视觉对抗。

二是公共和私人交流的模糊化。以“抖音”和“快手”为代表的短视频平台均内置“评论”功能,在“网红”上传内容的下方附有“评论区”,任何人针对短视频发表的文字内容都对所有人可见。老四更新过一集名叫“还原产后病房里的故事”的短视频,内容为产房中一个女人刚生完孩子,丈夫特别不负责任地在玩手机,婆婆只顾孩子,而丈母娘在给女儿揉腿,丈夫和婆婆的表现让她流下眼泪。老四说该条短视频的灵感来源于自己的妻子在医院分娩时观察到的同病房的其他产妇的情况。他希望通过这条视频给女性在分娩时遭受的心酸待遇找到一个发泄的出口,然而粉丝在评论区的留言量超出了他的预期。这期短视频在“快手”上获得了 124.9 万的播放量和 9417 条评论,留言内容中最多的是女性讲述自己分娩时的类似遭遇;而一些女性则从中回想起自己的分娩情况,感悟到自身生活的幸福。这一类型的留言包含非常私人化的语境,而另外一些粉丝针对视频内容或其他粉丝的留言开始讨论女性的不公待遇等问题,具有一定的性别议题色彩。评论区内从私人生活到观点的转化,显示的是一定程度上的从私人到公共的转变。可以看到,在老四的例子里,“网红”日益提升的可见性使更多的意见和观点变得在线可见,与此同时,在任何一条单一想表达某类生活情况或群体处境的视频内容下,存在着各种各样的事实、观点和意见,私人交流和公共交流之间的界限已然被模糊化了。

三是边缘弱势群体自下而上的反馈。通过“网红”不断提升的在线可见性,其粉丝的可见性也在不断提升——通过与“网红”积极的在线互动。在一些情境下,边缘弱势群体,或者说相对无权者(the powerless)通过这个过程提升了自己的线下可见性,通过自下而上的反馈改变了自己原本处于劣势的表达环境,甚至通过可见性的提升消除了自身的结构性障碍。在没有接触“快手”前,戴博士已经专注于线下科普好多年了。他经常去学校、科技馆等地给孩子们讲课,大部分都在一、二线城市,去过的最偏远的地方是四川巴中,给留守儿童讲解化学实验。由于技术性障碍和地域局限,他的科普工作难以向更底层和更弱势的群体扩展。接触“快手”后,他的化学实验的观看对象再也没有地域的限制了，许多观看者都来自三、四线城市或者农村，这是他过去难以触及的地方。此外，大量的粉丝留言，如“上了多年化学课却没有做过一次实验”“身处偏远乡村没有进行化学实验的条件”等，让戴博士意识到，“化学实验能够顺利进行”这一化学科普过程中重要的条件在中国当今的社会背景下存在巨大的城乡差异，戴博士开始思考如何帮助更多的学生和老师做化学实验。现在，他开始设计和推广微型化的化学实验，比如用 2 毫升的实验溶液和塑料设备代替传统实验中 50 毫升或 100 毫升的实验溶液以及玻璃仪器等，这降低了化学实验的门槛。2019 年的暑假，他从湖北和云南邀请了一些贫困地区的学生和老师，让他们用这套微型的化学实验工具做实验，他计划在未来进一步推广这种微型实验。通过在线粉丝的反馈以及与他们的互动交流，戴博士发现了如何让更多贫困地区的学生接触化学，感受化学的魅力的方法。在这个案例中，贫困地区的老师和学生在主流的视野中处于相对不可见的位置，同时也陷于劣势的表达环境中。可以看到，在许多语境下，“网红”及其粉丝是与精英人群相悖的“草根”，而双方的在线可见性与线下可见性的提升及其意涵，具有重要的民主潜力。

三、连接的存在：短视频社交平台的媒体实践

只要拥有一部能上网的智能手机，经过简单的注册，就可以成为“快手”或者“抖音”的用户，观看其他人上传的内容。成为一个短视频创作者也不难，拍摄一段以秒为单位计算的短视频（“快手”的要求为 11 秒或者 57 秒；“抖音”则为 15 秒或者 60 秒），完成上传的动作，即成功发布了一个作品。如果单一计算拍摄和上传的时间，整个过程在几分钟之内就可以完成。无论是作为内容的创作者还是观看者，短视频社交平台都提供了一个门槛更低的操作方式，这使它能够在三、四线城市或者乡村等下沉市场获得更多的用户。

如果不是因为短视频平台为自己提供了一个展示发明的机会，从小学习成绩不好、学历仅为初中的耿帅现在应该还只是工地上的一名焊工。但因为在“快手”上收获了许多粉丝，耿帅有了更多的选择。从他在“快手”上传第一个视频开始，每个视频的播放量最少都是三四十万。现在他在全网有超过 1000 万的粉丝（快手 379.5 万，抖音 308 万，B 站 287.7 万，微博 100 万），虽然不曾透露具体的收入，但按照他的说法，至少“不用出去打工，可以换一种生活方式了”。陈力宝通过“快手”结识了许多民间艺人，他们往往都在农村，以唢呐这个艺术形式来说，很多人都是在农村吹红白喜事的。根据陈力宝的了解，很多民间艺人在过去很难通过自己的艺术形式获取经济回报，也很难找到将“手艺”传承下去的方式和动力，去大城市打工成为他们谋生的选择。但通过

"快手"这样的平台,很多民间艺人哪怕不用出门,坐在家里的炕上,就能够通过直播等方式获取经济回报。可以看到,通过平台提供的"视觉语法"(visual grammar),个体可见性被极大提升,特别是过去不可见的社会阶层和职业身份经由这一过程变得可见,并通过"可见"改善了所能获得的资源,即社会资本的增强,这对于少数群体和区域性群体而言有重要意义。① 通过视觉内容实现的信息流"在场"使个人和群体都能够通过公共存在被看见和感知,进而带来"连接的存在"(connected presence)——这意味着只要我们愿意,就能对来自四面八方的内容永久性地开放,并维持潜在性回应的态度。②

与此同时,人与人之间由于地域、经济水平、认知能力、受教育程度等形成的区隔正在逐渐被打破,以知识为代表的非物质资源获得了更可及的流动途径。兰瑞员在"快手"的精选专区上线了系统学习 Excel 的课程,除"Excel|2016 入门到进阶"(以下简称入门课)以外,其他的课程均为付费课程。入门课一共有 10 集基础课程,前 3 集的内容分别为"认识键盘""操作键盘""下载软件"。这 10 集课程是为对电脑和 Excel 软件一无所知的人准备的。过去,人们更多的是通过学校的教育或者自己购买书籍接触电脑或者办公软件,这意味着需要通过学校教育或者文字接触才能掌握这些知识。而在"快手"上,兰瑞员通过视频的方式为这些人提供了更容易学习的机会,并且入门所需要的经济资本基本为零。这对于在经济资本上处于弱势地位的群体而言具有重要的意义。在课程的定价上,兰瑞员的付费课程的价格不一,主要针对的是有"进一步学习 Excel 技能"需求的人群。速成班的价格是 89 元,可以观看平均每集接近 90 分钟的教学视频 10 集;而高手班的定价为 199 元,可以观看平均每集时长为 40 分钟的教学视频 30 集。前者的单集价格不到 9 元,而后者则不到 7 元。此外,兰瑞员拥有将近 50 个学员粉丝群,根据粉丝所报名的不同阶段的课程而设置,单个群内的人数最多的达微信群上限的 500 人,有些群的人数仅为几十人。在学员粉丝群内,兰瑞员提供课后答疑和在线解答粉丝问题的服务。也就是说,一些学员通过 89—199 元的经济花销,不仅能够进行系统的 Excel 课程学习,还能够获得课程相关或非课程相关的答疑服务。像 Excel 技能培训这种知识技能类的课程在"快手"上还有很多,包括"麻辣烫冒菜开店技术""零基础速学唢呐"等。无论是为了兴趣还是谋生,短视频社交平台的内容对所有用户开放,付费课程的价格也往往能被大部分人接受。在传统的组织框架之外,个人化的生存乃至通过教育习得技能的机会被赋予了更多可能性,特别是对于因

---

① DONATH J, BOYD D. Public displays of connection[J]. BT technology journal, 2004, 22(4): 71-82.

② WINOCUR R. Digital convergence as the symbolic medium of new practices and meanings in young people's lives'[J]. Popular communication, 2009(7): 179-187.

为经济资源而被区隔的弱势底层群众而言，等级关系正在趋于消失。通过在短视频社交平台上的媒介实践提升的可见性，“网红”对于弱势群体参与更多在线讨论并进行线上媒介实践以改变现实处境具有一定的补充意义——从可见到可感，再到可议和可变。

此外，在进行短视频社交平台的媒介实践的过程中，存在着普通个体习得某种能力或者将原有能力进行适应和转化的过程。这对于底层群体和弱势群体中的个体进行自我发声、了解和参与社会生活具有重要意义。技术能力的获得是他们加入网络环境，进入公共视野的重要前提条件。无花哥所上传的视频里经常能看到他本人的出镜，而拍摄者是他的嫂子。无花哥说自己嫂子的文化程度是小学二年级，今年 45 岁，并不知道要怎么使用手机去拍摄一段相对“合格”的影像。这里的“合格”可以被定义为，镜头内出现的事物与想要表达的内容相匹配，且画质清晰，没有晃动。据无花哥说，一开始的拍摄是需要“手把手教的”。拍摄之前，他会告诉嫂子需要在镜头里拍到哪些东西，自己大概会占整个屏幕的多少比例，她要按哪一个按键。拍摄之后，他会及时查看，如果某个镜头拍得不好的话，只能再拍。最开始的时候，无花哥的嫂子可能需要将一个镜头反复拍摄十几次才能达到无花哥满意的效果。而现在，这位文化程度有限的农村妇女已经能够熟练地掌握拍摄短视频的技术了。另外，手机作为当代普及的智能设备，其功用也经历了一定的转变。作为重要的连接设备，它使得个体能够管理自己不断生成的大量信息痕迹，与他人不断地进行互动和连接。对于喜年来说，直播意味着带上两个手机、两个充电宝、两根充电线和三张电话卡，这都是为了保障在东北的极寒天气下，直播能够顺利进行。充电宝和充电线用于保障电源供给；三张中国移动、中国联通和中国电信的电话卡用于保障不同地段的网络畅通，用喜年的话说就是“别人能播你就得能播，不然到时候抓瞎”；而两部手机，则一部架着用来直播，一部用来录下精彩时刻。对于许多个体来说，他们日常的手机使用习惯已经被完全改变。手机不再只是用于日常点对点的私人联系和个人娱乐，它有了更多的用途和需要符合的条件。同时，对于粉丝沟通而言，手机也是一个重要的连接设备。兰瑞员有七个手机，均用于学员粉丝群的运营以及和普通粉丝的在线互动，解答他们的疑惑。她在“快手”的个人主页上放了自己的微信账号，目前为止有接近 4 万名粉丝加了她的微信，这意味着他们能够与她随时随地进行一对一的对话。

结　语

在新技术环境中，可见性的生产依赖于一系列的技术可供性和新型的社交互动实践，是复杂而多层次的。在个人层面，“网红”通过“展示”提升了自己的可见性，而可见的内容充斥着大量的私人生活，私密的自我表达通过无空间可视化进入大众视野。这个过程还伴随着形塑媒介实践的不同需求以及开放的身份构建。在个人经由媒介实践提升的可见性背后，是社会资本的积累以及向权力中心的内嵌。与此同时，新的社会关系正在建立，而私人的边界也被进一步拓宽。

从“个人与他人”的层面来看，伴随着“网红”自身可见性的提高，通过“与粉丝的互动”这一媒介实践，在半循环半开放的过程中双方的可见性已被证实得到了进一步提升，同时还出现了在线可见性与线下可见性的融合。在这个过程中，偏见的对抗、公私界限的模糊以及边缘弱势群体自下而上的反馈等多种意涵已然出现，这对于当代社会公共生活的促进有着不可忽视的影响。

从“群体”的层面来看，“网红”可以被视为短视频社交平台上行动者的代表。经由在线环境中的可视化内容的上传和观看，个体能够实现信息流“在场”—— 这意味着每一个个体都实现了连接，可以看见与被看见，并通过平凡而琐碎的信息与他人共享社会纽带。而个体在这一新环境中不断习得的技术能力则有望打破过去因结构固化而形成的区隔障碍，相对底层和弱势群体的可见性不再被大大地遮蔽。

值得注意的是，短视频社交平台上的可见性，并不等同于其“线性、直接地”与社会承认相关联，[①]但通过提供相对开放、便捷和快速的视觉性信息访问，短视频社交平台为行动者们提供了进行更多互动和反思的空间，这有望达成更好的公开辩论。更多人绕开了过去的机构逻辑和守门记者的干扰，以简便的视觉语言在线表达自己的声音，实现“数字化生存”和自我赋权。正如尼葛洛庞帝[②]所言，“数字化生存”天然地具有“赋权”的本质，这一特质将引发积极的社会变迁。在新技术环境下，普通个体的社会行动所能抵达的边界正在被前所未有地拓宽，这促使当代社会公共生活产生新的可能——全新的在线交流方式和分散的内容生产正在进行，而其内容在多数情况下被包裹在事实、对话和娱乐的外衣之下。与此同时，我们应该对可见性概念的赋权和解放抱以审慎的态度，数字鸿沟和技术“隐藏”仍然在一定程度上影响了在线协商的数量和质量，而个人虽通过媒介实践获得可见性，但也可能被这种可见性及随之而来的资本所控制。

本次调研的主要局限在于，笔者将更多的注意力投向了“原本相对底层和弱势，因为短视频媒介实践而获得高可见性”的“网红”群体，对于当下不断涌现的其他类型的“网红”，因力有不逮，暂未涉及。针对“网红”的媒介实践研究，本次调研只是一个实证性的开端。

---

① BRIGHENTI A. Visibility: a category for the social sciences[J]. Current sociology, 2007, 55(3): 323-342.

② 尼葛洛庞帝. 数字化生存[M]. 胡泳，译. 海口：海南出版社，1997.

图书在版编目(CIP)数据

中国传播学评论. 第九辑 / 黄旦主编. -- 北京:中国传媒大学出版社, 2020.12
(传媒集刊)
ISBN 978-7-5657-2854-9

Ⅰ. ①中… Ⅱ. ①黄… Ⅲ. ①传播学—中国—文集 Ⅳ. ①G206-53

中国版本图书馆 CIP 数据核字(2020)第 236557 号

中国传播学评论(第九辑)
ZHONGGUO CHUANBOXUE PINGLUN(DI-JIUJI)

主　　编	黄　旦
策划编辑	王雁来
责任编辑	王雁来
责任印制	李志鹏
封面设计	拓美设计

出版发行	中国传媒大学出版社		
社　　址	北京市朝阳区定福庄东街 1 号	**邮　　编**	100024
电　　话	86－10－65450528　65450532	**传　　真**	65779405
网　　址	http://cucp.cuc.edu.cn		
经　　销	全国新华书店		

印　　刷	唐山玺诚印务有限公司
开　　本	787mm×1092mm　1/16
印　　张	16
字　　数	304 千字
版　　次	2020 年 12 月第 1 版
印　　次	2020 年 12 月第 1 次印刷

书　　号	ISBN 978-7-5657-2854-9/G·2854	**定　　价**	79.00 元

本社法律顾问:北京李伟斌律师事务所　郭建平